A BATALHA DAS LETRAS
SEMÂNTICA POLÍTICA E ESCRITA DA HISTÓRIA
NA MONARQUIA HISPÂNICA

Editora Appris Ltda.
1.ª Edição - Copyright© 2024 da autora
Direitos de Edição Reservados à Editora Appris Ltda.

Nenhuma parte desta obra poderá ser utilizada indevidamente, sem estar de acordo com a Lei nº 9.610/98. Se incorreções forem encontradas, serão de exclusiva responsabilidade de seus organizadores. Foi realizado o Depósito Legal na Fundação Biblioteca Nacional, de acordo com as Leis nos 10.994, de 14/12/2004, e 12.192, de 14/01/2010.

Catalogação na Fonte
Elaborado por: Josefina A. S. Guedes
Bibliotecária CRB 9/870

W721b 2024	Williams, Rachel Saint A batalha das letras: semântica política e escrita da história na Monarquia Hispânica / Rachel Saint Williams. - 1. ed. - Curitiba: Appris, 2024. 284 p. ; 23 cm. (Ciências Sociais - Seção História). Inclui referências. ISBN 978-85-473-3904-3 1. Monarquia hispânica. 2. História política. 3. Época moderna. I. Williams, Rachel Saint. II. Título. III. Série. CDD - 940

Livro de acordo com a normalização técnica da ABNT

Appris editora

Editora e Livraria Appris Ltda.
Av. Manoel Ribas, 2265 - Mercês
Curitiba/PR - CEP: 80810-002
Tel. (41) 3156 - 4731
www.editoraappris.com.br

Printed in Brazil
Impresso no Brasil

Rachel Saint Williams

A BATALHA DAS LETRAS
SEMÂNTICA POLÍTICA E ESCRITA DA HISTÓRIA NA MONARQUIA HISPÂNICA

Appris editora

Curitiba, PR
2024

FICHA TÉCNICA

EDITORIAL	Augusto Coelho
	Sara C. de Andrade Coelho
COMITÊ EDITORIAL	Ana El Achkar (Universo/RJ)
	Andréa Barbosa Gouveia (UFPR)
	Antonio Evangelista de Souza Netto (PUC-SP)
	Belinda Cunha (UFPB)
	Délton Winter de Carvalho (FMP)
	Edson da Silva (UFVJM)
	Eliete Correia dos Santos (UEPB)
	Erineu Foerste (UFES)
	Erineu Foerste (Ufes)
	Fabiano Santos (UERJ-IESP)
	Francinete Fernandes de Sousa (UEPB)
	Francisco Carlos Duarte (PUCPR)
	Francisco de Assis (Fiam-Faam-SP-Brasil)
	Gláucia Figueiredo (UNIPAMPA/ UDELAR)
	Jacques de Lima Ferreira (UNOESC)
	Jean Carlos Gonçalves (UFPR)
	José Wálter Nunes (UnB)
	Junia de Vilhena (PUC-RIO)
	Lucas Mesquita (UNILA)
	Márcia Gonçalves (Unitau)
	Maria Aparecida Barbosa (USP)
	Maria Margarida de Andrade (Umack)
	Marilda A. Behrens (PUCPR)
	Marília Andrade Torales Campos (UFPR)
	Marli Caetano
	Patrícia L. Torres (PUCPR)
	Paula Costa Mosca Macedo (UNIFESP)
	Ramon Blanco (UNILA)
	Roberta Ecleide Kelly (NEPE)
	Roque Ismael da Costa Güllich (UFFS)
	Sergio Gomes (UFRJ)
	Tiago Gagliano Pinto Alberto (PUCPR)
	Toni Reis (UP)
	Valdomiro de Oliveira (UFPR)
SUPERVISOR DA PRODUÇÃO	Renata Cristina Lopes Miccelli
REVISÃO	Tuca Dantas
DIAGRAMAÇÃO	Amélia Lopes
CAPA	Eneo Lage

COMITÊ CIENTÍFICO DA COLEÇÃO CIÊNCIAS SOCIAIS

DIREÇÃO CIENTÍFICA	Fabiano Santos (UERJ-IESP)	
CONSULTORES	Alicia Ferreira Gonçalves (UFPB)	Jordão Horta Nunes (UFG)
	Artur Perrusi (UFPB)	José Henrique Artigas de Godoy (UFPB)
	Carlos Xavier de Azevedo Netto (UFPB)	Josilene Pinheiro Mariz (UFCG)
	Charles Pessanha (UFRJ)	Leticia Andrade (UEMS)
	Flávio Munhoz Sofiati (UFG)	Luiz Gonzaga Teixeira (USP)
	Elisandro Pires Frigo (UFPR-Palotina)	Marcelo Almeida Peloggio (UFC)
	Gabriel Augusto Miranda Setti (UnB)	Maurício Novaes Souza (IF Sudeste-MG)
	Helcimara de Souza Telles (UFMG)	Michelle Sato Frigo (UFPR-Palotina)
	Iraneide Soares da Silva (UFC-UFPI)	Revalino Freitas (UFG)
	João Feres Junior (Uerj)	Simone Wolff (UEL)

*Para Ayla, Vinicius, Barbara e Guaracy (*in memoriam*)*

Nada passa, nada expira
O passado é
um rio que dorme
e a memória uma mentira
multiforme.
Dormem do rio as águas
e em meu regaço dormem os dias
dormem
dormem as mágoas
as agonias,
dormem.
Nada passa, nada expira
o passado é
um rio adormecido
parece morto, mal respira
acorda-o e saltará
num alarido.

José Eduardo Agualusa. *O vendedor de passados.*

APRESENTAÇÃO

Esta é uma versão modificada de minha tese de doutorado defendida em 2013 no Programa de Pós-Graduação em História Social da Universidade Federal do Rio de Janeiro. As mudanças realizadas dizem respeito principalmente à forma do texto. Assim, foram realizados ajustes para melhorar a fluidez da leitura e a clareza da exposição. Visando preservar a autenticidade e a integridade do trabalho original, optei pela não atualização da bibliografia. Isso quer dizer que os argumentos e ideias presentes aqui refletem o estado da arte no momento da realização da pesquisa. Agradeço ao Programa de Pós-Graduação em História da Universidade do Estado do Rio de Janeiro pelo apoio fornecido a essa publicação. Finalmente, destaco que o presente trabalho foi realizado com apoio da Coordenação de Aperfeiçoamento de Pessoal de Nível Superior – Brasil (CAPES) – Código de Financiamento 001.

PREFÁCIO

As *Alteraciones de Aragón* foram conflitos que ocorreram entre o reino de Aragão e a Monarquia Hispânica, entre 1591 e 1592.

> [...] se tratou de um choque entre sistemas políticos distintos com concepções muito diferentes sobre, por exemplo: a questão da soberania régia, os limites do poder exercido pelo monarca, a dinâmica de comunicação entre rei e reino e os papéis que deveriam ser assumidos no processo político por cada uma destas instâncias. (Willams, 2024, p. 262).

O nome um tanto impreciso[1] traduz, contudo, a memória política destes eventos, disputada por cronistas identificados com as autoridades envolvidas em ambos os lados da disputa. Neste *A batalha das letras: semântica política e escrita da história na Monarquia Hispânica*, Rachel Saint Williams parte destes conflitos para explorar a lógica de funcionamento jurídico-político do governo de Filipe II e o seu duplo cruzamento com a formação dos vínculos identitários no território multiforme que lhe correspondia e com a memória histórica da construção do Estado espanhol; processos, todos, que se deram em meio à polaridade aguda entre centralismo e localismo, identificável tanto nos movimentos da revolta, em praça pública, quanto nos discursos políticos, nas crônicas da revolta e nos tratados históricos mais ambiciosos. Pois, a luta política se prolongou nos textos, por meio de retomadas de tópicas emblemáticas do neoestoicismo, de revisões das doutrinas acerca da razão de Estado e de apelos às recentes teorias do pacto social, as quais ganharam novos contornos no contexto dos rearranjos e acomodações jurídico-institucionais que se seguiram à revolta. Como demonstra a autora, "a relação da política com a história ia muito além de um conjunto de regras retóricas e da repetição de lugares comuns consagrados na Antiguidade Clássica". Por isso, seu estudo entrelaça teoria, prática e cultura política[2], nas publicações — e nas censuras — que almejavam a conquista da "*pública opinión*".

As *Alteraciones de Aragón* podem ser analisadas, portanto, do ponto de vista preponderante das vicissitudes da construção do Estado moderno e da correlata construção do monopólio da força e da justiça, mesmo que

---

[1] Ver, por exemplo, os vários sentidos atribuídos a "alterações" por Raphael Bluteau em seu *Dicionário*: mudança, mudança com corrupção, alteração nas causas e efeitos, perturbação, perturbação no ânimo, inclinação...

[2] Em torno daquilo que Fernando Bouza (2012) denominou "*comunicación política*".

elas certamente não se reduzam a isso. Na síntese proposta por Max Weber, houve uma racionalização crescente na formação do Estado moderno, a qual teria conduzido ao "monopólio da força física", enraizada na feudalidade mas subtraindo tal poder às autoridades feudais, nobreza e livres comuns. Para Michel Senellart, por outro lado, sob o conceito de razão de Estado afrontaram-se, desde o século XVI, duas formas distintas de racionalidade: uma guerreira, outra econômica, o rei justo transformando-se aos poucos em rei legislador e colocando-se acima das leis sempre que pode. Vistas as *Alteraciones* por um ou por outro ângulo, convém em todo caso seguir Pierre Mesnard, para quem a ideia de Estado conceituou-se bastante lentamente e expressou-se simultânea e contraditoriamente tanto numa corrente de pensamento realista que, de Maquiavel a Bodin, preocupou-se sobretudo em ressaltar as forças concretas que compõem a República e a torná-la real a partir das circunstâncias históricas, definindo seu equilíbrio da maneira mais sólida possível, quanto numa corrente idealista, originária sobretudo do humanismo cristão, a qual agrupou teólogos e letrados que, em nome da Bíblia, de Cícero ou de Platão, se esforçaram sobretudo por definir as normas morais que deveriam reger a sociedade, reformando-a e humanizando-a, e que encontrou em Francisco Suárez a definição sintética de Estado como "organismo moral". O estudo empreendido por Rachel Williams reencontra aquelas duas correntes de pensamento em plena disputa por discursos históricos hegemônicos, os quais se constituíam como parte das disputas políticas mais amplas relativas às lógicas de funcionamento dos sistemas jurídicos da Monarquia Hispânica, dos diferentes sistemas políticos vigentes e, afinal, dos vínculos constitutivos das identidades aragonesa e hispânica.

No primeiro capítulo, é feita uma exposição histórica sobre as noções de "soberania", "juramento", "limites do poder régio", "pacto social" e "sujeito político, com base nos grandes teóricos da época moderna. Tal exposição recupera o contexto intelectual mais amplo em que estavam inseridas as obras publicadas sobre as alterações de Aragão, onde sobressaem "os andaimes comuns do edifício partilhados por castelhanos e aragoneses". O campo de possibilidades fica assim delimitado, evidenciando contudo as tensões que explodiriam nas *Alteraciones de Aragón*, na medida em que aquelas ideias se entrelaçavam estreita e circunstanciadamente às práticas sociais.

O segundo capítulo explora as contradições entre dicotomia e unicidade, na medida em que há uma dialética sutil entre a incorporação do Reino de Aragão como "parte componente" e como "parte integrante" da

Monarquia Hispânica. Assim, o processo histórico específico de incorporação das camadas sociais em ascensão ao aparelho burocrático do Estado — que Roland Mousnier e, depois dele, Trevor-Roper identificaram como o principal mecanismo de centralização do Estado renascentista originado na França e copiado em diversos lugares da Europa, incluindo a Monarquia Hispânica — tensionam, por um lado, a estrutura conciliar ou polissinodial e, por outro, o movimento de territorialização e centralização do mando político.

A segunda parte deste segundo capítulo interroga, então, os conceitos e símbolos que consubstanciaram as noções de nação e pátria. O tema é extremamente relevante, na medida em que as alterações de Aragão traduzem um processo historicamente profundo e compartilhado na Europa. De fato:

> Em 1300, os ocidentais sentem-se unidos pela religião e pela cultura. Dois séculos mais tarde, a religião continua sendo um elemento essencial da comunidade do Ocidente, mas os ocidentais vão se definir, daqui em diante, pela cultura e pela política. [...] No fim da Idade Média, o Ocidente não é mais simplesmente a Cristandade ou a Latinidade, é também a Europa. O Ocidente não se define mais simplesmente pela religião romana ou pela cultura latina, mas também pela liberdade política (Guenée, 1981, p. 49).

O elemento distintivo novo que dá identidade a uma comunidade na época moderna é, portanto, a política, a qual define, igualmente, o principal campo de tensões e disputas *entre* as comunidades. É nesse contexto que se manifesta a identidade política aragonesa, disputando e se demarcando da Monarquia Hispânica por meio dos *fori, privilegia, libertates, usus et consuetudines regni Aragonum* (Delgado Echeverría, 1989), expressos em juramento e singularmente encarnados no magistrado denominado *Justicia de Aragón*.

> Y así, los aragoneses establecieron un estrato intermedio entre el rey y el Pueblo, a la manera de los tribunos, llamado popularmente Justicia de Aragón que, armado con las leyes y con la autoridad del pueblo, mantuviera la potestade regia dentro de ciertos límites (Mariana, 1981, p. 94).

Política e identidade se remetem assim uma à outra; no relato do cronista Jerónimo de Blancas y Tomás, o regime monárquico equivalia à escravidão, tópica que ressurge em seguida nos dois autores principais aqui detidamente analisados, Antonio de Herrera e Lupercio Leonardo de Argensola.

No terceiro capítulo encontramos uma primeira aproximação às histórias redigidas no período, onde o enfrentamento com a monarquia castelhana abre espaço para o tacitismo e sua relação com a *historia magistra vitae*: a prudência e a experiência, enraizadas nas circunstâncias, são qualificadas como noções estruturantes do discurso histórico e político moderno. Essa linha investigativa abre-se enfim, no último capítulo, à rica incorporação de escritos de "segunda linha", no entanto decisivos para revelar a matriz social em que nasceram aquelas obras de Lupercio de Argensola e Antonio de Herrera.

A despeito das *"alteraciones"* e das *"batalha das letras"*, Aragão tornou-se afinal parte componente da Monarquia Hispânica; mas, não parte integrante, na medida em que preservou liberdades e privilégios. Por meio dessa distinção, Rachel Williams revela os vínculos singulares existentes entre as instituições jurídico-políticas da Monarquia Hispânica e do Reino de Aragão. Durante as *Alteraciones de Aragón*, tais vínculos revelaram-se por meio de uma rede de mediações políticas constituída por instituições e indivíduos engajados na revolta; no caso de Argensola e Herrera, por meio da tentativa de controlar a memória histórica e política daqueles eventos.

Assim, as *Alteraciones de Aragón* contrastam o paradigma analítico weberiano da construção do Estado moderno, cujo elemento central de diferenciação, segundo Pierangelo Schiera, consistiu na "progressiva centralização do poder segundo uma instância sempre mais ampla, que terminou por compreender o âmbito completo das relações políticas", tendo como consequência, "para além do aspecto funcional e organizativo, a superação do policentrismo do poder, em favor de uma concentração do mesmo".

> A história do surgimento do Estado moderno é a história desta tensão: do sistema policêntrico e complexo dos senhorios de origem ao Estado territorial concentrado e unitário através da chamada racionalização da gestão do poder e da própria organização política imposta pela evolução das condições históricas materiais (Schiera, 2000, p. 426).

É no interior dessas tensões que se situa o Reino de Aragão e as "alterações" são uma sua manifestação concreta, que permitem historicizar, nuançar e complexificar o referido paradigma weberiano.

Carlos Zeron

REFERÊNCIAS

BOUZA ÁLVAREZ, Fernando J. La propaganda en la Edad Moderna Española: medios, agentes y consecuencias de la comunicación política. *In:* Pérez Álvarez, Maria José; Martín García, Alfredo; Rubio Pérez, Laureano M. (eds.). *Campo y campesinos en la España Moderna.* Culturas políticas en el mundo hispano. León: Fundación Española de Historia Moderna, 2012, p. 281-300.

DELGADO ECHEVERRÍA, Jesús. *Los fueros de Aragón.* Zaragoza: Caja de Ahorros de La Inmaculada, 1989.

GUENÉE, Bernard. *O Ocidente nos séculos XIV e XV*: os Estados. Trad. de Luiza Maria F. Rodrigues. São Paulo: Pioneira; Editora da Universidade de São Paulo, 1981.

MARIANA, Juan de, S.J. *La dignidad real y la educación del Rey* (De rege et regis institutione). Edición y estudio prelimianr de Luis Sanchez Agesta. Madrid: Centro de Estudios Constitucionales, 1981 [1.ª ed. 1599].

SCHIERA, Pierangelo. Estado moderno. *In:* Bobbio, Norberto; Matteucci, Nicola; Pasquino, Gianfranco. *Dicionário de política.* Trad. Carmen C. Varriale *et al.* 5.ª edição. Brasília: Editora Universidade de Brasília; São Paulo: Imprensa Oficial do estado, 2000.

SUMÁRIO

INTRODUÇÃO..19

1
NON SUFFICIT ORBIS..41
    1.1 MOSAICO PENINSULAR 43
    1.2 UM TEMA EM TRÊS ATOS: SOBERANIA, LIMITES
    DO PODER RÉGIO E PACTO SOCIAL..56

2
NACIÓN DE NACIONES...89
    2.1 REI, NAÇÃO, IMPÉRIO: O PROBLEMA DAS LEALDADES
    E IDENTIDADES NA MONARQUIA HISPÂNICA 90
    2.2 Y SI NO, NO: A CULTURA POLÍTICA DO REINO DE ARAGÓN.........122

3
MAR DE HISTÓRIAS..147
    3.1 A PRECEPTIVA HISTORIOGRÁFICA SEISCENTISTA 148
    3.2 SOBRE PRUDÊNCIA E EXPERIÊNCIA COMO CONCEITOS
    ESTRUTURANTES DO DISCURSO HISTÓRICO E POLÍTICO 154
    3.3 *DE HISTORIA, PARA ENTENDERLA Y ESCRIBIRLA* 172
    3.4 A INVENÇÃO DA ESPANHA 184

4
**A BATALHA DAS LETRAS OU A MEMÓRIA POLÍTICA DAS
*ALTERACIONES DE ARAGÓN***..209
    4.1 A VISÃO DE CASTELA 215
    4.2 A VISÃO DE ARAGÃO 235

5
CONSIDERAÇÕES FINAIS 261

FONTES..265

REFERÊNCIAS...273

INTRODUÇÃO

> *Buscas en Roma a Roma, ¡oh peregrino!,*
> *y en Roma misma a Roma no la hallas:*
> *cadáver son las que ostentó murallas*
> *y tumba de sí propio el Aventino.*
> *Yace donde reinaba el Palatino;*
> *y limadas del tiempo, las medallas*
> *más se muestran destrozo a las batallas*
> *de las edades que blasón latino.*
> *Solo el Tíber quedó, cuya corriente, si ciudad la regó, ya, sepultura,*
> *la llora con funesto son doliente.*
> *¡Oh Roma!, en tu grandeza, en tu hermosura*
> *huyo lo que era firme, y solamente*
> *Lo fugitivo permanece y dura.*
>
> *Francisco Quevedo. A Roma sepultada en sus ruinas.*

Em obra publicada em Sevilla, no ano de 1535, *Historia General y Natural de las Indias*, o cronista Gonzalo Fernández de Oviedo expressa sua consternação acerca da transferência da heterogeneidade dos domínios espanhóis, em termos de costumes e línguas, do continente europeu ao território americano então recentemente conquistado. Tomando como mote a variedade linguística, Oviedo se questiona a respeito de como as diferenças, inerentes aos vassalos de sua majestade, seriam harmonizadas nas aquisições territoriais americanas:

> Cuanto más que han acá pasado diferentes maneras de gentes; porque eran los que venían vasallos de los Reyes de España ¿quién concertará al vizcaíno con el catalán, que son de tan diferentes provincias y lenguas? Cómo se avernán el andaluz con el valenciano, y el de Perpiñán con el cordobés, y el aragonés con el guipuzcoano, y el gallego con el castellano (sospechando que es portugués), y el asturiano e montanés con el navarro? E así de esta manera no todos los de la corona real de España son de conformes costumbres ni semejantes lenguajes (Fernández de Oviedo y Valdés, 1851, p. 54).[3]

---

[3] A grafia das citações de obra de época e fontes documentais em língua estrangeira foi, sempre que possível, atualizada de acordo com a norma culta em vigência na atualidade.

O humanista Antonio Nebrija, no prólogo de sua *Gramática Castellana*, advertiu a rainha Isabel de Castela, não fortuitamente no ano de 1492, que "siempre la lengua fue compañera del imperio: y de tal manera los siguió: que juntamente comenzaron y florecieron y después junta fue la caída de entrambos" (Nebrija, 1492, *f.* 1). Talvez a preocupação de Fernández de Oviedo ecoasse a advertência de Nebrija pautada na forma de perceber a língua como um dos instrumentos do império espanhol, em vias de construção, devido à sua capacidade de suscitar hegemonia cultural e política. À diversidade linguística somavam-se outras variáveis inerentes às caraterísticas dos territórios que dariam forma à Espanha dos Habsburgos. Essas variáveis referem-se à pluralidade de ordenamentos jurídicos, de costumes e, inclusive, de sistemas políticos que permeavam o grande complexo territorial que viria se tornar a Monarquia Hispânica. Diversidade e heterogeneidade são elementos fundamentais para compreender as dinâmicas políticas, sociais e culturais próprias da época moderna. Nas percepções dos contemporâneos, a pluralidade aparecia como uma das primeiras constatações acerca daquela entidade política. A Espanha, primeiro, e durante longos séculos, foi plural antes de ser singular.

E o que se entendia por Espanha nesse período? Em linhas gerais, pode-se dizer que a Espanha dos Habsburgos era, seguindo a concepção do hispanista anglófono John Elliott, uma monarquia composta, ou seja, uma estrutura descentralizada formada por um coletivo de jurisdições e comunidades bastante diferenciadas entre si que, contudo, prestavam lealdade a um mesmo monarca (Elliott, 2005). Isso significa dizer, ainda com Elliott, que a Espanha era um território formado por diversas entidades relativamente autônomas, no qual cada província ou reino poderia manter suas próprias instituições políticas, bem como suas leis, privilégios e liberdades vigentes no momento de união com a coroa castelhana. Esse compromisso estava garantido através de um juramento que deveria ser realizado com os sucessivos monarcas da dinastia dos Habsburgos.[4] A percepção da diversidade e das dinâmicas políticas que se instauram a partir dela são um aspecto fundamental da construção deste livro. Partindo dessa consideração, não será utilizada, a não ser como referencial externo ou próprio de algum documento, a noção de Espanha, posto que, ao manejar esse vocábulo, necessariamente, evocamos em nosso universo mental uma entidade centralizada e uniforme que só surgirá na península em meados

---

[4] Esses aspectos serão abordados em profundidade, buscando avaliar principalmente os juízos expressos pelos próprios contemporâneos da monarquia, no primeiro capítulo deste livro.

do século XVIII e, mesmo assim, ainda longe de alcançar a almejada homogeneidade interna. Em vez disso, dentre os muitos títulos evocados[5] pela Espanha na época moderna, ou no decorrer do tratamento analítico do qual ela foi alvo a partir desse período, consideramos que o epíteto mais apropriado e significativo é Monarquia Hispânica.

Devido à natureza deste estudo, é necessário que algumas assertivas sobre a concepção do objeto e o futuro desenvolvimento da análise sejam declaradas como condições aprioristicas para sua compreensão. Trata-se de um estudo sobre a relação entre a escrita da história e a semântica política[6] de algumas obras produzidas na Monarquia Hispânica, a partir do final do século XVI, até meados do século XVII. Buscou-se conjugar aspectos concernentes à teoria, à prática e à cultura política. Partiu-se do pressuposto de que o tipo de análise desejado não poderia ser levado a bom termo sem se promover um diálogo consistente entre esses campos, que podem até ser distintos em nível teórico, mas não o são na complexidade do universo das práticas. Nesse sentido, tais campos de análise foram observados não apenas para investigar aspectos relativos aos fenômenos políticos, mas também para explorar mecanismos de formação dos vínculos identitários[7] coletivos, especialmente no que tange ao discurso fomentador e enaltecedor de símbolos propositivos, da valorização dos costumes e da cultura próprios de uma determinada localidade e também no ensejo de criação de uma memória que pudesse ser partilhada pelo grupo. Identidade e política, em uma acepção bastante precisa e específica, foram abordadas *pari passu*.

Já faz algumas décadas que as linguagens pelas quais se expressavam a teoria e a prática política das épocas pregressas têm sido alvo de grande

---

[5] Império Espanhol, Monarquia Católica ou Monarquia de Espanha são alguns dos epítetos principais.

[6] O livro de Michel Senellart, *As artes de governar*, que aborda a emergência do Estado Moderno, é um bom exemplo de um estudo desenvolvido a partir da perspectiva linguística, e ainda uma sugestiva inspiração para o ponto de vista aqui adotado. Senellart – partindo da senda aberta por Michel Foucault em seus estudos sobre governabilidade – caminha na tradição dos estudos que pretendem interpretar os fenômenos históricos a partir de sua inscrição em um campo discursivo, optando, portanto, pela análise semântica e pelo exame dos conceitos que compõem os escritos sobre as artes de governar. O autor sublinha que, para compreender como o Estado surgiu paulatinamente da atividade governamental, não é suficiente narrar um processo de institucionalização crescente associado à aparelhagem militar e jurídica.

[7] Uma boa análise sobre a questão da formação das identidades coletivas na época moderna pode ser vista em: HERZOG, Tamar. *Defining nations*: immigrants and citizens in Early Modern Spain and Spanish America. New Haven: Yale University Press, 2003.

atenção.⁸ O viés discursivo, no entanto, não deve ser percebido como uma maneira engessada de analisar o passado, isolando-o em sua manifestação linguística. As pesquisas realizadas na área demonstram, inequivocamente, que os atores históricos agiam com bastante liberdade e criatividade na hora de explorar diferentes possibilidades da apropriação de um mesmo vocábulo ou conceito. Um exemplo representativo é o próprio conceito de liberdade, que iria conhecer amplo processo de ressignificação no reino Aragão, ao longo do ano de 1592 (Gil Pujol, 2002). Nesse âmbito, destaca-se a ideia de que abordar linguagens políticas não é exatamente o mesmo que abordar doutrinas políticas. Como sinaliza o historiador Xavier Gil Pujol (2006), a análise das linguagens políticas pressupõe uma atenção mais significativa ao convulsionado mundo das práticas, ao contexto histórico e social mais amplo, ao uso plural e inúmeras vezes contraditório dos conceitos. Aqui, um caso emblemático é a curiosa apropriação da doutrina da soberania bodiniana por alguns autores na Monarquia Hispânica, como veremos mais adiante. A linguagem em si mesma se transforma em um importante contexto da produção intelectual, tal qual está expresso no já consagrado entendimento de John Pocock (1987) sobre a temática.

Conforme Pocock, o que está sendo designado por linguagens são, de fato, sublinguagens compostas por "idioms, rhetorics, ways of talking about politics, distinguishable language games" (Pocock, 1987, p. 21). Ao historiador do discurso político cabe aprender essas linguagens, que por sua vez possibilitam entrever o paradigma no qual se encontram incrustados os discursos individuais dos autores, movendo-se, assim, na dinâmica estabelecida de *langue* para *parole* com a intenção de determinar os "atos de enunciação" efetuados dentro da linguagem. De acordo com o autor, o historiador, então, necessitará de meios para compreender como *paroles* modificam os contextos linguísticos em que são gerados, e como algumas das alterações conduzem à criação e à difusão de novas linguagens políticas. Essas são algumas etapas descritas por Pocock acerca da tarefa dos historiadores que se ocupam do discurso político. Finalmente, deve-se procurar entender os efeitos das inovações produzidas no interior da linguagem sobre os mundos em que foram escritas. Tais linguagens poderão, assim,

---

⁸ Muitos desses esforços analíticos têm sido organizados em torno da chamada Escola de Cambridge que encontra em Quentin Skinner e John Pocock dois de seus maiores representantes. Bons trabalhos inspirados nessa linha de pesquisa são: VIROLI, Maurizio. *From politicis to reason of state*: the acquisition and transformation of the language of politics 1250-1600. New York: Cambridge University Press, 1992; FERNÁNDEZ-SANTAMARÍA, José A. *Razón de estado y política en el pensamiento español del barroco (1595-1640)*. Madrid: Centro de Estudios Constitucionales, 1986.

ser definidas como fenômenos históricos, à medida que se encontram fatalmente inseridas em um contexto social e político de produção.

Durante a época moderna, difusão, apropriações, subversões, de caráter parcial ou integral, estavam na ordem do dia, refletindo ou promovendo mudanças de ordem social e política, segundo a caracterização de um dos grandes especialistas na temática, o historiador, Xavier Gil Pujol (2006). Ainda assim, as regras retóricas das construções discursivas, bem como os diversos usos dos gêneros retóricos, éticos e poéticos, constituíam um capítulo à parte da produção discursiva. Apesar de as regras retóricas não serem propriamente a seara de estudos deste livro, não deixam de ser um aspecto de suma relevância na produção dos textos ao longo da época moderna. As regras retóricas representavam todo um campo disciplinar e revelavam muito sobre os valores e os cânones subjacentes em uma sociedade.[9] Por exemplo, o orador humanista procurava atuar como um educador dos grupos dirigentes da sociedade, buscando persuadi-los dos valores e da conduta pública que deveriam abraçar em suas vivências sociais e políticas. Tanto humanistas quanto neoestoicos, cabe ressaltar, buscaram no classicismo romano exemplos para ilustrar condutas públicas e privadas. Nesse caso, a difusão e a influência da obra de Justo Lipsio, no início do século XVII, oferece um exemplo concreto dos usos e das apropriações divergentes de um mesmo legado doutrinal, alvo de apropriações diversas condizentes com a situação histórica específica de onde se evocava essa matriz intelectual (Gil Pujol, 2006). Através dessas linhas de atuação, percebemos a influência de referências retóricas comuns e de suas distintas utilizações em casos variados, evidenciando a existência de diferentes tradições político-culturais e seu alto grau de permeabilidade e plasticidade.

As condições de produção discursiva na época moderna não deixavam grande margem para a inovação conceitual clara, de forma que as novas atitudes assumidas diante das práticas políticas geralmente se manifestavam através de giros linguísticos promovidos a partir de expressões consagradas e habituais, como adverte Gil Pujol (2006). Consideradas conjuntamente, palavras e ações, resultavam em importantes revelações, de modo que a transformação linguística caminhava junto da mudança política. A partir de uma consideração bastante similar, Reinhart Koselleck (2006) analisou o diálogo existente entre a história dos conceitos e a história social. Para

---

[9] Para uma maior compreensão dos gêneros retóricos, éticos e poéticos, ver: PÉCORA, Alcir. *Máquina de gêneros*: novamente descoberta e aplicada a Castiglione, Della Casa, Nóbrega, Camões, Vieira, La Rochefoucauld, Gonzaga, Silva Alvarenga e Bocage. São Paulo: EDUSP, 2001.

o autor, sem o compartilhamento de conceitos comuns, não pode haver uma sociedade e, sobretudo, não se pode concretizar a unidade necessária à ação política.

Não devemos esquecer, no entanto, que conceitos fundamentam-se em sistemas políticos muito mais complexos em si mesmos do que a existência de comunidades linguísticas organizadas em torno de alguns conceitos chaves. Assim, Koselleck percebe que terminologia política e social é: "considerada relevante para o campo da experiência da história social" (Koselleck, 2006, p. 98). Na exegese do texto, a importância concedida ao campo semântico de cada um dos conceitos principais, bem como à análise dos seus possíveis significados, ganha relevância na medida que denuncia seu componente de carácter histórico e social, pois toda semântica se relaciona com conteúdos que extrapolam sua condição linguística (Koselleck, 2006). Nesse sentido, as linguagens e os conceitos encontram-se investidos de uma ampla profundidade temporal: "momentos de duração, alteração e futuridade contidos em uma situação política concreta são apreendidos por sua realização no nível linguístico" (Koselleck, 2006, p. 101). Desse pressuposto surge uma exigência metodológica básica: analisar os conflitos políticos pregressos através das delimitações conceituais e dos processos interpretativos referentes às linguagens políticas empregadas pelos contemporâneos de uma época.[10]

Os parâmetros citados nortearam a produção desta análise muito mais no sentido de oferecer inspiração e sugestões teóricas do que no de abraçar propostas metodológicas e métodos analíticos rígidos e específicos. Dessa forma, a conjugação de diferentes campos de investigação possibilitou empreender uma análise que recuperasse alguns dos significados das linguagens que compunham os tratados políticos e também as crônicas históricas redigidas na Monarquia Hispânica, durante o período moderno. Alguns dos termos e conceitos mais emblemáticos analisados ao longo deste trabalho, buscando sempre refletir sobre sua possível polissemia e suas distintas apropriações, são: pátria, nação, monarquia, império, fidelidade, liberdade, obediência, prudência e experiência.

---

[10] Os ganhos analíticos advindos da proposta metodológica, em torno da qual se organiza a história dos conceitos, que não pode ser entendida como um fim em si mesmo, advêm da possibilidade de clarear e precisar com maior acuidade a compreensão dos fatos históricos. Segundo Koselleck: "Com o afunilamento da análise linguística dos conceitos, antigas proposições tornam-se mais precisas, assim como os fatos históricos e as relações entre eles, supostamente já compreendidos, tornam-se mais claros pelo estudo de sua constituição linguística." (Koselleck, 2006, p. 104).

Cabe ainda uma última aferição em relação às escolhas teóricas e metodológicas que orientam a fabricação deste estudo. Acerca do conceito de cultura política, trazido à baila em alguns momentos, seu emprego está baseado em um critério de utilização deliberadamente frouxo. Entendeu-se *cultura* como uma rede de significados que dá sentido às percepções da realidade e seu par, *política*, como um componente do conceito estabelecido por valores e práticas atualizados na esfera das atividades políticas.[11] Gil Pujol (2006) destaca que a utilização do conceito de cultura política apresenta possibilidades variadas nos estudos sobre a época moderna. Em primeiro lugar, existe uma possibilidade centrada na análise da relação entre teoria e prática das atividades políticas, pretendendo aferir os objetivos dos autores, tanto individuais quanto coletivos, a partir da forma como esses eram concebidos, formulados e perseguidos. A segunda possibilidade diz respeito ao jogo entre ação e percepção construído através das identidades variadas de um grupo. A terceira e última possibilidade concerne ao universo das práticas e símbolos de construção da autoridade e dos processos de contestação e revolta, polarizando a vida política na dialética entre inércia e inovação (Gil Pujol, 2006, p. 167). Tais indicativos, considerados para elaboração deste estudo, são importantes para pensar as aplicações práticas do conceito de cultura política.

Já foi mencionado que um dos problemas aqui investigados se refere à fabricação dos vínculos identitários coletivos e de seu papel em situações políticas conflitivas. Deve-se manter no horizonte mental que o processo de estabelecimento de tais vínculos na época moderna é sumamente complexo, incluindo notáveis ambivalências, pois essas identidades coletivas não eram unívocas e nem definitivas. Nesse sentido, de acordo com o pressuposto teórico de coadunar teoria e prática política, desejou-se analisar a semântica política em vigência na Monarquia Hispânica, partindo de um viés específico identificado na polaridade que permeia os termos centralismo e localismo.

Após a exploração mais generalizada a respeito dos alicerces políticos do universo da Monarquia Hispânica, em termos de práticas e doutrinas políticas, foi escolhida uma questão específica que trouxesse vitalidade e concretude aos assuntos abordados: analisar a criação da memória política em torno dos conturbados eventos que assolaram o reino de Aragão no final do século XVI, mais precisamente no biênio 1591 e 1592. Assim,

---

[11] *Cf.* KUSCHNIR, Karina; CARNEIRO, Leandro Piquet. As dimensões subjetivas da política: cultura política e antropologia da política. *Estudos Históricos*, Rio de Janeiro, v. 13, n. 24, p. 227-250, 1999. Disponível em: https://periodicos.fgv.br/reh/article/view/2100/1239. Acesso em: 3 dez. 2023.

procedeu-se, de maneira a ilustrar a criação de dois sujeitos políticos distintos e contrapostos na elaboração das memórias políticas que disputaram a posse da narrativa acerca do conflito ocorrido em Aragão. Tais sujeitos são a Monarquia Hispânica e o reino de Aragão. Importa matizar que nem sempre a lógica conflitiva regerá essa relação, pois tal dinâmica é muito mais complexa do que sugere a simples oposição de interesses.

Analisar a criação das memórias em torno das *Alteraciones de Aragón* significa, em muitos sentidos, investigar a própria lógica do funcionamento jurídico e político da Monarquia Hispânica, examinar alguns princípios do constitucionalismo moderno e analisar o papel exercido pela História nas acirradas disputas políticas do período. Os tratados do período sobre as Alterações analisados permitem ilustrar a formação distintiva de nossos sujeitos políticos e alinhavar as considerações tecidas quanto à semântica política e à escrita da história. A singularidade da cultura política aragonesa tingiu de cores muito especiais os acontecimentos e o debate que sucedeu às *Alteraciones*, no qual alguns dos mais importantes historiógrafos do período tentaram, em vão, oferecer uma única visão sobre os fatos. Em uma bela passagem acerca da complexa relação entre centralismo e localismo, Gil Pujol oferece alguns subsídios que podem auxiliar na justificação da opção eleita para compor este estudo:

> Así pues, creación de identidades, significados y culturas políticas tanto desde la sociedad como desde la periferia como desde el centro, tanto en asuntos políticos como religiosos. En el juego de estas varias interacciones se desarrollaron a un tiempo el estado moderno y los otros grupos de poder locales y regionales, de modo tal que la fortaleza de aquél no supuso el excluyó necesariamente la de éstos, ni vice versa. Qué duda cabe de que en estas relaciones se dilucidaba el dominio político y de que, por lo general, fue la corte y la corona quien se hizo con él. [...] Toda vez que le punto quizá más sensible en la gobernación territorial de la monarquía radicaba en la corte y centro locales, lograr unos referentes culturales comunes resultó de suma importancia (Gil Pujol, 2006, p. 180).

Contudo, apesar dos postulados anteriores, é necessário fornecer ao leitor algumas informações básicas sobre o ocorrido nos movimentos de Aragão, no final do século XVI, assim, ele mesmo poderá aferir as diferenças em relação aos juízos expressos nos tratados que serão contrapostos. Nesse sentido, o primeiro passo é estabelecer que não existe um consenso pacífico sobre os movimentos ocorridos naquele reino. O historiador Jesus Gascón Pérez inicia um artigo acerca da repercussão historiográfica[12] sobre o ocorrido contestando a própria atribuição do título de *Alteraciones* ao evento e propõe uma mudança de nomenclatura que marcaria um distanciamento com a historiografia precedente. Os eventos em Aragão foram classificados sob diversas terminologias como *revoluciones, turbaciones, tumultos, sediciones, inquietudes, alborotos, movimientos, sucesos* e *cosas*, como assinala Gascón Pérez (2000), para quem a melhor forma de interpretar o ocorrido seria como um conflito político no qual se desafiou abertamente a autoridade da Coroa, sob comando de Felipe II.

No entender de Gascón Pérez (2000), a historiografia contemporânea deixou-se contaminar excessivamente pela visão dilucidada nas obras do Marquês de Pidal sobre as *Alteraciones*, produzidas na década de 1860,[13] e também pela imagem presente no livro de Gregório Marañon sobre Antonio Pérez,[14] configurando uma percepção sobre a ocorrência histórica marcada pela interpretação dos autores citados. Tal concepção foi denominada por Gascón (2000) como interpretação aristocrática de 1591, na qual seria considerado exageradamente o papel exercido pelo secretário Pérez, na deflagração do conflito. As obras alinhadas com essa tradição interpretativa estariam marcadas pelo anacronismo e seriam orientadas por um projeto político expressamente reprovador dos regionalismos hispânicos. Sinteticamente na concepção do Marquês de Pidal, os fomentadores dos eventos ocorridos em Aragão seriam um grupo de nobres, zelosos de um regime político e social do qual eles seriam os únicos beneficiários, que construíram uma aliança com o controverso secretário de Estado de Felipe II, Antonio Pérez, e organizaram os setores populares no intuito de opor-se à política centralizadora e modernizadora da Monarquia Hispânica.

Imbuído da premissa de rejeição da corrente historiográfica associada à interpretação aristocrática de 1591, Gascón Pérez (2001) sugere que seria necessário abandonar o marco interpretativo das *Alteraciones* instaurado no

---

[12] Para informações detalhadas sobre as obras redigidas desde o ano de 1591 até bem recentemente acerca dos eventos ocorridos em Aragão, o minucioso primeiro capítulo da tese de Jesús Gascón Pérez é uma excelente opção. Vale mencionar, no entanto, que as interpretações do autor sobre as obras são excessivamente marcadas pela dicotomia: autores favoráveis ou contrários a Aragão: GASCÓN PÉREZ, Jesús. *La rebelión aragonesa de 1591*. 2000. Tese (Doutorado en Historia) – Facultad de Filosofía y Letras, Universidad de Zaragoza, Zaragoza, 2000. Disponível em: https://zaguan.unizar.es/record/7025/files/TESIS-2012-021.pdf. Acesso em: 3 dez. 2023.

[13] PIDAL, Pedro José, Marqués de Pidal. *Historia de las alteraciones de Aragón en el reinado de Felipe II*. Madrid: Imprenta de J. Martín Alegría, 1862-1863.

[14] MARAÑON, Gregorio. *Antonio Pérez*: (el hombre, el drama, la época). Madrid: Espasa-Calpe, 1947.

citado biênio, 1591-1592. A intenção da manobra é diminuir a importância concedida à atuação de Antonio Pérez nos eventos e resgatar aspectos relativos ao próprio reino de Aragão, mostrando que o relacionamento tenso com a Coroa, comandada por Felipe II, precedeu a chegada do secretário ao reino, de modo que o contexto social e político favorecesse embates entre as instâncias em questão. A partir desse pressuposto, deve-se atentar para a situação interna aragonesa durante a época moderna, colocando em primeiro plano as transformações políticas, sociais e econômicas do reino. Nesse âmbito, torna-se lapidar a afirmação feita por Gregorio Colás Latorre e José Antonio Salas Auséns sobre o episódio aragonês "[...] era la culminación lógica y, casi nos atreveríamos a afirmar, inevitable de aquel siglo" (Colás Latorre; Salas Auséns, 1982 apud Gascón Pérez, 2001, p. 173). Descontado o caráter teleológico inerente à sentença, o apelo insere-se no plano reivindicatório de uma historiografia não identificada com as diretrizes centralizadoras do governo de Felipe II, centralização e uniformização negadas tanto no passado quanto no presente.[15]

Um novo eixo de análise se deslindaria com base no entendimento do conflito alicerçado em uma conjuntura histórica mais ampla. Nesse sentido, outros acontecimentos históricos seriam alvos de atenção na tentativa de reconstruir o contexto histórico aragonês anterior à ruptura da crise, tais quais os pleitos de Teruel e Albarracín; o confronto entre montanheses e mouriscos;[16] a problemática questão do vice-rei estrangeiro e as questões envolvendo as Cortes de Monzón, celebradas no ano de 1585,[17] seriam alguns elementos decisivos na tentativa de reconstrução do contexto histórico. Da mesma forma, reivindica-se uma análise mais detalhada dos personagens e dos grupos que engrossaram a oposição ao governo de Madri, capaz de identificar os variados motivos de insatisfação e as correlatas estratégias

---

[15] Destaco que Gregorio Colás Latorre, José Antonio Salas Auséns e Gascón Pérez integram o corpo docente de História da Universidad de Zaragoza.

[16] Os choques entre montanheses e mouriscos foram agravados devido à atuação do *Privilegio de los veinte*, outra instituição catalisadora de tensões, que ajudou a construir o clima que estourou no conflito aberto de 1591. Essa espécie de tribunal foi instaurada pela cidade de Zaragoza, capital política, cultural e econômica do reino – pretensamente em defesa do ordenamento foral, e poderia executar julgamentos através das vinte pessoas que o representavam, principalmente na resolução dos conflitos entre montanheses e mouriscos, embora de maneira decisivamente arbitrária. A atuação desse tribunal foi geradora de confrontos entre a cidade de Zaragoza e o restante do reino, confronto do qual Felipe II soube tirar partido.

[17] A necessidade da Coroa de garantir maior controle e manter a estabilidade, no reino aragonês, pressupunha a colaboração das classes senhoriais. Ciente disso, Felipe II consentiu com uma importante petição da nobreza realizada nas Cortes de 1585, ratificando uma disposição jurídica que permitia aos senhores impor pena de morte aos vassalos rebelados. *Cf.* FERNÁNDEZ ALBALADEJO, Pablo. *Fragmentos de monarquía*: trabajos de historia política. Madrid: Alianza Editorial, 1992.

de resistência.[18] O próprio contexto mais amplo da Monarquia Hispânica, no panorama político europeu, é uma característica relevante. Por fim, um último aspecto que reclama atenção concerne às teorias políticas e ao discurso político defendidos pelos tratadistas desde Aragão, conclamando uma dedicação especial às teorias pactistas e às teorias de resistência foral do período. Essa última possibilidade é uma das sendas de investigação percorridas por este livro.

Uma explicação sucinta e bem articulada acerca dos eventos anteriores ao conflito que acometeu o reino de Aragão foi formulada pelo historiador Pablo Fernández Albaladejo, em sua obra *Fragmentos de Monarquía*. No início de sua narrativa, o autor chama atenção para o problema que envolveu os mouriscos e a Inquisição na Coroa de Aragão, algumas décadas antes do início das *Alteraciones*. Conforme Fernández Albaladejo (1992), após o assassinato de alguns familiares da Inquisição realizados por mouros, os inquisidores tornaram público, em 1560, um edito através do qual os mouros não poderiam portar armas, exigindo ainda a colaboração dos senhores de terras para executar essa disposição. Um grupo de senhores se colocou contra o disposto pelo edito, sob alegação de que se tratava de um *contrafuero*, tendo acionado duas medidas da legislação aragonesa: a firma de direito e a manifestação,[19] ambas colocadas sob delegação do *Justicia de Aragón*. A tensão entre os senhores de terras e a Inquisição foi responsável pelo registro do maior índice de atividades nos tribunais aragoneses, desde 1560 até o começo do século XVII.

Todavia, as fricções em torno do tribunal do Santo Oficio não eram uma exclusividade aragonesa, dado que, desde meados do século XV, para os grupos dirigentes regnícolas a Inquisição havia se convertido em um *instrumentum regni* por meio do qual se impunha a cooperação exigida pelos territórios componentes da Monarquia Hispânica (Fernández Albaladejo, 1992). Segundo Fernández Albaladejo, a titulação de Monarquia Católica era muito mais que uma proclamação retórica, justamente pelo papel central exercido por duas instituições do direito canônico, como a Inquisição e a visita na administração interna da monarquia.

---

[18] Esses tipos de análises seriam inspirados nas obras de António Manuel Hespanha e John Elliot, especialmente, no estudo desse último sobre a revolução na Catalunha. Ver: ELLIOTT, John H. *La rebelión de los catalanes*: un estudio sobre la decadencia de España (1598-1640). Barcelona: RBA, 2006.

[19] As peculiaridades do sistema jurídico aragonês e a instituição do *Justicia de Aragón* serão analisadas detalhadamente no segundo capítulo.

Fernández Albaladejo adverte ainda que o governo de Felipe II havia atuado junto aos organismos internos aragoneses, efetuando um processo de erosão interna dos fundamentos do regime, mediante a implantação do regime pluriconsiliar.[20] Na esteira de Jesús Lalinde Abadía (1966), o autor confirma que a forma de decisão em Conselhos, em lugar das decisões unipessoais, afetaram a magistratura do *Justicia,* enfraquecendo seu poder de deliberação, pois, por meio da atuação exercida por seus auxiliares, os *lugartenientes,* a Corte do *Justicia* acabou se convertendo em uma organização conciliada (Fernández Albaladejo, 1992). Esse eixo teria oferecido à monarquia uma oportunidade única para penetrar no sistema jurídico aragonês, pois os *lugartenientes* haviam se convertido em letrados partidários do monarca, chegando inclusive a defender os interesses da monarquia frente ao próprio ordenamento foral (Fernández Albaladejo, 1992).

Outros artifícios utilizados pela monarquia para se infiltrar no sistema jurídico e político aragonês podem ser identificados no estabelecimento da Real Audiência, em 1528, e nas atividades exercidas pelo advogado fiscal. É claro que a presença mais emblemática da ingerência da monarquia junto ao reino de Aragão era a figura do próprio vice-rei. A atuação cada vez mais incisiva da Corte no território aragonês já era evidente muito antes da deflagração do conflito. Não à toa, um amplo movimento de valorização da cultura política aragonesa, articulado em torno das teorias de defesa foral, ganhou expressão cada vez maior, por intermédio da atuação de cronistas e juristas, a partir de 1580.

O pleito do vice-rei estrangeiro seria um componente decisivo no agravamento das tensões entre rei e reino. Fernández Albaladejo (1992) nos recorda que Felipe II desejava conseguir para o vice-rei uma posição mais arbitral, não necessariamente mediada pela nobreza, em consonância com um cargo que representava a *persona* do monarca, baseando-se na convicção de que isso lhe traria maior autoridade e capacidade de intervenção na resolução dos conflitos internos do território aragonês. Semelhante ao procedimento exercido em outras partes da monarquia, o vice-rei era escolhido pela Coroa, que apontava para o cargo geralmente um membro da alta nobreza castelhana. Contudo, essa fórmula não podia ser aplicada em Aragão, porque ia de encontro a alguns dispositivos do ordenamento jurídico do reino fortemente baseados no princípio de indigenato, que velava pela reserva de ofícios, cargos e benefícios para os naturais do reino.

---

[20] O funcionamento desse sistema administrativo será alvo de atenção no segundo capítulo.

Assim, em 1587, o rei apresentou uma demanda diante da Corte do *Justicia,* a fim de conseguir juízo favorável a respeito do pleito, em que se reconhecesse que a nomeação de um vice-rei estrangeiro não seria contrária aos foros, pretendendo com isso uma legitimação constitucional de caráter definitivo para o caso. Felipe II chegou a designar um nobre da Corte castelhana especificamente para atuar a seu favor na polêmica questão, o Marquês de Almenara, obrigado, em um primeiro momento, a retornar à Corte sem alcançar uma solução favorável ao problema. O rei determinou que Almenara retornasse à Zaragoza e ainda substituiu o vice-rei na época, o conde de Sástago, pelo inexperiente e flexível bispo de Teruel, que, na verdade, atuava de maneira coordenada com o próprio marquês de Almenara, que não havia granjeado grandes simpatias na cidade, devido ao seu alinhamento com as políticas da Coroa e suas atitudes imoderadas durante sua segunda permanência em Zaragoza, instalando no reino um clima de "sensibilización foral" (Fernández Albaladejo, 1992, p. 153). Era esse o estado das coisas no tempo da chegada de Antonio Pérez ao reino de Aragão.[21]

Antonio Pérez, ex-secretário de Estado de Felipe II, chegou ao reino de Aragão na condição de foragido da justiça real, acusado de diversos delitos, onze anos depois de ter sido preso pela primeira vez por ordem do próprio monarca.[22] A queda em desgraça de Pérez inaugurou uma grave crise no governo de Felipe II, instaurando um processo de liquidação das duas facções políticas nas quais o governo vinha se apoiando, uma das quais encabeçada pelo próprio Pérez.[23] Durante esses 11 anos, Pérez havia sofrido acusações em dois processos. No primeiro, o secretário era indiciado por traficar informações confidenciais que passavam por suas mãos, devido ao exercício de seu ofício de secretário, comprometendo preciosos segredos de

---

[21] Quando se instalaram os conflitos no reino de Aragão, a Monarquia Hispânica estava sem convulsões internas há aproximadamente 70 anos, desde as Comunidades Castelhanas e das *Germanías* em Valência, apesar da manutenção constante da atividade bélica nos limites externos. As *Alteraciones de Aragón* puseram fim a uma prolongada situação interna de paz que era excepcional para as grandes monarquias do período. Porém, o evento aragonês representou um grande desafio à capacidade da Coroa em manter unidos seus territórios, apesar do recente sucesso com a anexação de Portugal, obscurecido, no entanto, pela complicada situação que emergia no horizonte em relação aos Países Baixos. Cf. GIL PUJOL, Xavier. *De las alteraciones a la estabilidade*: corona, fueros y política en el Reino de Aragón, 1585-1648. 1988. Tese (Doutorado em História) – Universidad de Barcelona, Barcelona, 1988. Disponível em: https://diposit.ub.edu/dspace/handle/2445/35585. Acesso em: 3 dez. 2023.

[22] Utilizei, para narrar o caso Antonio Pérez e os primeiros acontecimentos em torno das Alterações, a obra *Fragmentos de monarquía*, de Pablo Fernández Albaladejo (1992), e a tese de doutorado de Xavier Gil Pujol (1988), com maior ênfase nesse último.

[23] Esse processo é muito bem analisado por Fernández Albaladejo (1992) na parte *"Secretarios y hombres de confianza: la transición al 'valimiento",* de sua obra *Fragmentos de monarquía.*

Estado da Monarquia Hispânica. No segundo caso, que gerou uma sentença de morte da qual Pérez só tomou conhecimento quando já estava abrigado em terras aragonesas, o secretário foi condenado pelo assassinato de Juan de Escobedo, secretário de Juan de Austria durante o período em que ele atuou como governador dos Países Baixos. Juan de Escobedo ocupava uma posição central na rede de informações dirigida pelo próprio Pérez. O caso Escobedo era muito grave graças aos indícios do envolvimento pessoal do monarca na questão do assassinato,[24] tornando Pérez uma figura perigosa pelas informações em sua posse.

Pérez chegou à cidade de Catalayud em meados de abril de 1590 e buscou acolhida contra a justiça real no privilégio foral aragonês da manifestação. Apesar de ter nascido em Madri, Pérez era filho do também secretário Gonzalo Pérez, natural de Montreal de Ariza, podendo ser considerado pela filiação paterna como natural do reino de Aragão. Transferido ao cárcere dos manifestados em Zaragoza, Pérez começa a receber visitas de vários personagens ilustres do reino e, possivelmente, inicia ali sua campanha difamatória contra Felipe II. Enquanto isso, em Madri, Felipe II designa uma junta[25] para estudar e sugerir medidas cabíveis para solucionar a delicada questão do secretário foragido. Tal junta foi formada pelo vice-chanceler Simón Frigola, Diego Fernández de Cabrera y Bovadilla, o conde de Chinchón, e Juan Campi. A figura do conde de Chincón aparece por diversas vezes nos relatos acerca dos acontecimentos em Aragão. Ele não era uma pessoa benquista por diversas personalidades no reino que o enxergavam como um grande opositor dos *fueros* e *privilegios* locais. O objetivo principal da junta era a devolução de Antonio Pérez à justiça castelhana, tarefa nada fácil, a juízo da própria junta.

Dada a relevância do tema Pérez para o prestígio do rei e para a imagem da Monarquia, desde Madri, pareceu bastante incompreensível e injustificável a recusa do reino aragonês em devolver o prisioneiro castelhano. Iniciava-se um embate entre dois sistemas jurídicos bastante distintos que, no entanto, possuíam apenas um governante político supremo,

---

[24] O próprio Pérez narrou e publicou suas desventuras em: PÉREZ, Antonio. *Relaciones de Antonio Perez Secretario de Estado, que fue, del Rey de España Don Phelippe II, deste nombre*. Paris: [s. n.], 1598.

[25] Acerca do funcionamento das juntas governativas durante a administração de Felipe II, contraposto ao posterior fortalecimento da figura do privado, além de *Fragmentos de Monarquía* (Fernández Albaladejo, 1992), há também boa informação em: FEROS, Antonio. *El Duque de Lerma*: realeza y privanza en la España de Felipe III. Madrid: Marcial Pons, 2002.

Felipe II. O ordenamento foral aragonês, mais do que nunca, começa a ser percebido como uma muralha a impedir o exercício da justiça castelhana. Começava a pugna do rei com o reino pela extradição do secretário foragido da justiça real.

     A Coroa então direcionou seus esforços para burlar as disposições jurídicas do reino aragonês, mediante manobras político-jurídicas, o que, no entender de Gil Pujol, configuraria um choque político de primeiríssima ordem por meio do qual se poderia avaliar a atuação do autoritarismo monárquico em um espaço foral (Gil Pujol, 1988, p. 168). Tendo que lidar com as tensões geradas pelo caso Pérez, os problemas do reino de Aragão mencionados anteriormente passaram para segundo plano na ótica da monarquia, agravando ainda mais a situação interna. A primeira medida realizada pela Coroa para conseguir a extradição do secretário foi transladar aos tribunais aragoneses a causa movida contra Pérez em relação ao pleito de assassinato. Contudo, os filhos de Juan de Escobedo já haviam perdoado o suposto assassino de seu pai, antes mesmo que a sentença sobre o caso fosse proferida. Assim, a própria Coroa teve que se responsabilizar pelo prosseguimento do processo. O monarca em pessoa, segundo as injunções jurídicas aragonesas, teria que se apresentar como particular diante da Corte do *Justicia*. Nesse contexto, a insegurança com a possibilidade de um longo processo, considerando o teor potencialmente comprometedor dos fatos e ainda a possibilidade de uma sentença absolutória, fizeram com que a Coroa abandonasse esse caminho.

     Enquanto outras possíveis soluções eram avaliadas, Rodrigo Vázquez de Arce, o juiz em Madri do caso Pérez, membro da junta responsável pelo tema e presidente do Conselho de *Hacienda*, condenou Antonio Pérez à morte, por entender que os crimes a ele imputados se encaixavam na categoria de lesa-majestade. Nas sociedades monárquicas da época moderna, o delito de lesa-majestade era o maior que se poderia perpetrar, pois refletia a quebra de um protocolo basilar da organização social: o dever de obediência do súdito em relação ao monarca baseado no conceito de pacto. Devido a suas características extraordinárias, o crime de lesa-majestade recebia todo o tipo de facilidades processuais. Portanto, esperava-se que a condenação de Pérez fosse motivo suficiente para obter a colaboração do reino aragonês e para conseguir a almejada extradição do secretário, pois não se concebia que a execução da sentença de um crime dessa natureza pudesse ser obstaculizada por particularismos jurídicos locais.

No entanto, uma sentença de um tribunal castelhano não poderia ser executada no âmbito jurídico aragonês. Então, Felipe II encaminhou uma nova consulta à junta responsável pelo caso, tendo obtido uma resposta que nos dá um bom indicativo do tipo de problema em questão, bem como das ferramentas usadas para solucioná-lo. O parecer da junta recomendava que, por finalidade de *bom governo* e *estado das coisas*, os príncipes poderiam usar remédios fortes e extraordinários, nos casos em que as vias ordinárias não fossem suficientes, ratificando o princípio de que naquelas situações os reis poderiam agir livres de escrúpulos.[26] A ascendência considerável das concepções políticas pautadas no viés pragmático, a transformação dos paradigmas éticos tradicionais que sustentavam as teorias sobre os fenômenos políticos e a aceitação da política como uma arte, que por isso guardava seus próprios mecanismos e procedimentos, iriam desembocar em novas doutrinas políticas, dentre as quais as doutrinas acerca da razão de Estado,[27] que legitimavam o sacrifício de alguns pressupostos éticos, privilegiando a eficácia do cálculo político e colocando o rei acima da lei em determinadas e precisas situações. O informe da junta, nesse sentido, é um indício concreto da adoção precoce dos princípios da razão de Estado na condução da atividade política na Monarquia Hispânica.

Configurou-se, dessa maneira, um impasse entre Madri e Zaragoza, entre rei e reino, o que inaugura uma crescente incompatibilidade nos laços de fidelidade e lealdade que regiam aquelas relações. Na ótica do reino, os aragoneses tiveram que lidar com o dilema de se manterem fiéis ao monarca ou à pátria, com seu sistema político e ordenamento jurídico próprios. Isso porque poderia se considerar que o monarca agia de maneira a quebrar as mesmas leis as quais havia jurado manter e defender, sob pena de não ser aceito como o soberano do reino, ao menos retoricamente. As

---

[26] A consulta da junta é redigida nos seguintes termos: "[...] parece que sin escrúpulos ninguno puede V. M. procurar, pues por los medios ordinarios que tanto ha procurado V. M. no se puede alcanzar esto, valerse de cualesquier otros que se consiga este fin de traerlo a Castilla donde delinquió" (Salvá, 1848, p. 46).

[27] Um dos maiores dilemas que atingiu a prática política europeia no período moderno foi o impacto gerado pelas doutrinas sobre a razão de Estado. É possível afirmar que tais doutrinas testemunham um fenômeno singular na história dos discursos políticos, pois, mal acabavam de despontar na Itália as discussões acerca da razão de Estado, pode-se verificar a enorme propagação — em um curto espaço temporal, convém destacar — de tratados, memoriais, manuais políticos destinados à educação do príncipe e panfletos que abordavam a referida temática. Juristas, diplomatas, conselheiros, ministros, historiadores, literatos e cortesãos empenharam seu labor em definir o que era a razão de Estado e em meditar sobre suas implicações na prática política. Tal fenômeno não ficou restrito à Península Italiana, local onde surgiu a primeira elaboração do conceito. Ao contrário, alastrou-se por terras francesas, alemãs, portuguesas e espanholas. É claro que, quando um conceito alcança tamanha aceitação e propagação, as propostas de interpretação e uso concernentes a ele não são homogêneas, sendo que um dos maiores princípios de diferenciação seria sua adaptação ao contexto local.

percepções distintas sobre o caso e a paulatina radicalização dos comportamentos ameaçavam com o perigoso estigma de traição a ambos os lados envolvidos na disputa.

A Coroa continuou insistindo na solução do caso através das brechas entreabertas no sistema jurídico aragonês, todavia sem alcançar muito sucesso. Ao mesmo tempo, Pérez utilizava o mesmo sistema para se proteger das investidas da Coroa, entrando com várias alegações ou *firmas de derecho* junto à Corte do *Justicia*. Durante esse período, ele buscava construir uma argumentação muito eficaz e habilidosa, baseada em uma apurada percepção do contexto, tentando assim identificar sua causa particular com a proteção do ordenamento foral do reino. Após quase um ano de fracassos, em uma medida desesperada, desejando escapar da rígida justiça aragonesa, a Coroa decidiu envolver na questão o Tribunal do Santo Ofício, com o que manejou a Inquisição como ferramenta política, o que não era aberrante para os parâmetros da época, salvo o caso em questão, em que se tomava essa providência exclusivamente para driblar o ordenamento foral aragonês. Durante a tentativa de transferir Antonio Pérez, alocado na prisão dos manifestados, para o cárcere da Inquisição, ocorreu o primeiro incidente das *Alteraciones*. Em Zaragoza, quando se teve notícia da transferência de Pérez, a cidade prorrompeu em indignação. Nesses termos, Gil Pujol narrou a primeira jornada do conflito, que ocorreu no dia 24 de maio de 1591:

> Convocados por los toques de campana de la Seo y atizados por un activo grupo de partidarios de Pérez, los zaragozanos – entre ellos gran cantidad de niños – se echaron a la calle dando gritos de "viva la libertad" y "mueran los castellanos". La multitud se dividió en dos grupos. Uno de ellos se dirigió a la casa de Almenara, donde los amotinados exigieron su encarcelamiento por traidor. El Justicia y dos de sus lugartenientes se dispusieron a trasladarlo a la cárcel real como medio de aplacar el clamor popular y al mismo tiempo ponerle a salvo, pero se vieron desbordados por la multitud. Almenara recibió varios golpes, de los que quedó malherido, y se le hizo la primera cura en la propia cárcel. El otro grupo, entretanto, se congregó frente a la Aljafería, a extramuros de la ciudad, reclamando la libertad de Pérez y Mayorín y amenazando con pegar fuego al recio edificio. Además, cundió la opinión de que en su día la Inquisición se había implantado en Aragón por un plazo de cien años, período que ahora se encontraba ya concluido, y se consultaron los archivos de la Diputación para aportar pruebas

> documentales. Ante la magnitud del motín y en prevención de daños mayores, el arzobispo de Zaragoza, don Andrés Fernández de Cabrera y Bovadilla, hermano del conde de Chinchón, el virrey y los condes de Aranda y Morata lograron persuadir a los escandalizados inquisidores para que los presos fueron devueltos a la cárcel de la manifestación, y así se hizo aquel mismo día. Montado en un brioso caballo blanco que el conde de Aranda puso a su disposición, Antonio Pérez deshizo el camino recorrido horas antes, ahora en medio de una explosión de júbilo popular (Gil Pujol, 1988, p. 180).

Como podemos deduzir do que até agora foi relatado, um conjunto de circunstâncias díspares e delicadas, que inicialmente guardavam independência entre si, confluíram e atingiram uma situação que poderia ter consequências desastrosas. Em Madri, além da junta incumbida do caso Pérez, outras instâncias, como o Conselho da Inquisição, foram consultadas com a finalidade de averiguar as medidas cabíveis para solucionar a complicada situação estabelecida. Enquanto isso, em Zaragoza, começaram a circular folhetos proclamando a defesa dos *fueros* e *privilegios* do reino diante de uma política cada vez mais interventora executada pelo governo de Felipe II.[28] Ao mesmo tempo, Pérez e o grupo que o apoiava se viam cada vez mais fortalecidos. A alta nobreza do reino acabou se afastando do acalorado cenário político, ao que parece com receio dos rumos que poderiam tomar os acontecimentos. Nesse ínterim, falece o marquês de Almenara, em consequência dos ataques sofridos durante a primeira jornada zaragozana, agravando ainda mais o estado das coisas. Após esses eventos, o rei dá ordens ao exército, reunido para intervir nos conflitos internos franceses, de interromper sua marcha e aproximar-se da área limite entre Castela, Navarra e Aragão, assumindo posição de prontidão. Na Corte, os temores em relação às possíveis consequências dos acontecimentos em Zaragoza, não só para o reino de Aragão, mas também pelo que isso poderia significar para o conjunto da monarquia, interna e externamente, assumiam uma perspectiva ascendente.

O episódio mais tumultuado teve início quando, devido ao crescimento das tensões internas, começou a ganhar corpo a ideia, entre as autoridades instituídas do reino, de entregar Antonio Pérez à Inquisição. A conduta das autoridades aragonesas, especialmente do vice-rei e dos membros da *Diputación* do reino, distanciava-se abertamente da postura assumida nas

---

[28] Alguns desses folhetos foram recolhidos e publicados por Teófanes Egido em: TEÓFANES LÓPEZ, Egido (comp.). *Sátiras políticas de la España moderna*. Madrid: Alianza Editorial, 1973.

ruas por uma parte expressiva da população composta de variados extratos, mas com participação praticamente nula da alta nobreza aragonesa. Após um novo ensaio, coordenado pelas autoridades, de entregar o secretário nas mãos do Santo Ofício, em 20 de agosto de 1591, a notícia dos preparativos para a transferência se espalhou e novamente a população tomou as ruas da cidade aos gritos de *libertad*. A segunda tentativa de conduzir Pérez à prisão da Inquisição, fracassada antes mesmo de ocorrer, determinou um redirecionamento no rumo dos acontecimentos. Nobres engrossavam suas guardas pessoais mandando vir vassalos de seus senhorios no interior do reino, grupos de bandoleiros chegaram à cidade e os pasquins e folhetos circularam em número cada vez maior pelas ruas de Zaragoza, conclamando o povo a sair em defesa de sua pátria.

    A Coroa decide então intervir abertamente para restaurar a ordem em Aragão, considerando a possibilidade de atuação, mais ou menos contundente, do exército que se encontrava nos limites externos do reino, deixando a cargo das autoridades locais apenas a entrega de Pérez ao tribunal da Inquisição. Em Aragão, à exceção das autoridades que já haviam solicitado a intervenção de Madri para conter uma situação que lhes escapava das mãos, cresceu a opinião de que o monarca se voltava contra o reino. A autoridade real estava em jogo. Entrementes, iniciam-se os preparativos para a terceira tentativa de retirar Pérez do cárcere dos manifestados e finalmente entregá-lo à Inquisição. A data fixada para tal operação foi o dia 24 de setembro, quando ocorreu a segunda jornada zaragozana. Poucos dias antes, falecera homem que ocupava o posto de *Justicia* de Aragão, o já idoso Juan de Lanuza. O cargo seria assumido pelo inexperiente filho do recém falecido *Justicia*, também chamado Juan de Lanuza, com apenas 27 anos de idade na época. Novamente, apesar de todas as medidas e preparativos tomados para que se realizasse a bom termo o translado do controverso prisioneiro, incluindo a presença de inúmeros oficiais do reino, inclusive do próprio *Justicia*, outro tumulto se iniciou nas ruas de Zaragoza, dessa vez em proporções muito maiores. O levante contou com disparos de armas, fuga das autoridades presentes, apreensão de armas públicas pelos populares e, o pior de tudo para os ouvidos de Felipe II, o episódio culminou com a fuga de Antonio Pérez para a região pirenaica. A situação havia saído completamente do controle de todas as autoridades envolvidas.

    No Escorial, Felipe II envia uma carta a cada uma das cidades e vilas do reino, informando sobre a entrada do exército real em Aragão, buscando assim aclarar suas intenções de restituir a ordem e resguardar os *fueros*. Mesmo que a intenção do rei com essas missivas fosse apaziguar os ânimos, o efeito oposto tem lugar, o que gera uma grande agitação na capital do reino, piorada pelos rumores de que um exército de 3 mil soldados iria invadir a cidade. Uma enorme pressão é feita junto aos *diputados* do reino e ao *Justicia* para que tomassem providências para evitar a invasão do exército. Uma comissão encarregada de avaliar o caso afirma que a entrada do exército real em Aragão era *contrafuero* e ratifica assim o direito de resistência aos aragoneses. O jovem *Justicia* organiza um exército precário, sem efetivo e desarmado e solicita ajuda de outras localidades do reino, mas não recebe quase nenhuma resposta. Assim, Zaragoza fica praticamente isolada em sua resistência às ações interventoras da Coroa, pois nem mesmo as *universidades* ou a alta nobreza do reino atenderam ao chamado do *Justicia*.

Ao fim e ao cabo, o possível choque entre as forças militares não chegou a acontecer, dado que a maior parte do exército organizado pelo *Justicia* desertou, inclusive o próprio Juan de Lanuza, antes mesmo de encontrar com o exército real comandado pelo capitão castelhano, Alonso de Vargas. O principal problema deflagrado por esse caso seria: "Si desde el punto de vista foral, levantar armas fue un acto obligado por la ley, a ojos de la corona constituyó un caso flagrante de rebelión y crimen de lesa majestad" (Gil Pujol, 1988, p. 241).

Pablo Fernández Albaladejo explicou que os acontecimentos aragoneses desses anos possibilitaram a reativação de diversas polêmicas — o papel da Inquisição como instrumento político da monarquia, o problema da regulação da força de atuação do *Justicia* e o pleito do vice-rei estrangeiro — em um contexto definitivamente problemático. Em relação aos movimentos no reino, a repressão e a política de contenção da Coroa foram extremamente facilitadas por um mecanismo de concessões seletivas à nobreza e pela própria situação de isolamento da capital do reino. O exército real entrou na cidade de Zaragoza sem nenhuma resistência e sem graves incidentes. Os principais responsáveis pelo levantamento popular foram presos e processados. O *Justicia*, que havia se juntado aos amotinados, foi condenado à morte e decapitado. No seu enterro, todas as honrarias necessárias foram permitidas pelo rei em uma manobra política que queria dar a entender que o castigo dirigia-se à pessoa física do *Justicia*, não à instituição da magistratura que ele representava. Da mesma forma, durante todo o tempo em que as forças da Monarquia Hispânica estiveram presentes em Zaragoza, ocupadas nas tarefas de repressão em resposta ao levantamento, empreendeu-se grande esforço na tentativa de demonstrar que a cidade em si mesma não estava sendo alvo de repreensões, apenas alguns particulares.

Posteriormente, as Cortes foram reunidas na cidade de Tarazona, em 1592, e uma série de novas disposições jurídicas foram regulamentadas em resposta ao ocorrido em Zaragoza, no ano de 1591. O monarca agora seria o responsável pela indicação da pessoa que ocuparia o cargo de *Justicia*, bem como seria responsável pela designação de quatro ou cinco indivíduos que comporiam o tribunal de nove membros que auxiliavam o *Justicia* no cumprimento de suas tarefas. O direito de *manifestación*, parte importante do ordenamento foral aragonês do qual Pérez fez uso para se proteger, foi restringido. A polêmica questão do vice-rei estrangeiro recebeu uma solução provisória não atentatória em relação aos dispositivos jurídicos aragoneses, ainda que a curto prazo trouxesse benefícios inegáveis a Felipe II.

Contudo, as medidas tomadas em Tarazona não foram encaminhadas ao total desmantelamento do ordenamento jurídico aragonês, dado que o próprio Felipe II declarou sua intenção de guardar os foros e ao fato de que suas ações não poderiam ser consideradas totalmente incorretas do ponto de vista jurídico do reino de Aragão. Enfim, as *Alteraciones* serviram de pretexto para uma remodelação de alguns direitos instituídos no âmbito regnícola aragonês e reavivaram os confrontos por poder e controle entre o núcleo central de governo da monarquia e o citado reino, mostrando que esse tipo de disputa envolvia aspectos muito mais complexos do que uma aproximação superficial poderia revelar.

A matéria das *Alteraciones de Aragón* é realmente uma temática apaixonante, repleta de idas e vindas, investidas da Coroa e contrapartidas do reino, culminando com a tomada popular das ruas aos brados de *libertad*. No entanto, é preciso que fique muito claro que esse não é o objeto da pesquisa que gerou este livro. As *Alteraciones*, que acabamos de descrever em termos bastante concisos, compõem simplesmente o cenário no qual a problemática escolhida como força motriz da pesquisa adquire relevância. Isso porque, aqui, o objetivo prioritário é investigar os sistemas políticos com seus distintos ordenamentos jurídicos em vigência no interior da Monarquia Hispânica, as doutrinas políticas e os aparatos conceituais presentes no discurso político moderno e o papel exercido pela escrita da história nas disputas políticas do período. Nessa direção, deu-se predileção aos acontecimentos que pudessem caracterizar o conflito aragonês em seu aspecto de levantamento foral.

NON SUFFICIT ORBIS

> *¿Qué te ha parecido de España? Dijo Andrenio. Murmuremos un rato de ella, aquí donde no nos oyen: y aunque nos oyeran, pondero Critilo, son tan galantes los Españoles, que no hicieran crimen de nuestra civilidad; no son tan sospechosos como los franceses, más generosos corazones tienen. Pues dime, qué concepto has hecho de España? No malo. ¿Luego bueno? Tampoco. Según eso, ni bueno, ni malo? No digo eso. ¿Pues qué? Agridulce.*
>
> Baltasar Gracián. *El Criticón*.

Uma medalha[29] comemorativa da anexação de Portugal ao território da Monarquia Hispânica, de 1580, apresenta em seu anverso um retrato de Felipe II com a inscrição *Phillipus Hispaniarum et Novi Orbis Rex* (Felipe Rei da Espanha e do Novo Mundo); já no reverso, abaixo da imagem de um cavalo trotando sobre o globo terrestre, pode-se ler o mote *Non sufficit orbis* (o mundo não é suficiente).[30] A ilustração do reverso representa uma *empresa* que é a tentativa de transmissão de um conceito particular acerca de um indivíduo de origem nobre, com dilatadas pretensões de heroicidade, por meio da junção de um mote ou lema, com uma pintura, e diferencia-se, portanto, do emblema que possui um caráter bem mais amplo.[31] Tal empresa remete a uma conhecida narrativa, presente em um dos textos do

---

[29] De acordo com Richard Kagan, a medalha teria sido cunhada em Lisboa, em 1583. Contudo, nela está gravada a data de 1580. *Cf*: KAGAN, Richard L. 'La luna de España': mapa, ciencia, y poder en la época de los Austrias. *Pedralbes*, Barcelona, n. 25, p. 171-190, 2005. Disponível em: https://revistes.ub.edu/index.php/pedralbes/article/view/35603/34887. Acesso em: 2 dez. 2023.

[30] Museu Numismático Português, Lisboa, Inv. 2918.

[31] Uma discussão bastante informativa sobre as empresas utilizadas por Felipe II ao longo de seu reinado foi feita por Sagrario López Poza. Devo a indicação à Silvia Patuzzi. *Cf*: LÓPEZ POZA, Sagrario. "*Nec spe nec metu*" y otras empresas o divisas de Felipe II. In: ZAFRA, Rafael; AZANZA LOPES, José Javier (ed.). *Emblemática trascendente*: hermenéutica de la imagen, iconología del texto. Pamplona: Sociedad Española de Emblemática; Universidad de Navarra, 2011. p. 435-456. Covarrubias Orozco nos traz uma excelente definição, a partir da voz *emprender*: "Emprender. Determinarse a tratar algún negocio arduo y dificultoso; del verbo latino apprehendere, porque se le pone aquel intento en la cabeza y procura ejecutarlo. Y de allí se dijo empresa el tal acometimiento. Y porque los caballeros andantes acostumbraban pintar en sus escudos, recamar en sus sobrevestes, estos designios y sus particulares intentos, se llamaron empresas; y también los capitanes en sus estandartes cuando iban a alguna conquista. De manera que empresa es cierto símbolo o figura enigmática hecha con particular fin, enderezada a conseguir lo que se va a pretender y conquistar o mostrar su valor y ánimo" (Covarrubias Orozco, 1611, p. 711).

conjunto denominado *Moralia,* de Plutarco, no qual é relatado um episódio sobre Alexandre Magno. Na passagem em questão, o grande conquistador macedônio, ao ouvir de Anaxarco que o universo possuía infinitos mundos, não pôde conter suas lágrimas, e, ao ser indagado sobre o motivo de seu pranto, respondeu que era um verdadeiro motivo de lamentação o universo possuir tantos mundos e ele não ser senhor de nenhum. *Dominus mundi*, senhor do mundo inteiro, quis ser Alexandre Magno em seu tempo e, a julgar pela empresa da medalha, esse também parecia ser o objetivo de Felipe II.

A legenda, também nada modesta, *"Desde la salida del sol, hasta su ocaso"* que adornava as colunas erigidas pela cidade de Messina, na Itália, para entrada cerimonial de Carlos V (Gil Pujol, 1996), genitor de Felipe II, ilustrava com ostentação a enorme extensão territorial sob domínio do imperador Habsburgo, que, no entanto, parecia se contentar em ser senhor de um mundo, diferente do que sugere a medalha cunhada em homenagem ao seu sucessor. Ambos os exemplos, extraídos da iconografia régia, são bastante eloquentes da noção de superioridade que se pretendia projetar da Monarquia Hispânica e de seus soberanos, certamente coloridos por pretensões imperiais e universalistas e, ainda, por uma retórica embriagante que convocava a Espanha a dominar o mundo, como Geoffrey Parker (2002) muito bem definiu. Claro que a representação do poderio do império espanhol ultrapassava sua facticidade, ainda que — e principalmente após a anexação de Portugal e a conjugação dos impérios ultramarinos das duas coroas — sua extensão territorial, suas riquezas e sua capacidade bélica estivessem muito longe de serem consideradas irrelevantes, alçando a Monarquia Hispânica ao posto de maior potência da Europa durante um considerável intervalo de tempo ao longo da época moderna. O jogo dialético situado entre representação/pretensão imperial, de um lado, e facticidade/mosaico peninsular, de outro, é a senda escolhida para iniciar este estudo.

1.1 MOSAICO PENINSULAR

> *No os canséis en eso, me juro, y voto un soldado Español; porque yo he rodeado y aun rodado todo el Mundo, y siempre por tierras de mi Rey, y con que he visto cosas bien raras, como los Gigantes en la tierra del fuego, los Pigmeos en el aire, las Amazonas en el agua de su rio; los que no tienen cabeza, que son muchos, y los de solo un ojo, y ese en el estómago; los de un solo pie a lo grullo, sirviéndoles de tejado: los Sátiros, y los Faunos, Batuecos, y Chichimecos, y sabandijas todas, que en la Gran Monarquía Española [...]. Que no esta tan lejos como eso, le dije, antes me aseguran, le he de hallar dentro de España.*
>
> Baltasar Gracián. El Criticón.

Nas obras de alguns contemporâneos da Monarquia Hispânica, especialmente antes de seu período de declínio, uma das características mais evidentes nas considerações e acepções a respeito da Espanha é a pluralidade de seus territórios.[32] Giovanni Botero, um dos principais teóricos da razão de Estado contrarreformada, descreveu a Espanha como uma das primeiras províncias da Europa, destacando que na Antiguidade ela se encontrava dividida em três partes: Tarragona, Bética e Lusitânia (Botero, 1603).[33] Já em seu próprio tempo, Botero afirmou que três coroas ou governos continuavam a partilhar o território: "Está dividida hoy España entre gobiernos, o si queremos decir en tres coronas, Aragón, Castilla y Portugal" (Botero, 1603, p. 3). Francesco Guicciardini adicionou matizes negativas ao se referir à heterogeneidade espanhola e afirmou a existência de uma tradição de discórdias internas associadas à história da região, ocasionadas tanto pela ausência de espírito cívico de seus habitantes quanto pela excessiva divisão interna de seu território, a qual o autor alude na seguinte descrição: "no ser reino de uno solo, sino estar dividida en muchos y varios señoríos y en muchos reinos, de los que todavía quedan los nombres: Aragón, Valencia, Castilla, Murcia, Toledo, León, Córdoba, Sevilla, Jaén, Granada, Gibraltar" (Guicciardini *apud* Gil Pujol, 1996, p. 68).

Nesse quesito em especial, os juízos formulados internamente não se afastavam muito das opiniões daqueles que não viviam sob domínio hispânico, ainda que certamente não emulassem a consideração negativa

---

[32] A acepção da palavra território no vocabulário da época remetia a um espaço em que convergiam uma comunidade e um ordenamento jurídico como *spatium armatum jurisdictionis*, conforme esclarece Pablo Fernández Albaladejo (1992). É no sentido da época que o termo foi empregado.

[33] Francisco de Quevedo (1941b), em *España defendida*, adota a mesma delimitação geográfica utilizada por Giovanni Botero.

de Guicciardini. O grande tacitista Álamos de Barrientos, nas advertências e conselhos que dedicou ao monarca Felipe III como forma de torná-lo apto ao governo de sua herança, incorporou o princípio da pluralidade como estrutura formal de seu discurso, falando, caso a caso, dos problemas e dos respectivos remédios para cada um dos domínios de sua majestade. Antes de iniciar a preleção a Felipe III, em uma seção intitulada exemplarmente "*División de los reinos de la Monarquía Española*", Barrientos classifica os reinos em: herdados ou conquistados e unidos ou separados. Tal classificação baseava-se na localização geográfica dos reinos em relação à Castela, considerada pelo autor como "sin duda la cabeza de esta Monarquía" (Álamos de Barrientos, 1990, p. 26).

Fiel ao seu estilo direto e pragmático, Barrientos recomenda que o novo governante não alimente ilusões em relação à fidelidade das possessões adquiridas através de conquista, pois: "Que no engañen a Vuestra Majestad los que valiéndose de su grandeza y halagándole con ésta, le quisieren dar a entender que estos tales gustan de su señorío y viven contentos con él" (Álamos de Barrientos, 1990, p. 9). Esses testemunhos sugerem que a existência de uma Espanha, no singular, refere-se a uma entidade histórica que só começaria a tomar forma com a mudança dinástica que conduziu ao trono a casa francesa dos Bourbon, juntamente às mudanças na legislação efetuadas por seus governantes já no século XVIII, ou seja, os decretos da *Nueva Planta*.

As considerações feitas até agora nos conduzem à desmistificação da existência de uma nação espanhola que fincaria suas raízes em tempos imemoriais, apesar do intenso labor de uma expressiva tradição historiográfica que visava a legitimar tal imagem. Diversas mudanças, elas próprias coadunadas com importantes contingências políticas de seu tempo, ocorridas no paradigma historiográfico do século XX, que versa sobre os fenômenos sociais e políticos da época moderna, não fazem mais do que confirmar o depoimento dos próprios contemporâneos da Monarquia Hispânica e, dessa forma, atestar sua natureza plural. Políticos e observadores do período moderno vinculavam a natureza composta como categoria própria dos reinos da cristandade, em contraste com a homogeneidade da qual parecia gozar o império otomano, posto que senhorios, cidades e províncias se beneficiavam da existência de jurisdições e atribuições particulares. Nessa diversidade política estava embutida uma grande variedade de ordenamentos políticos (Gil Pujol, 1996).

A formulação teórica que tem se mostrado mais propícia para analisar esse tipo de arranjo político, bastante presente na época moderna como era a Monarquia Hispânica, é a noção de "Estado composto" expressa pelo historiador Helmut Koenisberger. A noção indica que a maioria dos Estados do período moderno eram compostos, por incluírem vários países sob domínio de um único soberano, de acordo com a nomenclatura utilizada pelo autor (Koenisberger, 1978). À classificação de Estado composto, Koenisberger adiciona uma divisão em duas categorias que respondiam pela situação geográfica. Dessa maneira, os Estados compostos poderiam existir separados entre si por outros Estados ou pelo mar. Casos exemplares dessa tipificação seriam a Monarquia Hispânica, a Monarquia dos Hohenzollern de Brandeburgo-Prússia ou a Inglaterra e seu domínio sobre a Irlanda. Poderiam também ser verificáveis regiões unidas de forma contígua, tais quais os arranjos existentes entre Inglaterra e Gales, Piemonte e Saboia ou Polônia e Lituânia. O autor (Koenisberger, 1978) enquadra ainda em sua classificação de Estado composto o Sacro Império Germânico, a região da Borgonha e a união escandinava de Kalmar. Mais recentemente, os historiadores têm adotado nomenclaturas como reinos múltiplos, caso de Conrad Russel para falar da Monarquia Britânica (Russell, 1996), ou monarquias compostas, conceito que alcançou ampla divulgação através da obra de John Elliott. Ambas as noções são utilizadas para designar grandes estruturas políticas marcadas pela heterogeneidade entre suas partes integrantes.

Segundo Elliott (2010), faz muito mais sentido e produz interpretações muito mais fidedignas conceber a Europa do século XVI como um aglomerado de Estados compostos que coexistiam com uma miríade de unidades territoriais e jurisdicionais menores, que seriam defensoras zelosas de seu status e de sua independência. Adotar essa perspectiva sobre a natureza dos agrupamentos políticos europeus na época moderna coloca em evidência matérias que foram alvo de grande debate entre políticos, juristas e cronistas do período em questão e ainda confere uma dimensão muito mais profunda às análises sobre as revoltas e as alterações que convulsionaram internamente as grandes monarquias compostas nos séculos XVI e XVII. Polaridades tais como unidade e diversidade; conceitos como pátria e nação; temáticas como fidelidades, identidades, competências jurisdicionais, organismos representativos e ordenamentos jurídicos diversos e, finalmente, oposições entre sistemas políticos distintos — que definitivamente extrapolam categorias como absolutismo e constitucionalismo, mas que se prestam a ilustrar, grosso modo, o tipo de oposição de que estamos tratando — emergem ao centro da narrativa.

A maneira como um novo território era anexado aos domínios pré-existentes de um monarca, fosse por via sucessória, matrimonial ou de conquista, poderia ser feita de duas formas, segundo o jurista castelhano Juan de Solórzano Pereira, um dos principais fomentadores do direito indiano, membro do Conselho de Castela e do Conselho das Índias. A dupla possibilidade seria um dos principais traços definidores da monarquia composta. Na modalidade de união *accessoria*, os territórios anexados perdem suas antigas legislações e passam a ser considerados juridicamente como parte componente do Estado nuclear. Seria o caso, por exemplo, da incorporação de Gales à Inglaterra através dos *Union Acts* de 1536 e 1543, ou da incorporação das regiões americanas à Coroa de Castela, um caso emblemático no interior da Monarquia Hispânica.

A segunda modalidade de união entre territórios seria condicionada juridicamente pela fórmula *aeque principaliter*, de acordo com a qual os reinos constituintes da nova união preservariam suas leis, foros e privilégios, sendo concebidos, portanto, como entidades políticas distintas. Tal modalidade de união estava alicerçada em um acordo tácito pelo qual o rei estaria obrigado, à força de um compromisso estabelecido, a honrar o estatuto e a identidade distintiva de cada um dos territórios sob seu domínio. Ao explicar as duas modalidades de união entre os territórios, Solórzano Pereira (1776) indicaria um dos motivos recorrentes dos atritos e disputas entre os governantes das monarquias compostas e as demais localidades que as integravam na condição de *aeque principaliter*: o direito de preservação de suas leis e privilégios — em certo sentido, inclusive, de sua identidade local — vigentes no momento da união. Esse princípio de defesa e conservação do ordenamento jurídico particular e de seus organismos representativos constituiu um dos elementos centrais no conflito entre Felipe II e o reino de Aragão, no final do século XVI. É digna de nota a explicação feita por Solórzano:

> Que en virtud desta unión, o incorporación, aun se pudiera, y puede fundar y pretender, que el Imperio de las Indias, y por el consiguiente el Consejo que las gobierna, es parte del de Castilla, y ha de gozar de sus mismas preeminencias, y antigüedad: en especial habiéndose hecho, como se hizo esta unión accesoriamente. De que resulta, que las Indias se ha de gobernar por las leyes, derechos, y fueros de Castilla, y se juzgan, y tienen por una misma Corona. Lo cual no sucede así en los Reinos de Aragón, Nápoles, Sicilia, y Portugal, y Estados de Milán, Flandes, y otros que se unieron, y agregaron, quedándose en el ser que tenían, o como los doctores dicen: AEQUE PRINCIPALITER: porque en tal caso, cada uno se juzga por diverso, y conserva sus leyes, y privilegios (Solorzano Pereyra, 1776, p. 188-189).

As avaliações acerca dos benefícios e malefícios e, notadamente, as preocupações com os princípios e métodos que seriam adotados para conservar as monarquias compostas constituíram um dos grandes tópicos do discurso político da época moderna e geraram uma vasta literatura. Entre os autores que se preocuparam com esse tema estão: Giovanni Botero[34], Álamos de Barrientos, Saavedra Fajardo, Tommaso Campanella, para citar apenas alguns nomes mais emblemáticos. Um dos primeiros prejuízos mencionados para as localidades que acabavam por se tornar territórios integrantes de uma monarquia composta, vinculava-se ao problema do absentismo régio. Porquanto, em decorrência da ausência do monarca, surgiram outras graves questões para o território anexado: perda da condição de capital para sua cidade principal, mudança da corte e substituição do rei por um vice-rei ou governador.

Fernando Bouza (2011) abordou a questão do absentismo régio entre 1583 e 1640, em Portugal, através de lentes lisboetas, sublinhando que a citada questão se transformou em temática incontornável para analisar o Portugal dos Felipes. De acordo com o autor, uma alegoria amplamente utilizada na época, proveniente da derivação do matrimônio como metáfora política, personifica a cidade de Lisboa, que, assim, assume a triste condição de uma viúva que lamenta profundamente a ausência de seu esposo, o monarca. Por ocasião da visita de Felipe III à Lisboa, o doutor Inácio Ferreira teria pronunciado as seguintes palavras que remetem precisamente à citada alegoria:

> Na larga ausencia de V. M... se pudera dezir por esta nobre y leal cidade o que por Jerusalem no tempo de seus trabalhos tam populosa senhora das gentes princeza das provincias como está dezamparada feita quaçi viuva, porem agora com

---

[34] Gil Pujol afirma que Botero, em suas obras *Della Ragion di Stato* (1589) e *Relationi Universali* (1591), esteve apto a estabelecer alguns dos temas e das noções mais comuns sobre a matéria da conservação das monarquias. Assim, para assegurar a manutenção de determinado território, tarefa bem mais árdua que o simples aumento de um domínio, seriam temas capitais: a escolha entre regime monárquico ou popular, a composição territorial e extensiva dos domínios, a conduta beligerante ou pacífica das regiões vizinhas e a avaliação dos recursos humanos, materiais e militares. Ver: GIL PUJOL, Xavier. Las fuerzas del rey: la generación que leyó a Botero. *In:* RIZZO, Mario; RUIZ IBÁÑEZ, José Javier; SABATINI, Gaetano (ed.). *Le forze del principe*: recursos, instrumentos y límites en la práctica del poder soberano en los territorios de la monarquía hispánica: tomo 2. Murcia: Universidad de Murcia, 2004. p. 969-1022; GIL PUJOL, Xavier. *La razón de Estado en la España de la Contrarreforma*: usos y razones de la política. *In:* LA RAZÓN DE ESTADO EN LA ESPAÑA MODERNA, 1999, Valencia. *Anais* [...]. Valencia: Real Sociedad Económica de Amigos del País; Departament D'Història Moderna de La Universitat de València, 1999. p. 355-374; FERNÁNDEZ ALBALADEJO, Pablo. Entre la razón católica y la razón de Estado: senderos de la *Raison politique* en la Monarquía Española. *Transitions: Journal of Franco-Iberian studies*, Boca Raton, n. 5, p. 97-116, 2009.

esta alegre vista de VM e dos principez e senhores nossos he tam o contentamento destes leais vasallos que não se pode declarar com palavras nem representar com festas estiriores (BMS, 22/5/4/II apud Bouza Álvarez, 2011, p. 102).

O absentismo régio e os problemas dele decorrentes davam uma amostra da fragilidade das formações compostas e constituíam um grave problema estrutural, segundo Elliott (2010). Diversos tratados políticos do período abordam esse assunto, com bastante ênfase, recomendando ao rei nunca furtar aos súditos o calor de sua presença por demasiado tempo, dado que o efeito do absentismo régio era minar a obediência do povo e dos dirigentes investidos dos poderes locais. Giovanni Botero chegou a sugerir que em determinadas situações a presença régia seria suficiente para sufocar alterações, exemplo disso é o relato do episódio em que Carlos V, após ser notificado da rebelião dos habitantes de Gand, partiu imediatamente para Flandres e apenas "com a autoridade de sua presença pacificou os tumultos, castigou os rebeldes e com uma boa cidadela assegurou seu domínio sobre aquela cidade indómita" (Botero, 1992, p. 116). No calor dos acontecimentos que envolveram as Alterações de Aragão, não faltaram vozes que aconselhassem Felipe II, monarca pouco afeito aos constantes deslocamentos, a acudir com sua presença à sublevada Zaragoza.[35]

Ainda quanto à questão régia, convém ressaltar que um dos maiores agravos a que poderia ser submetido um território anexado a outro domínio político seria sua subordinação a um soberano estrangeiro. Era necessário fazer uso de uma política compensatória, dos danos e das perdas provocados pela união, que visasse estabelecer um acordo entre a dinastia recém instaurada e os poderes locais. Aqui se fazia valer a maior vantagem oferecida pela modalidade de união *aeque principaliter*, qual seja: a garantia de sobrevivência das leis e das instituições tradicionais do território anexado. Sob salvaguarda de união *aeque principaliter*, os grupos dominantes do território anexado poderiam conservar um elevado grau de autonomia em relação ao governo central, fazendo com que a dominação por uma dinastia estrangeira se tornasse mais palatável.

O juramento feito pelo novo governante de honrar e respeitar as leis, os usos e os costumes tradicionais exprimia o âmago do acordo celebrado entre rei e território,[36] revestindo-o assim de enorme importância simbó-

---

[35] Voltaremos a esse assunto no capítulo 04.
[36] Essa era apenas uma das razões pelas quais o monarca estava obrigado a cumprir as leis de acordo com a tradição política ibérica. Adiante nos deteremos nesse tema com atenção.

lica e jurídica e representando, portanto, o coração do pacto político entre territórios entendidos enquanto sujeitos políticos. A deferência cultivada às leis e aos costumes tradicionais desdobrava-se na perpetuação das assembleias e instituições representativas próprias de cada região. Na direção oposta, as investidas para modificar os ordenamentos jurídicos locais que alterassem os procedimentos legislativos vigentes, as disputas jurisdicionais e quaisquer tentativas de centralização que afetassem a autonomia local e o sentido de identidade coletiva das regiões anexadas se tornaram motivo de muitos conflitos ao longo dos séculos XVI e XVII e, sem sombra de dúvida, marcaram presença em várias disputas que envolveram a coroa aragonesa e a Monarquia Hispânica.

O acordo mútuo entre o governo central e os poderes locais, caso fosse devidamente respeitado por ambas as partes, acabava conferindo um certo grau de estabilidade às monarquias compostas, incluindo as uniões mais artificias e arbitrárias. John Elliott (2010) sustenta que a manipulação do patronato e o uso do clientelismo como instrumentos políticos constituíam excelente mecanismo para que o governo central pudesse granjear apoio junto às elites políticas e administrativas locais, e assim garantir sua lealdade. Nas palavras do autor: "fuerte dependencia de las elites provinciales, cuya lealtad sólo se podía conseguir y conservar mediante el patronazgo" (Elliott, 2010, p. 38). No entanto, ao ratificar sentenças dessa natureza, Elliott simplifica demasiadamente a interpretação dos laços que levam ao estabelecimento da lealdade entre rei e reino. Particularmente na Monarquia Hispânica, as noções de fidelidade e lealdade (Gil Pujol, 2009), transitavam por instâncias sutis e possuíam matizes muito mais complexos, pois perpassavam a comunhão em torno de um mesmo projeto político, a criação de uma memória coletiva que pudesse ser partilhada através do discurso histórico e a construção de uma simbologia de supremacia e poder que unisse os diversos interesses, projetando uma imagem de superioridade entre as outras monarquias europeias.

A ruptura da unidade religiosa, representada pela reforma protestante, que abalou o continente europeu e causou fortíssimos impactos estruturais, não só no âmbito religioso, mas também no político, afetou igualmente as monarquias compostas. Essas formações viram sua estabilidade ameaçada e sua capacidade de sobrevivência colocada em risco, pois a divergência religiosa poderia se converter em um importante argumento para que os detentores dos poderes locais contestassem a coerência de prestar obediência a um monarca que não comungasse da fé de seus súditos. Nesse sentido, o protestantismo serviu para reforçar o senso de identidade distintiva dos habitantes dos Países Baixos, aprofundando os conflitos existentes com a católica Monarquia Hispânica. Da mesma forma que a nova dinâmica religiosa serviu para que as províncias locais questionassem sua submissão ao poder central e fortalecessem suas próprias identidades coletivas, também foi utilizada para que as Coroas constituintes do núcleo duro de uma monarquia composta, como Castela e Inglaterra,[37] reorientassem a construção de suas próprias identidades a fim de sustentar a ocupação de uma posição privilegiada nos desígnios da providência divina, transformando-se nos eleitos de Deus e reclamando os benefícios dessa situação de excepcionalidade frente aos outros povos. Muito certeiramente, Elliot (2010) denominou esse fenômeno de nacionalismo religioso, sem deixar de destacar o inevitável impacto que ele produziu no equilíbrio interno das monarquias compostas. O autor recolheu ainda o seguinte depoimento, escrito por um catalão em 1557 a respeito dos castelhanos, acerca do sentido de superioridade que o favor divino parecia conferir a seus eleitos: "quieren ser tan absolutos, y tienen sus propias cosas en tanto, y las ajenas en tan poco, que parece que ellos han venido del cielo y que el resto de los hombres es lo que ha salido de la tierra" (Cristòfol Despuig, 1877 *apud* Elliott, 2010, p. 41).

Outro fator que iria alterar o frágil equilíbrio interno de duas das mais poderosas monarquias compostas do período moderno, a britânica e a hispânica, seria a aquisição de um vasto território ultramarino somente pela Coroa dominante da união, nesse caso, Inglaterra e Castela, respectivamente. Após a invasão e a conquista do território americano e da reserva

---

[37] A comparação entre as monarquias britânica e hispânica tem sido muito recorrente na obra de historiadores ingleses e espanhóis, que dialogam com o legado de John Elliott sobre o período moderno, de que resultam trabalhos muito interessantes, dos quais é um bom exemplo: ARRIETA ALBERDI, Jon. Forms of union: Britain and Spain, a comparative analysis. *Revista Internacional de Estudios Vascos: Cuadernos*, San Sebastián, n. 5, p. 23-52, 2009. Disponível em: https://www.eusko-ikaskuntza.eus/PDFAnlt/rievcuadernos/05/05023052.pdf. Acesso em: 4 dez. 2023. Contudo, a comparação entre as duas monarquias não é novidade, os próprios contemporâneos a fizeram. Dessa forma, em 1603, após a morte de Elizabeth I e a subida ao trono inglês do rei escocês James Stuart, a existência da monarquia composta insular gerou intenso debate a respeito das distintas formas de união — que poderiam ser perfeitas ou imperfeitas; por conquista, matrimônio ou herança; perpétuas ou temporais — e suas respectivas vantagens para o recente caso britânico. Nesse contexto, um dos parâmetros utilizados para pensar a questão da *British Union* foi a experiência oferecida pelo vizinho católico do continente. Um dos exemplos mais emblemáticos foi oferecido por ocasião de um discurso de Francis Bacon: "Now to speak briefly of the several parts of the form, whereby estates and kingdoms are perfectly united; they are (besides the sovereignty itself) four in number; Union in Name, Union in Language, Union in Laws, and Union in Employments. [...] The common name of Spain (no doubt) hath been a special mean of the better union and conglutination of the several kingdoms of Castile, Aragon, Granada, Navarra, Valentia, Catalonia, and the rest comprehending also now lately Portugal" (Bacon, 1868, v. III, p. 96-97).

dos privilégios oriundos dessa conquista para a Coroa de Castela, os castelhanos desequilibraram profundamente a balança interna responsável pela aferição das riquezas e do poder entre os reinos e as províncias que compunham a Monarquia Hispânica. A possessão de um império no ultramar aumentava, na pauta política, a importância de noções como dominação e subordinação, vocábulos que se encontravam fatalmente na direção oposta do léxico político das uniões via *aeque principaliter*.

A consciência da formação composta de alguns Estados na Europa da época moderna desenvolveu uma aguda sensibilidade nos círculos políticos e diplomáticos acerca dessa modalidade de agregação e ficou registrada em uma vasta literatura sobre o tema, além do testemunho legado por outros tipos de manifestações, como os discursos proferidos em conselhos e câmaras. Para analisar o sucesso e a capacidade operativa de uma monarquia composta, o principal quesito era avaliar a habilidade demonstrada pela Coroa nuclear da formação e por seu círculo dirigente na hora de manter unidos os heterogêneos territórios. No final do século XV e início do XVI, pouco tempo após a união dinástica das coroas de Castela e Aragão, a *Espanha* recebia apreciações positivas pela coesão que conseguia imprimir a seus domínios. O humanista Pedro Martír de Anglería, radicado na Corte dos Reis Católicos, sentenciou, confirmando o exposto, que "Italia se halla dividida en muchas piezas, España unida, los príncipes italianos discordes, los españoles concordes" (Mártir de Anglería *apud* Gil Pujol, 1996, p. 69). Mais expressivo ainda é o julgamento expresso pelo célebre Nicolau Maquiavel: "si en aquellas provincias no se ven tantas desórdenes como las que cada día nacen en Italia, [...] sino al hecho de que tienen un rey que los mantiene unidos, no solamente por virtud, sino por los ordenamientos de aquellos reinos que aún se mantienen enteros" (Maquiavel, 1987 *apud* Gil Pujol, 1996, p. 69).

Já no final do século XVI, precisamente em 1589 — pouco antes de uma imagem negativa sobre a monarquia ser deflagrada após as Alterações de Aragão, especialmente através da ação propagandística levada a cabo por Antonio Pérez, que acabou por conformar um dos aspectos constitutivos da *leyenda negra* acerca da Espanha —, a Monarquia Hispânica ainda conseguia exemplificar positivamente os benefícios trazidos por uma união estável. Giovanni Botero, em seu tratado sobre a razão de Estado, dava provas disso enquanto abordava uma questão muito apropriada ao tema: que Estados são mais duráveis, os unidos ou desunidos? Para o autor, os Estados mais duráveis são os medianos de disposição natural contínua e situação terrestre, frente à instabilidade normalmente demonstrada por aqueles exageradamente grandes ou extremamente pequenos e de situação marítima, sustentando seu raciocínio com juízos formulados a partir de observações históricas. Apesar dessa consideração, o autor invalidou o próprio critério ao aplicá-lo à Monarquia Hispânica, mostrando como, através de uma administração habilidosa, a citada monarquia pôde converter seus pontos fracos em vantagens, extraindo o melhor de cada um de seus territórios, ressaltando ainda o papel agregador exercido pela navegação. A declaração de Botero tem como mérito o fornecimento de uma noção bastante elucidativa da imagem que os contemporâneos cultivaram da Monarquia Hispânica e de sua pujante presença no mundo:

> Eu não considero menos seguros e duráveis os Domínios desunidos – com as duas condições supracitadas – do que os unidos, e este é o caso do Domínio de Espanha. Primeiro, porque os estados pertencentes àquela Coroa têm tanta força que não se assustam por cada rumor das armas dos vizinhos, como têm demonstrado, quer Milão, quer a Flandres, tantas vezes atacados sem resultado pelos franceses, e assim também Nápoles e Sicília. Depois, embora muito distantes um do outro, os Estados de maneira alguma se devem considerar desunidos, já que — além do dinheiro, de que aquela Coroa é riquíssima, ter grande validade em todo o lado — estão unidos por meio do mar, pois não há Estado tão distante que não possa ser socorrido pelas armas marinhas, e os Catalães, Biscainhos e Portugueses são tão hábeis na marinhagem que se podem realmente dizer donos da navegação. Ora, as forças navais na mão de gente deste gênero fazem com que o Império, que por outro lado parece dividido e desmembrado, se deva considerar unido, e quase contínuo; ainda mais agora que Portugal se uniu a Castela e estas duas nações, indo a primeira de Ocidente para Oriente e a segunda para Ocidente, encontram-se nas ilhas Filipinas e em tamanha viagem encontram por todo lado Ilhas, Reinos e Portos à sua disposição, porque ou pertencem ao Domínio, ou a Príncipes amigos, ou a clientes ou a confederados seus (Botero, 1992, p. 14).

A durabilidade de um Estado, ou seja, sua capacidade de conservação era matéria capital nos tratados políticos do período moderno, constituindo assim mesmo um axioma fundamental das teorias sobre razão de Estado. Uma distribuição equitativa dos cargos governamentais entre as nobrezas dos diversos territórios e uma política de matrimônios mistos, geralmente, figuravam entre as medidas mais recomendadas para a conservação de um território composto. O dominicano calabrês Tommaso Campanella propôs, para conservação e prosperidade da monarquia, uma maior coesão entre os diversos reinos e províncias, ademais de uma política de reativação agrícola. Campanella era um grande entusiasta da Monarquia Hispânica por entendê-la como uma nova Monarquia Universal colorida com todas as propriedades messiânicas que estavam embutidas em sua compreensão sobre universalismo. Tal intento seria efetivado através da propagação de uma língua e de costumes únicos espanhóis, leiam-se castelhanos, da instauração do livre trânsito comercial entre as regiões, da mesma acessibilidade aos cargos administrativos para todos os habitantes, independentemente do local de origem e da prática dos matrimônios mistos entre as casas nobres de cada um dos territórios, sem, entretanto, deixar de obedecer ao importantíssimo princípio de que povos diferentes deveriam ser regidos por leis distintas (Campanella, 1982).

As discussões acerca dos princípios de conservação aplicáveis com a finalidade de tornar duráveis as monarquias compostas oscilaram significativamente entre as polaridades unidade e diversidade. A partir do final do século XVI, aumentaria, contudo, o desejo dos governantes de alcançar uma maior coesão interna entre seus domínios, diminuindo em perspectiva ascendente a tolerância relativa às barreiras jurídicas e institucionais representadas pela união *aeque principaliter*. Essa política transparece com perfeição nos acontecimentos de 1591 e 1592 ocorridos entre o reino de Aragão e a Corte madrilena. As necessidades implementadas pelo aparato estatal, concernentes à sua paulatina especialização e burocratização pareciam caminhar em direção a uma centralidade administrativa, política e jurídica cada vez maior, ainda que essa visão não representasse um consenso sobre o tema. O ímpeto centralizador seria ditado em conformidade com os parâmetros estabelecidos pelo membro principal da união, tentando instaurar, portanto, uma única ordem cultural, institucional e jurídica.

O projeto político desenvolvido por um dos mais notórios privados da Monarquia Hispânica, conde Duque de Olivares, é uma expressão perfeita desse enseio de centralização levado a cabo com maior efetividade a partir do século XVII. Seu princípio era o aforismo *multa regna, sed una lex* (muitos reinos, uma só lei), Olivares interpretava como uma barreira insuportável a diversidade jurídica e institucional da Monarquia Hispânica, posto que representavam um imenso empecilho nos momentos de arrecadar recursos e conseguir apoio militar, dois itens que se mostravam cada vez mais necessários devido às atividades bélicas e à depressão econômica que ameaçavam a Monarquia Hispânica durante o reinado de Felipe IV. Olivares expressou seu projeto com muita propriedade ao monarca:

> Tenga V. Majd. por el negocio más importante de su Monarquía el hacerse rey de España; quiero decir, señor, que no se contente V. Majd. con ser rey de Portugal, de Aragón, de Valencia, conde de Barcelona, sino que trabaje y piense con consejo maduro y secreto por reducir estos reinos de que se compone España al estilo y leyes de Castilla, sin ninguna diferencia en todo aquello que mira a dividir limites, puertos secos, el poder celebrar cortes de Castilla, Aragón y Portugal en la parte que quisiere, a poder introducir V. Majd. acá y allá ministros de las naciones promiscuamente y en aquel temperamento que fuere necesario en la autoridad y mano de los consellers, jurados, diputaciones y consejos de las mismas provincias en cuanto fueren prejudiciales para el gobierno y indecentes a la autoridad real, en que se podrían hallar medios proporcionados para todo, que si V. Majd. lo alcanza será el príncipe más poderoso del mundo [...] conociendo que la división presente de leyes y fueros enflaquece su poder y le estorba el conseguir fin tan justo y glorioso y tan de servicio de Nuestro Señor [...] aunque se hayan jurado [las leyes], reconocido el inconveniente se procure el remedio por los caminos que se pueda [...] aunque en negocio tan grande se pudiera atropellar por este inconveniente, asegurando el principal? Pero como dije al principio, en todo acontecimiento debe preceder la justificación de la conciencia. (Olivares, 1978, p. 96-97).

Entretanto, tais projetos e tentativas de integração, longe de alcançar o resultado esperado, exacerbaram ainda mais o sentido de identidade distintiva entre os povos ameaçados pela absorção e a consequente uniformização do sistema tributário, jurídico e religioso. Assim, em meados do século XVII, uma característica que iria igualar noções identitárias tão díspares como a catalã e a portuguesa, por exemplo, seria sua negação ao componente castelhano com o qual se queria revestir o projeto de uma identidade coletiva que deveria realizar a *unión de corazones* almejada por Olivares, de todos os habitantes da península, ou melhor, de todos os súditos de Felipe IV, muito embora o enseio de construção de uma única identidade coletiva, contando com o esforço de juristas, historiadores e linguistas, já viesse se desenvolvendo desde o reinado de Felipe II. Todavia, o entendimento de integração no período de Felipe II era muito distinto daquele esboçado por Olivares e seus sequazes, que acabou contribuindo de forma tão direta para a queda do privado de Felipe IV.

Após o fracasso da União de Armas e do projeto político orquestrado pelo conde duque de Olivares, o diplomata e homem de letras Diego de Saavedra Fajardo voltou a insistir na importância da defesa da diversidade entre os reinos como princípio de conservação essencial para a monarquia, reafirmando antigas concepções do pensamento político hispânico a respeito dessa questão. Na empresa de número 61 das 100 que compõem seu tratado sobre a educação do príncipe político e cristão, Saavedra (1999) oferece um contraste bastante interessante para pensar a pauta integracionista de Olivares:

> Cada uno de los reinos es instrumento distinto del otro en la naturaleza y disposición de sus cuerdas, que son los vasallos. Y así, con diversa mano y destreza se han de tocar y gobernar. Un reino suele ser como la arpa, que no solamente ha menester lo blando de las yemas de los dedos, sino también lo duro de uñas. Otro es como el clavicordio, en quien cargan ambas manos, para que de la opresión resulte consonancia. Otro es tan delicado como la cítara, que aún no sufre los dedos, y con una ligera pluma resuena dulcemente. Y así, esté el príncipe muy advertido en el conocimiento de estos instrumentos de sus reinos y de las cuerdas de sus vasallos, para tenerlas bien templadas, sin torcer (como en Dios lo considero San Crisóstomo) con mucha severidad o cudicia sus clavijas, porque la más fina cuerda, si no quiebra, queda resentida, y la disonancia de una descompone a las demás, y saltan todas (Saavedra Fajardo, 1999, p. 723).

Em termos gerais, as estruturas políticas da Europa na época moderna parecem ter suportado muito bem a existência das monarquias compostas devido à grande relevância das ordens corporativas, dos direitos, dos privilégios e dos costumes tradicionais. Os setores dominantes locais poderiam desfrutar de uma grande dose de autogoverno, em um momento em que os monarcas ainda não dispunham de recursos para impor um domínio mais rígido, fazendo com que esses setores pudessem combinar a manutenção de um conjunto de privilégios a uma série de vantagens adquiridas ao participar de uma associação política mais ampla, destacadamente: proteção, prestígio e mercês fornecidas pelo monarca. Já os soberanos dos reinos múltiplos dispunham de uma gama ampliada de possibilidades na hora de manejar os recursos sob seu poder, principalmente em situações emergenciais, fator que os colocava em posição privilegiada frente aos monarcas de reinos unitários/simples. Como sentenciou John Elliott: "las monarquías múltiples ofrecían múltiples oportunidades además de múltiples limitaciones" (Elliott, 2010, p. 53).

A tensão entre unidade e diversidade no seio das associações políticas modernas é um elemento incontornável para analisar as revoltas, os movimentos, as conjuras ou quaisquer alterações às quais aquelas foram submetidas. Não somente porque essa tensão era uma característica inerente a essas associações, mas também porque ela iria influenciar praticamente todas as tomadas de decisões e escolhas políticas feitas tanto por súditos quanto por governantes. Isso porque a consequência direta da dialética entre unidade e diversidade está umbilicalmente associada aos problemas relacionados à construção das identidades coletivas dos diferentes territórios, principalmente no que diz respeito ao desenvolvimento de suas personalidades jurídicas e à formação de suas culturas políticas. Essa é a explicação para a escolha deste tópico para iniciar o desenvolvimento da análise sobre a disputa pela criação da memória política acerca das *Alteraciones de Aragón*, para começar a entender com mais propriedade a formação das associações políticas do período moderno, bem como os problemas e as características delas decorrentes.

1.2 UM TEMA EM TRÊS ATOS: SOBERANIA, LIMITES DO PODER RÉGIO E PACTO SOCIAL

> *É evidente, pois, que a cidade faz parte das coisas da natureza, que o homem é naturalmente um animal político, destinado a viver em sociedade, e que aquele que, por instinto, e não porque qualquer circunstância o inibe, deixa de fazer parte de uma cidade, é um ser vil ou superior ao homem. Tal indivíduo merece, como disse Homero, a censura cruel de ser um sem família, sem leis, sem lar. Porque ele é ávido de combates, e, como as aves de rapina, incapaz de se submeter a qualquer obediência.*
>
> Aristóteles. *Política.*

Para serem bem analisados e compreendidos em sua totalidade, os fenômenos políticos devem ser realocados na complexa tessitura que os compreende e que, forçosamente, varia sincrônica e diacronicamente no tempo, possibilitando a existência de culturas e sistemas políticos amplamente variados entre si. Na Península Ibérica, a tessitura que envolvia os fenômenos políticos encontrava-se fortemente impregnada por componentes teológicos e jurídicos os quais, por sua vez, inspiravam-se em princípios aristotélicos tomistas responsáveis por uma compreensão bastante peculiar da formação da sociedade e da origem do poder político entre os humanos. Todos os elementos e situações oriundos das transformações consequentes das contingências históricas no período moderno seriam experimentados e interpretados a partir dessa pré-existente ordem concebida no âmbito metafísico e justificada em termos morais e jurídicos. A discussão sobre a soberania régia, seus limites e condições de possibilidade adquire, portanto, significado próprio na Península Ibérica.[38]

Nas linhas introdutórias de sua tese de doutorado, Xavier Gil Pujol (1988) nota que, no final do século XVI e no início do século XVII, surgiram duas obras capitais para o pensamento político europeu, que traçariam, em direções opostas, o debate sobre o exercício do poder político, expressando tendências cada vez mais divergentes. A primeira se definiria por uma madura exposição da noção de soberania, a segunda trabalharia com a teoria da monarquia limitada ou mista. Seus autores são, respectivamente, Jean Bodin e Johannes Althusius. Apesar das abordagens distintas e das conclusões diametralmente opostas, fruto das experiências particulares, das opções teóricas e das confissões religiosas de cada autor, as obras abordam uma temática que seria cada vez mais cara ao discurso político europeu desse período, posteriormente identificada com as doutrinas constitucionalistas. É exatamente esse fator que explica a importância da discussão sobre a questão da soberania, pois as diferentes doutrinas e as variadas aplicações práticas concebidas acerca das potencialidades e limitações da *potestas* régia corresponderiam às diferentes opções de sistemas políticos e às variadas formas de organização social.

---

[38] Um indicativo bastante interessante sobre os termos que irão definir essa discussão pode ser fornecido após breve consulta a um dicionário de língua castelhana do período. No léxico composto pelo licenciado Sebastián Covarrubias Orozco não existe registro para a palavra "soberania". O mais próximo que dela se chega é a definição de soberano claramente associada com o sagrado: "el altísimo y poderosísimo que es sobre todos" (Covarrubias Orozco, 1611, p. 31). Curiosamente, apesar de não haver referência à palavra "soberania", podemos encontrar a noção de *summa potestas,* que é uma das atribuições associadas ao exercício da soberania, vinculada, porém, à definição de tirano: "este nombre, cerca de los antiguos se tomaba en buena parte, y significaba tanto señor, Rey y Monarca, el cual tenía potestad plena sobre sus súbditos" (Covarrubias Orozco, 1611, p. 44). Expressivamente, quase um século depois, no dicionário composto em Portugal pelo padre Raphael Bluteau, serão muitas as vozes associadas à soberania. São três as entradas para *soberania*, quatro para *soberano* e ainda figuram os termos *soberanamente* e *soberanizar*. As definições de Bluteau mais representativas são: "Soberania. Independencia. Poder soberano"; "Soberano. Independente. Principe soberano. O que não depende de outra potencia humana"; e, por último, "Soberano poder, summa potestas" (Bluteau, 1712-1728, p. 670).

Em uma rápida explicação, pode-se dizer que a conformação paulatina de um novo sistema de poder, consolidado em Estados territoriais na época moderna, com estruturas políticas que tinham como características a existência de núcleos duradouros e geograficamente estáveis contiguamente à tentativa de implantação de instituições permanentes, teria como contrapartida necessária a construção de uma distinta ordem jurídica apta a suprir as exigências desses Estados territoriais em formação. As relações, determinadas a partir dos vínculos entre comando e obediência, seriam redefinidas nessa nova ordem, que se constituiria basicamente sobre disputas jurisdicionais. Os Estados insurgentes necessitavam de mecanismos que impedissem a dissolução social com o afrouxamento dos vínculos constitutivos da sociedade medieval e, para tanto, era necessário estabelecer um tipo de poder forte, que encontrasse poucos obstáculos para o seu exercício. José Antonio Maravall (1997) aponta Maquiavel e Bodin como dois pensadores que se dedicaram à empreitada de libertar a concepção de poder de suas tradicionais amarras teológicas e jurídicas. Contudo, essa libertação colocava em xeque a antropologia cristã (Maravall, 1997, p. 191), na expressão empregada pelo autor, e sua gama de valores consagrados no âmbito ético e moral. Chegava-se, portanto, a um impasse gerado pela necessidade de harmonizar e legitimar os novos imperativos políticos com a antiga ordem teológica e jurídica.

As disputas jurisdicionais implicavam estabelecer distinções de ordem normativa e áreas precisas para o exercício da autoridade, tarefa nada fácil em se tratando da Baixa Idade Média e também na época moderna, em que o entrecruzamento jurisdicional era uma característica constitutiva do direito. O assenhoramento do poder de legislar, tributar e monopolizar o uso da violência — tríade clássica de Max Weber para caracterizar o Estado — representaria uns dos aspectos essenciais do que os autores modernos entendiam por noção de soberania, ilustrando, nesse sentido, um ponto de convergência com os conflitos jurisdicionais que disputavam entre si exatamente o controle daqueles atributos.[39] Ora, os conflitos e as disputas jurisdicionais não ocorreram somente entre as autoridades seculares e temporais, entre os senhores de distintos territórios ou ainda entre esses

---

[39] *Cf.* KRITSCH, Raquel. Fundamentos históricos e teóricos da noção de soberania: a contribuição dos "Papas juristas" do século XIII. *Estudos Históricos*, Rio de Janeiro, v. 23, n. 46, p. 261-279, jul./dez. 2010. DOI: https://doi.org/10.1590/S0103-21862010000200003. Disponível em: https://www.scielo.br/j/eh/a/9fFrZnhWPBnFRDmwFYFbjrg/?format=pdf&lang=pt. Acesso em: 4 dez. 2023.

e o imperador do Sacro Império Romano Germânico; aconteciam, talvez em sua expressão mais dramática, organicamente, entre o monarca e seus próprios súditos. A partir desse ponto, conclui-se que diversas revoltas, alterações e sublevações que acometeram os Estados territoriais na época moderna possuem elementos que podem ser entendidos como conflitos jurisdicionais e, certamente, as disputas entre o reino de Aragão e Felipe II incorporam esse elemento.

Detalhando um pouco melhor a organicidade das disputas intra *regnum*, com base nas concepções sobre o tema do doutor em História do Direito e das Instituições, Jesus Morales Arrizabalaga (2006), importa considerar que, inicialmente, foi um movimento comum aos reis reclamar o monopólio jurisdicional cada vez mais, principalmente a partir do século XIII. Coetâneo ao desejo do monopólio régio foram também as resistências dos outros focos de poder político das sociedades medievais, como a nobreza secular, a hierarquia eclesiástica, algumas cidades, as corporações, e as confrarias. Nesses núcleos, exercitava-se a prática de gestão interna de conflitos ao redor de suas próprias autoridades instituídas. As autoridades senhoriais desenvolveram-se em torno da noção de "domínio", extrapolando alguns elementos previamente consolidados no âmbito da autoridade familiar. Já as corporações e as cidades respondiam a outro tipo de organização, desenvolvidas por um grupo de pessoas que se reunia para gerir um interesse comum, sendo nomeadas no vocabulário da época como *universidades*. Nas corporações e nas universidades, conforme seus próprios sistemas de resolução de conflitos, havia pessoas encarregadas do exercício da justiça, que muito comumente respondiam pelo nome de *Justicia*, no mundo hispânico. Os sujeitos responsáveis por esse encargo nada mais eram do que juízes investidos de um poder distinto da autoridade monárquica. Em suma, é muito fácil constatar que essa multiplicidade de jurisdições oferecia um grande obstáculo à aspiração régia pelo monopólio jurisdicional e para o livre exercício da soberania.

Em 1576, na obra *Les six livres de la République*, que conheceu ampla difusão no continente europeu, Jean Bodin definiu as principais diretrizes que orientariam o debate sobre os pressupostos básicos da soberania. Ele partia de um entendimento geral[40] da soberania como potência absoluta, perpétua e livre, da qual disporia um governante ocupado com a regência das sociedades humanas. Tal soberania estaria alicerçada na detenção da jurisdição exclusiva sobre um determinado território. Maravall (1997), em sua época, identificou três posturas distintas que poderiam ser adotadas pelos tratadistas que se debruçaram sobre a noção de soberania. No primeiro grupo, estariam aqueles que concebiam o poder político ligado a uma ordem humana de leis e competências anterior e superior aos reis e, sendo assim, rechaçavam a noção da soberania. Um segundo caso seria identificado naqueles que não se preocupavam em colocar nenhum obstáculo em relação ao exercício da soberania pelo monarca, tornando-a assim ilimitada. Por fim, na situação em que Maravall enquadra a grande maioria dos tratadistas do século XVII na Monarquia Hispânica, estaria a postura daqueles que se colocavam como missão:

> [...] construir una doctrina de Estado de forma que sin hacer renunciar a éste, porque las circunstancias históricas no lo permiten, a su poder libre y soberano, no obstante el orden de la justicia, del que nace la paz, según se ha venido considerando desde San Agustín, sea el ámbito en el que precisamente se haga posible (Maravall, 1997, p. 188).

Apesar de ilustrativa, a classificação é demasiado simplista, sobretudo porque não identifica a variação apresentada internamente nos domínios

---

[40] Não caberia aqui um detalhamento mais profundo sobre a obra de Bodin — autor extremamente basilar tanto para o pensamento político como para o desenvolvimento da consciência história na época moderna — que, em si mesma, apresenta nuances, matizes e sutilezas que uma abordagem mais ligeira não poderia contemplar. A alusão à obra de Bodin é apenas uma ferramenta para pensar a especificidade da recepção da doutrina da soberania na Península Ibérica. Precisamente por isso, elegi apenas autores que analisam a repercussão alcançada pela obra de Bodin no contexto ibérico. Dito isso, ressalvo que Pablo Fernández Albaladejo tem uma opinião bem interessante sobre o conceito de soberania bodiania: "Como es sabido, su aportación fundamental consistió en la consideración de esta potestas como parte nuclear de su concepto de soberanía (que Bodin define precisamente como 'suma in cives, ac subditos legibusque soluta potestas'). Para Bodin, la soberanía se identifica sobre todo con la capacidad de 'dar y anular la ley', y de ello resulta un inevitable desplazamiento de la función judicial – dominante hasta el momento – por la legislativa. [...] Bodin no postulaba sin embargo un monarca dispuesto a imponer como práctica regular el incumplimiento sistemático de las exigencias de la legalidad que de los ordenamientos del reino pudieran derivarse. [...] Bodin aceptaba el derecho natural y el divino como límites situados por encima del derecho positivo, dentro del cual había de desenvolverse el monarca. Que debía respectar además las leyes fundamentales del reino" (Fernández Albaladejo, 1992, p. 74). Maravall também já havia identificado os limites operativos para o exercício da soberania concebido por Bodin e justificado, a seu modo, as razões do autor francês: "El Derecho divino, el natural y el de gentes limitan al poder, y aun lo que llamaríamos Derecho constitucional o leyes de la realeza [...] Lo que sucede es que Bodino, ante los inquietos restos del aún pujante feudalismo francés, se siente en la necesidad de poner de relieve la vertiente opuesta del concepto del poder a la que con preferencia contemplan los españoles, porque éstos, en cambio, encuentran en su país una cerrada unidad de mando" (Maravall, 1997, p. 203).

da Monarquia Hispânica, em que as diferentes opiniões sobre a questão da soberania se explicariam também a partir dos conflitos existentes entre poderes centrais e locais. Sem levar em consideração esse pressuposto, as expressivas variantes presentes nas elucubrações acerca do tema da soberania, entre os tratadistas que se identificavam com a Coroa de Castela, entendida enquanto símbolo do Império Hispânico, por um lado, e os defensores de uma identidade distintiva para cada um dos territórios da Coroa de Aragão, por outro, perdem grande parte de seu significado. Isso porque as variantes internas existentes no discurso ibérico estariam alijadas de sua contextualização histórica mais abrangente expressa pelas tensões dos reinos em conservar seu ordenamento jurídico e sua personalidade política própria, ao mesmo tempo que integravam uma poderosa monarquia composta.

A discussão sobre a questão da soberania vinculada ao território, no entanto, não era uma novidade. Uma das formulações mais antigas sobre a articulação do princípio de autonomia territorial, com o direito de exercício da jurisdição exclusiva, remonta a uma lei diocesana sancionada em 381, no primeiro concílio ecumênico de Constantinopla, aponta Walter Ullman (1978 *apud* Kritsch, 2010). A lei em questão era proveniente do direito romano e seu propósito era regulamentar o exercício jurisdicional dos bispos em suas dioceses, pautando-se no princípio territorial, ou seja, nos limites geográficos de cada diocese.

A Igreja Católica continuaria a exercer papel de grande relevo no desenvolvimento teórico da noção de soberania. Como evidencia Raquel Kritsch (2010), o papado, em seu esforço consciente para construir uma sólida legitimação jurídica que estruturasse o intento de monopolizar o poder supremo sobre toda a cristandade, acabou por depurar a aparelhagem mental e conceitual que compunha o pensamento político medieval. Tal depuração acabou beneficiando, mais à frente, outras formas de organização políticas as quais também reclamariam o direito de soberania. Assim, a corporação religiosa definiu alguns dos preceitos jurídicos e políticos que ajudaram a consolidar a noção de soberania. Contudo, o papado não seria a única instituição a trabalhar nessa seara.

Outro aspecto que serviria como parâmetro para o desenvolvimento da noção de soberania, durante a Idade Média, seria o legado imperial, conforme sinaliza Maravall (1997). Para isso, partia-se da doutrina defendida por alguns juristas que identificavam o imperador como titular do poder político sobre toda a cristandade, concentrando em sua figura a tarefa de governar todos as pessoas quanto às questões temporais. A *plenitudo potestas* pertenceria, portanto, apenas ao imperador, até mesmo porque apenas ele detinha a plenitude territorial embutida no conceito de potência absoluta. De acordo com Maravall, quando os reis tomaram "conciencia de su poder, sobre la base de una nueva época histórica con sus nuevas creencias, les hizo sentir el orgullo de su potestad, fueron reivindicando para sí los reyes todas esas prerrogativas del Emperador" (Maravall, 1997, p. 189).

Nesses termos, compreendemos a importância do labor de toda uma série de juristas, ao longo do século XIV, segundo a advertência de Pablo Fernández Albaladejo (1992) em tentar definir o alcance que se deveria conceder a aplicação da máxima: *rex tantum iuris habet in regno suo quam imperatur in imperio*, utilizada não apenas para afirmar a liberdade dos reis frente ao imperador, mas também para fixar a base do próprio poder régio conformado histórica e juridicamente sob a noção do poder imperial. De acordo com o autor, uma das principais questões oriundas desse debate é a possibilidade de determinar se ao príncipe caberia exercer a *potestas extraordinaria* e, em caso afirmativo, sob quais condições. Esse poder excepcional permitiria ao responsável por seu exercício atuar de forma desvinculada do ordenamento jurídico (Fernández Albaladejo, 1992). Determinava-se, desse modo, o preâmbulo da discussão travada em termos seculares e completava-se em linhas gerais o desenvolvimento intercambiável e altamente permeável da noção de soberania.

Esse breve panorama sobre a noção de soberania dá o tom geral da melodia, mas não menciona os detalhes da sinfonia hispânica sobre o tema. Para tal empreendimento, é necessário retomar a tessitura mencionada no princípio desta seção e atentar para a centralidade que nela ocuparia a relação entre rei e lei na Monarquia Hispânica. Esses recuos no tempo dos quais lançamos mão para abordar a questão da soberania — e também o que aqui está sendo percebido como desdobramentos dessa questão: os limites do poder régio e o pacto social — são passos fundamentais para a desconstrução de imagens solidificadas em relação às concepções acerca da política na época moderna, entendidas pela historiografia durante demasiado tempo como a mais alta expressão das doutrinas absolutistas. A imagem perdurou durante um longo período, coadunando claramente com o cenário histórico coetâneo aos autores que com ela se identificavam. Como consequência disso, as narrativas históricas sobre o Estado Nação, edificadas no século XIX, buscaram sua certidão de nascimento nas monarquias territoriais da época moderna.

A busca pelas raízes históricas do Estado Nação acabou por projetar equivocadamente suas características nas formações políticas da época moderna em vários aspectos cruciais[41]. A crença na autonomia do Estado frente aos outros núcleos de poder oriundos das sociedades medievais e a identificação de sentimentos nacionais já sólidos em um momento bem anterior à sua concretização são exemplos dessa linha de raciocínio. Esse viés interpretativo, que desejava enxergar os fenômenos políticos da época moderna inseridos em uma lógica pautada na quase total secularização da esfera política, fenômeno próprio do mundo contemporâneo, acabou produzindo análises equivocadas e anacrônicas.

É um traço característico da prática historiográfica — tal qual a malfadada atividade tecelã de Penélope, esposa de Ulisses, em suas solitárias noites de vigília — o constante exercício de recriação de si mesma. Por isso, é muito importante notar alguns aspectos relegados ao segundo plano pelo paradigma historiográfico precedente. Assim, recuperar os cimentos dos ordenamentos jurídicos que, por sua vez, inscrevem-se em uma visão de mundo fortemente assentada sobre pressupostos metafísicos é um passo fundamental para a reconstrução dessa estrutura organicista e corporativa que formava o contorno do exercício do poder político na época moderna. Nesse âmbito, a análise dos repertórios sobre a escrita da história, dos tratados políticos e das histórias sobre as *Alteraciones de Aragón* escritos por castelhanos e aragoneses na primeira metade do século XVII só se reveste de sentido quando realizada de acordo com as premissas citadas, posto que sua adoção permite recuperar o contexto intelectual[42] mais amplo no qual essas obras estão inseridas.

Retomando a reconstrução da urdidura na qual a teoria política hispânica recupera significado, uma disputa, de ordem teológica e filosófica,

---

[41] Raquel Kritsch, em seus estudos sobre a noção de soberania formulada pelos papas juristas do século XIII, menciona que, nos domínios da Ciência Política, a identificação entre Estado e soberania é tão grande que os termos podem chegar a funcionar, inclusive, como sinônimos: "A vinculação entre as duas noções se propagou a tal ponto que hoje Estado e soberania são termos comumente utilizados, sobretudo no vocabulário da ciência política, como sinônimos, especialmente quando se deseja expressar a extensão e o poder de um Estado. [...] O entrelaçamento das duas ideias terminou obscurecendo as raízes e o sentido primitivo da ideia de soberania que, ao contrário do que sustentaram inúmeros estudiosos, não nasceu como uma ideia leiga, destinada a nomear o poder do governante temporal, fosse ele o rei, o príncipe ou o imperador" (Kritsch, 2010, p. 262).

[42] Remeto às profícuas formulações teóricas desenvolvidas por Quentin Skinner, um dos maiores expoentes da chamada escola de Cambridge. Em tais formulações, foi possível encontrar inspiração e validar a preocupação ora em voga: "Considero igualmente essencial levar em conta o contexto intelectual em que foram concebidos os principais textos – o contexto das obras anteriores e dos axiomas herdados a propósito da sociedade política, bem como o contexto das contribuições mais efêmeras da mesma época ao pensamento social e político" (Skinner, 1999, p. 11).

entre *ratio* e *voluntas*, própria da escolástica, irá fornecer algumas pistas interessantes para começarmos a perceber a amplitude do vínculo entre rei e lei, mencionado anteriormente. Objetivando entender essa disputa, é necessário que voltemos nossa atenção para a questão da derivação da lei, ou seja, se a lei deriva da razão natural ou da vontade do soberano. A resposta para essa pergunta orientaria o entendimento sobre a noção de soberania, pois são inegáveis as conexões existentes entre a noção de soberania e a lei, envolvendo, nessa seara, todas as teorizações acerca da capacidade do soberano dar, modificar ou anular as leis e, ainda, se o monarca estaria, ou não, submetido às mesmas. Na intenção de conjecturar os limites da relação entre rei e lei, é forçoso, primeiramente, entender a própria concepção de lei.

A visão aristotélico-tomista sobre o surgimento da sociedade e da autoridade política é, sem sombra de dúvida, um dos elementos de maior peso na tradição ibérica da época moderna, de acordo com as reflexões expressas pelos teólogos e juristas da Universidade de Salamanca, consubstanciada no movimento filosófico denominado por alguns estudiosos como neoescolástica ou segunda escolástica. É também comum a designação de Escola de Salamanca para se referir à atividade filosófica e teológica associada à renovação da tradição escolástica, especialmente da via tomista, durante o século XVI e princípios do XVII, empreendida não apenas na Universidade de Salamanca, mas também no colégio dos jesuítas da cidade. Membros de ordens religiosas variadas têm seus nomes associados à escola de Salamanca, entre os quais: Francisco de Vitoria, Domingo de Soto, Melchor Cano e Francisco Suárez.[43]

Fernández Albaladejo (1992) afirma, que ao longo do século XV, o pensamento escolástico passou por um verdadeiro processo de renovação. Ainda segundo o autor, através de uma série de reformas nas faculdades de teologia, iniciou-se a consolidação de uma escola de pensamento que teria influência decisiva na formação da cultura jurídica hispânica daquele período, reforçando ainda mais os laços já estreitos entre direito e religião ou, mais precisamente, entre a lei positiva e a lei divina. A lei positiva passou a ser avaliada a partir de suas suposições meta-positivas, que seriam determinadas pela lei divina e deduzidas pelo legislador por meio da lei natural, um esquema francamente baseado nos ensinamentos de Tomás de Aquino.

---

[43] A definição sobre a Escola de Salamanca é proveniente do dicionário de filosofia de Ferrater Mora. *Cf.* FERRATER MORA, José. *Diccionário de Filosofia*: tomo II: L-Z. Buenos Aires: Sudamericana, 1964. p. 606.

Retomemos, portanto, alguns dos pontos principais sobre a questão da lei natural. Na concepção de Tomás de Aquino, o ser humano pode ser definido pelo fim ao qual se orienta. Como em Aristóteles, o fim do homem é a felicidade, ou seu bem último, e a busca pelo bem é, em grande parte, o que define a própria condição humana, a diferença dos demais seres criados que estão abaixo dos espíritos puros. Pode-se ainda detalhar um pouco melhor, lembrando que o homem é, para o aquinate, por inclinação natural, um ser racional, o que nos leva a concluir que a racionalidade será a própria medida da natureza humana. Segundo Norberto Bobbio (1995), a concepção da ética tomista pode ser definida por um paradigma fortemente racionalista. Já outros estudiosos interpretam como elemento predominante na filosofia tomista o *intelectualismo*, de acordo com o qual os deveres morais podem ser conhecidos pelo homem mediante o uso da razão. Tomás de Aquino sustentava ainda que a sociedade, a lei e o poder político surgem naturalmente como consequência da resposta que o homem fornece à indagação que está inserida no domínio da ética: o que é necessário para alcançar o bem? A resposta articula o bem e a razão em um mesmo plano, porque o primeiro é a finalidade do homem e a segunda seu instrumento para alcançá-lo.

Demonstrada a importância da razão no pensamento de Tomás de Aquino, entende-se sua lógica participativa na definição de lei, que, para o dominicano, é "um preceito da razão prática do príncipe que governa uma comunidade perfeita" (Aquino, 2005, q. 91, a.1). A lei tem ainda domínios variados, que se organizam hierarquicamente e apresentam derivações gradativas, de acordo com as seguintes distinções: *lex aetera, lex divina, lex naturalis* e *lex humana*. Conforme a derivação gradativa, a lei natural é definida como *partecipatio legis aeternae in rationali creatura*, ou seja, a lei natural é uma participação da lei eterna e, a seu turno, a lei humana é uma derivação da lei natural através da ação do legislador por duas operações mentais distintas: *per conclusionem* ou *per determinationem* (Bobbio, 1995). Tomás de Aquino acreditava firmemente na capacidade humana de perscrutar as leis divinas através do uso da razão. A lei, definida e organizada nesses termos, possibilita ao filósofo justificar a obrigação ou a lei moral, em ordem da razão divina, porque, em última instância, todas as coisas criadas participam, por derivação direta ou indireta, da lei eterna que é a expressão da razão divina. Essa concepção de lei acabou levando-a a ser entendida como regra de conduta a que se obrigava por ser proveniente de Deus. Como ninguém está acima de Deus, nem mesmo o rei, a lei assim concebida obrigava por igual ao monarca e a seus súditos, mesmo que não do mesmo modo. Torna-se bastante elucidativo o juízo expresso por Domingo de Soto, na obra *Tratado de la justicia y el derecho*, no qual o dominicano afirma que ao rei convinha viver sujeito à razão e aos desígnios divinos: "atender con mas vigilancia a los dictados de la razón y a los impulsos divinos, y, por consiguiente obedecer él mismo a las leyes que dicta a los otros" (Soto, 1922, p. 2010).

Importa ainda destacar sobre a filosofia tomista um outro aspecto relativo às suas acepções de ordem política. Nela encontramos a ideia do Estado enquanto instituição natural encaminhada à promoção do bem comum, de acordo com o especialista em filosofia política Michel Senellart (2006). O Estado seria a única agência capaz de velar pelo bem comum, pois em uma multidão de sujeitos que vivem reunidos, cada um prezaria somente pelo próprio interesse. Sem a atuação dessa agência, a multidão se dispersaria e o homem se acharia em uma posição solitária contrária à sua natureza de "animal político" destinado a viver em sociedade, preceito aristotélico incontornável para Tomás de Aquino. Conceber o Estado em sua inalienável função de perpetuação da condição política do homem evidencia, assim, uma diferença expressiva para com aqueles que o entendiam como resultado da necessidade que os homens têm de correção devido às suas práticas pecaminosas, posição que teria seu principal ícone em Agostinho de Hipona. Tomás de Aquino apregoa ainda que a autoridade política não está diretamente subordinada à Igreja — sendo também anterior ao surgimento da corporação religiosa, dado que sua existência é justificada pela própria condição humana, como vimos — porque esta é uma instituição com finalidades sobrenaturais. Todavia, não se deve esquecer a relação de subordinação entre elas, pois a ordem sobrenatural ocupa uma posição hierárquica acima da ordem natural à qual pertence o Estado.[44]

Foi a partir de insumos tomistas que se construiu a cultura jurídica hispânica da época moderna, marcando uma oposição de princípio a uma outra linha da tradição filosófica medieval, identificada pela posição voluntarista pautada nos ensinamentos de Duns Escoto e Guilherme de Ockham.[45] Essa oposição remete ao proverbial antagonismo que, a partir de

---

[44] Nesse trecho, foram seguidos de perto os comentários de Michel Senellart sobre a dimensão política da obra de Tomás de Aquino. Cf. SENELLART, Michel. *As artes de governar*: do regimen medieval ao conceito de governo. São Paulo: Ed. 34, 2006.

[45] Ver: SKINNER, Quentin. *As fundações do pensamento político moderno*. 1. reimpr. São Paulo: Companhia das Letras, 1999.

referências capitais como as obras de Tomás de Aquino e de Duns Escoto, marcaria a divisão entre franciscanos e dominicanos, ou ainda entre a via agostiniana e a via aristotélica tomista.

De acordo com José Ferrater Mora (1964), Escoto concebe a vontade como um verdadeiro núcleo propulsor, ou seja, algo responsável pela impulsão do movimento e das ações no âmbito de qualquer faculdade. A vontade tem caráter diretor e não apenas motor; assim, o intelecto encontra-se subordinado à vontade e configura-se, dessa forma, o primado desta última, que formará a base da posição voluntarista. No âmbito teológico, o primado da vontade estabelece que Deus, catalizador supremo da vontade absoluta, designa uma coisa como boa, única e exclusivamente pelo exercício de sua vontade, de onde se conclui que a liberdade divina não se vincula a absolutamente nada. Logo, o bem não era concebido como uma ordem na qual atuaria a vontade divina; assim sendo, todos os aspectos relativos à criação relacionam-se à vontade e não à inteligência divina, justamente por não estarem inseridos em uma ordem que possa ser perscrutável pelo homem por meio da razão. Já Tomás de Aquino, como explica Ferrater Mora (1964, p. 809): "no aboga por una doctrina de potentia absoluta en la medida en que semejante doctrina tiende a cercenar de Dios el atributo de la absoluta inteligencia; [...] tiende a considerar esta potentia como 'ordenada', sin por ello menoscabar la absoluta libertad de Dios", fundamenta-se com isso um importante viés da dualidade apresentada entre *ratio* e *voluntas*.

Escoto separou ainda a potência divina em duas categorias, tema relevante também em Guilherme de Ockham, dado que esse último participou intensamente dos debates que contrapunham a autoridade imperial à autoridade papal. A primeira categoria seria a potência absoluta que permitiu a Deus criar o universo, enquanto a segunda seria a potência ordinária responsável pela manutenção da ordem no mundo após sua criação. Gil de Roma foi o primeiro a aplicar essa categorização dupla da potência para pensar o exercício da autoridade política terrenal, ao conceber, especificamente, o Papa como titular único e legítimo da potência absoluta, conforme recorda Fernández Albaladejo (1992).

Na esfera do pensamento político, as determinações teológicas e filosóficas da posição voluntarista foram combinadas com alguns preceitos do direito romano, fundamentalmente aqueles que eram desdobramentos da máxima *quod principi placuit habet legis vigorem* (o que agrada ao príncipe, tem força de lei), para legitimar a soberania absoluta do monarca na época moderna. Não à toa, em Hobbes, considerado o grande ícone das teorias absolutistas, a lei é produto da vontade do soberano e não de sua razão, podendo ser justa ou injusta, o que, todavia, não daria o direito aos súditos de contestarem ou desobedecerem às leis implantadas pelo soberano. Estudos mais recentes[46] matizam um pouco a imagética construída em torno da figura Hobbes. No entanto, o que importa destacar é que claramente não seriam esses os pressupostos da discussão ibérica.

Antes de abordar as noções expressas nas obras que elegem diretamente a política como tema principal — quer se tratassem de obras voltadas para a educação do príncipe, os tratados sobre a razão de Estado, das advertências para privados ou das instruções voltadas aos conselheiros e secretários, para mencionar alguns dos *locus* de desenvolvimento das doutrinas políticas do período — é necessário um último desvio de rota. Para entender a complexidade da discussão sobre a autoridade régia na Península Ibérica, é preciso atentar para um aspecto que será resgatado nas obras de dois teólogos associados à Escola de Salamanca, o dominicano Francisco de Vitoria e o jesuíta Francisco Suárez. As teorizações acerca da origem da sociedade e do surgimento da autoridade política feitas por Vitoria e Suárez compartilham alguns aspectos fundamentais entre si. Contudo, as doutrinas desses grandes teólogos foram produzidas em contextos distintos, respondendo a variadas demandas e, portanto, assumindo posicionamentos diferentes diante de problemas diversos. Vitoria viveu sob o recente choque procedente da conquista e anexação de parte do território americano aos domínios da Monarquia Hispânica, envolvendo-se decisivamente nas polêmicas deflagradas pelo impacto das conquistas ultramarinas, especialmente no que diz respeito à escravização dos indígenas, e ainda testemunhou as pretensões imperiais do reinado de Carlos V. Já no caso de Suárez, talvez uma das influências mais marcantes estivesse vinculada aos desdobramentos da cisão confessional que abalou a cristandade após as Reformas Religiosas e, consequentemente, ao posicionamento assumido pela Igreja Católica diante do cisma, cenário no qual a atuação da emergente Companhia de Jesus seria importantíssima. O período de vida adulta de Suárez coincidiria com o reinado de Felipe II e Felipe III.

As teorias sobre a origem da sociedade e da autoridade política são elementos de suma importância para as reflexões jurídicas e políticas, porque, em última instância, legitimam e explicam o tipo de acordo, vínculo

---

[46] *Cf.* SKINNER, Quentin. *Reason and rhetoric in the philosophy of Hobbes*. New York: Cambridge University Press, 1996; SKINNER, Quentin. *Hobbes and republican liberty*. New York: Cambridge University Press, 2008.

ou pacto que regularia a relação estabelecida entre o detentor da autoridade política e o restante do corpo social.[47] Diferentes abordagens sobre a forma como foi executado o pacto social e a partir de quais premissas ele estaria estruturado, resultariam em diferentes concepções acerca dos limites da autoridade régia, ou, colocando a mesma questão em outros termos, sobre diferentes concepções acerca do exercício da soberania.

Um desdobramento importante dessas teorias para a questão da escrita da história do período é que, saindo da seara das reflexões filosóficas e buscando sua aplicação no relato histórico sobre as origens primitivas de uma determinada comunidade, surgiriam os discursos legitimadores das mitologias políticas que sustentariam a defesa dos costumes, leis e tradições locais. Isso se daria mesmo que na grande maioria das vezes o relato fosse altamente fantasioso, o que não diminui nem um pouco sua importância, muito pelo contrário Mediante a observação do mesmo princípio, nos momentos de conflito e disputas entre rei e reino, os habitantes do reino buscariam argumentos para proteger os direitos da comunidade, exatamente nos deveres assumidos pelo monarca nas raízes do pacto social, ou no sentido originário e filosófico, o que implicaria uma obrigação de ordem moral, ou procurariam resgatar legitimidade para suas reivindicações no juramento que o monarca realizou diante das Cortes, já em um viés historicista e jurídico. As *Alteraciones de Aragón* nos oferecem ocasião para refletir de forma mais aprofundada sobre a segunda possibilidade.

Maravall entende que a grande maioria dos tratadistas hispânicos do século XVII partiam da premissa de que o monarca exerce um poder que foi criado com a sociedade humana e está integrado como elemento essencial daquela, tendo sua atuação delineada por meio dos limites estabelecidos por essa mesma sociedade (Maravall, 1997). Por sua vez, Fernández Albaladejo (1992) afirma que, durante a primeira metade do século XVI, o debate a respeito da utilização da *potestas extraordinaria* se aprofundou constantemente. No entanto, mesmo as mais diferentes propostas entre os tratadistas se configuravam, ainda que implicitamente, sobre um pressuposto comum responsável pela imposição tácita de limites meta-positivos e de uma casuística extremamente restritiva e elaborada para que apenas em determinadas condições fosse acionada a desvinculação entre o poder político e o ordenamento jurídico. Assim, mesmo o exercício desse poder

---

[47] A importância do contrato social, para interpretar a teoria política de Hobbes, serve como paralelo para pensar a realidade ibérica.

extraordinário estaria alicerçado em um enorme respeito pelos direitos adquiridos dos súditos, e em uma particular atenção às situações jurídicas específicas, ainda de acordo com Fernández Alabaladejo (1992). Entender as especulações filosóficas que possibilitaram o desenvolvimento desse tipo de racionalidade política é um frutífero exercício que gera uma visão mais ajustada acerca da temática em tela.

De acordo com a interpretação do especialista em pensamento político espanhol na época moderna J. A. Fernández-Santamaría (1997), a quem vamos acompanhar muito de perto nas próximas páginas, Francisco de Vitoria interpreta o surgimento da sociedade segundo um viés organicista no qual o homem perceberia, mediante o uso da razão natural, que tem necessidade da companhia de seus semelhantes para sua proteção e sobrevivência. A sociedade civil seria o tipo de arranjo que possibilitaria às gentes maior comodidade para a prática do auxílio comum, permitindo, dessa forma, sua sobrevivência, assim: "a sociedade é, como diríamos, um convívio naturalíssimo e muito conveniente à natureza" (Vitoria, 2006, p. 199-200). O governo político, por sua vez, seria um elemento indispensável para a salvaguarda da sociedade, entendido como desdobramento natural do núcleo originário do uso da autoridade, a família, em que se dá o exercício de comando do *pater familias*. Ambos, portanto, são interpretados como instituições derivadas da necessidade de conservação humana e suas finalidades últimas podem ser percebidas em termos pragmáticos.

É no panorama delineado por Vitoria a respeito dos primeiros passos da sociedade civil, que sua reflexão sobre a questão da *publica potestas* recupera sentido. Modificando a cosmogonia aristotélica para enquadrá-la em moldes católicos, Vitoria substituiu o *primeiro motor imóvel* do estagirita pelo Deus revelado, apresentando-o como a causa eficiente da *potestas*. Contudo, levando em consideração a lógica derivacionista que impera no sistema filosófico dentro do qual Vitoria se orienta, apontar a causa eficiente da *potestas* não é o mesmo que identificar sua proveniência direta. Segundo Vitoria, o poder político, em uma de suas vertentes, reside, por direito natural e divino, na comunidade, que é interpretada como causa material do mencionado poder. Nessa explicação reside toda a importância do raciocínio vitoriano em matérias políticas, pois identificar a comunidade como detentora original do poder político corresponde à chave central da visão pactista sobre a origem do poder régio. No trecho a seguir, as palavras de Vitoria não deixam margem para dúvida e ainda adicionam um elemento relevante para nossa discussão, dado que os termos escolhidos pelo catedrático de Salamanca confirmam a tradicional associação da delegação do poder concedida em nome do exercício da justiça e da manutenção do bem público:

> E prova-se esse fato porque, tendo a República poder sobre todos os grupos que a compõem e não podendo ser exercida por essa mesma multidão (que não poderia facilmente ditar leis, propor éditos, dirimir pleitos e castigar transgressores), foi necessário que a administração fosse confiada a um ou a vários. Logo, pode-se atribuir esse poder ao príncipe, que é o mesmo da República. (Vitoria, 2006, p. 204).

No entanto, conforme apontam alguns especialistas, as interpretações acerca das percepções de Vitoria sobre o tema estão longe de serem uniformes e consistentes. Passagens contraditórias nas concepções expressas pelo autor dificultam qualquer assertiva mais decisiva sobre o tema, sendo que as variações presentes tendem a afirmar que o poder régio é de origem divina e não consequência da transferência realizada pela comunidade. É interessante a interpretação de Suárez sobre a aparente ambiguidade no posicionamento de Vitoria. O jesuíta resolve a questão de modo simples: "Cuando el poder civil queda legítimamente investido en un hombre significa que le viene del pueblo y de la comunidad. Tal es la opinión de Vitoria" (Suárez, 1970 *apud* Fernández-Santamaría, 1997, p. 166).

Talvez o que pareça ser um certo pudor de Vitoria em afirmar a transferência direta da autoridade política da comunidade para o príncipe, justificando suas idas e vindas nessa matéria, estivesse relacionado às repercussões oriundas da recém-sufocada revolta dos *Comuneros* ocorrida em Castela, no início do reinado de Carlos V. O incidente esteve profundamente associado à luta da comunidade pela defesa de seus direitos adquiridos e à constante ameaça ao monarca de perda de legitimidade, caso ele não respeitasse os direitos instituídos e os costumes alicerçados na força da tradição. Ao menos era essa, em linhas gerais, a cartilha partilhada pela maioria dos rebeldes, que servia de sustentáculo para a construção de seus argumentos e validação de suas ações.[48]

Mesmo após a rápida solução de Suárez sobre aquele ponto contraditório, convém elucidar um pouco melhor a aludida ambiguidade presente nas elucubrações de Vitoria, pois elas terão desdobramentos importantes

---

[48] Ver MARAVALL, Jose Antonio. *Las Comunidades de Castilla*: una primeira revolución moderna. 4. ed. Madrid: Alianza Editorial, 1984a.

para a teoria política ibérica. De acordo com Fernández-Santamaría, Vitoria fazia uma importante distinção entre *potestas* e *auctoritas*, sendo que apenas a segunda seria alvo da transferência entre a comunidade e o monarca. Tal operação seria possível porque *potestas* abarcaria dois significados diferentes. O primeiro estaria relacionado à capacidade para fazer algo, ou seja, para concretizar uma ação por meio dos sentidos e da vontade. Já o segundo sentido vincula-se ao âmbito jurisdicional, já que diz respeito à posse da autoridade para obrigar alguém a fazer algo. Deus dotou a comunidade dessa forma complexa de *potestas* que congrega em seu núcleo os dois aspectos.[49]

Todavia, a comunidade, por si mesma, antes de se organizar politicamente, não é capaz de exercer a *auctoritas*, o que justifica a necessidade natural de cessão dessa forma derivada da potência atribuída por Deus a um homem ou a um grupo de homens, tal qual exposto na última citação da obra de Vitoria. Porém, somente a *potestas/auctoritas* seria passível de ser transferida pela comunidade, se entende, portanto, que a sociedade é resultado de um pacto entre governante e comunidade. Há ainda um decisivo aspecto derivado desse argumento que pode contribuir para aclarar nossa discussão sobre o exercício da soberania e os limites do poder régio. Como a *potestas* transferida é aquela concebida enquanto *auctoritas*, os poderes que o rei possui como magistrado supremo derivam da comunidade, como indicou Vitoria: "el poder legislativo existe en la comunidad por derecho divino y natural" (Vitoria, 1991 *apud* Fernández-Santamaría, 1997, p. 169). A consequência lógica dessa argumentação é que o rei não pode estar acima das leis porque sua autoridade, nesse quesito, deriva diretamente da comunidade.

Passemos para a análise de alguns aspectos centrais nas elucubrações de caráter político presentes na doutrina de Francisco Suárez. Uma das ideias nucleares do sistema suariano corresponde ao conceito de criação e também à questão dos laços de dependência que fundamentam a relação entre Deus e suas criaturas. Essa relação se concretiza através da livre vontade de Deus, essência do ato criador, e se manifesta na lei que emana diretamente dessa vontade, a lei eterna, a partir da qual decorrem todas as suas subdivisões. Suárez, apesar de construir seu edifício filosófico sobre substratos tomistas,

---

[49] Essa dupla acepção da *potestas* permite ainda a resolução da questão acerca da origem do poder régio. Segundo Vitoria, o príncipe seria possuidor de dois tipos de poder, um legado pela comunidade e o outro atribuído diretamente por Deus (Vitoria, 2006).

apresenta algumas divergências[50] em relação ao dominicano, principalmente no que diz respeito à concepção da lei. Em Suárez, a lei aparece acrescida de um maior número de classificações e ainda é percebida como um ato resultante da combinação entre entendimento e vontade, o que acaba fazendo uma mediação interessante no dilema entre escotistas e tomistas abordado anteriormente. Após uma detalhada exposição sobre a polaridade entre os princípios de *ratio* e *voluntas*, Suárez conclui que, para instaurar uma lei, são necessários ambos os atos, de entendimento e vontade, porque:

> [...] sola la rectitud o justicia de la acción prescrita por la ley no basta para que una ley sea propiamente obligatoria, y que por eso, aunque en la formación de las leyes es necesaria la prudencia y deben y suelen intervenir los consejos de los sabios, sin embargo, esos consejos no bastan si falta la voluntad de quien tenga poder, poder y voluntad de las cuales la ley recibe la fuerza y el ser de la ley, como dijimos antes. Así que cuando se dice que las leyes son determinaciones de los sabios, o que son algo que consiste en la razón, o cosa semejante, esa determinación se toma de una alguna propriedad muy necesaria, y quizá se puso para indicar su necesidad, pero no porque baste (Suárez, 1967, v. I, p. 47).

A origem da sociedade, por sua vez, seria consequência da necessidade de sociabilidade humana entendida em termos aristotélicos. Importa ressaltar também que, a princípio, todos os homens nascem livres sem que haja autoridade ou jurisdição de uns sobre outros, a liberdade é assim seu estado natural. O primeiro núcleo de exercício da autoridade foi a família. O agrupamento orgânico dessas pequenas unidades familiares seria o primeiro passo para a construção da sociedade.

Até agora temos um modelo bastante semelhante ao apresentado por Francisco Vitoria. A transformação de um conglomerado de pequenas unidades familiares em uma *civitas*, ou sociedade política plenamente organizada, necessita, para que seja bem-sucedida, da ocorrência de um consenso tácito ou um pacto, segundo o qual os indivíduos se agrupam

---

[50] As principais divergências dizem respeito às ideias sobre: causalidade, princípio de individualização, modo de conhecimento de universais e singulares, distinção entre essência e existência, natureza do tempo, caracteres da eternidade, entre outros. Outra diferença expressiva em Suárez está relacionada à forma de apresentação da doutrina. *Cf.* LARROYO, Francisco. *La filosofia Iberoamericana*: historia, formas, temas, polémica, realizaciones. 2. ed. México: Editorial Porrúa, 1978.

voluntariamente, objetivando o bem comum,⁵¹, nas palavras do autor: "luego en una comunidad perfecta es necesario un poder público al cual le corresponda por oficio buscar y procurar el bien común" (Suárez, 1967, v. II, p. 199). Antes que esse acordo seja firmado, temos a existência de uma comunidade, mas não ainda de uma *civitas*.⁵²

Para o Exímio Doutor, epíteto pelo qual Suárez ficou conhecido, uma comunidade só poderia ser chamada de perfeita se comportasse a existência de um poder ou autoridade, *potestas*, destinada ao exercício governamental e à criação de leis. Uma comunidade na qual não ocorre o exercício da autoridade está condenada a submergir no mais profundo caos. A capacidade para coagir e castigar é necessária, portanto, para a manutenção da ordem que permite garantir a existência e a conservação da sociedade, juízo que expressa uma disposição perfeitamente natural dentro da simbologia organicista, em que se pauta essa doutrina, pois, como afirma o jesuíta: "[...] de la misma manera que la comunidad perfecta es conforme a la razón y al derecho natural, así también lo es el poder para gobernarla, sin el cual habría la mayor confusión en la comunidad" (Suárez, 1967, v. II, p. 197). Nesse sentido, o pragmatismo e o bem comum, ao qual se destina o poder político, fornecem a garantia de sua legitimidade. No sistema filosófico de Suárez, lei, sociedade e poder político encontram-se umbilicalmente associados. Os trechos escolhidos, além de demonstrar claramente tal vinculação, fornecem ainda alguns indícios importantes sobre a filosofia política do autor:

> [...] la creación de leyes es el principal acto con que se gobierna el estado y que, por consiguiente – según vimos – debe tener por fin el bien común; luego de suyo pertenece al poder del gobierno del estado, al cual toca procurar el bien común de éste; ahora bien, según se ha explicado, este poder es el poder de jurisdicción.
>
> [...] el poder de jurisdicción es de suyo un poder público y ordenado a la comunidad [...]

---

⁵¹ Ao ratificar a intuição de Tomás de Aquino que vincula a existência do Estado à procura pelo bem comum, Suárez se aparta radicalmente da concepção sobre a origem da autoridade política delineada por Agostinho de Hipona. As razões para isso são expostas nas seguintes palavras: "El raciocinio que se ha hecho puede también aplicarse al estado de inocencia, porque no se funda en el pecado o algún desorden sino en la manera de ser natural del hombre, que consiste en ser animal social y reclamar naturalmente la vida en comunidad, la cual necesariamente debe ser dirigida por un poder público" (Suárez, 1967, v. II, p. 201).

⁵² Cf. ABELLÁN, José Luis. *Historia crítica del pensamiento español*: tomo II: la edad de oro (siglo XVI). Madrid: Espasa-Calpe, 1979.

> En efecto, así como el dar ley es uno de los principales actos del gobierno de estado, así requiere un poder principal y superior. Esto poder primariamente y por esencia lo tiene Dios, pero por cierta participación se comunica a los reyes [...]
>
> Por esto cada uno puede dar leyes según la medida del poder que le ha sido confiado y no más [...] (Suárez, 1967, v. I, p. 46).

Conforme o juízo expresso pelo filósofo José Luis Abellán (1979), Suárez desenvolveu uma doutrina muito avançada para os parâmetros de seu tempo, pois construiu sua teoria social e política com base na interpretação de que o poder político seria dado por Deus aos homens reunidos em uma comunidade, e não a cada um deles individualmente. A comunidade perfeita, apesar de não incorporar a origem do poder político, é seu receptáculo e seu sujeito, estando livre para delegar autoridade aos governantes que escolher. Essa comunidade seria o produto de dois pactos, um primitivo, de caráter social, e o segundo, de natureza política, no qual ocorre a cessão da *potestas* ao governante. Mesmo que os modos de efetuação desse pacto sejam variáveis e permitam diferentes formas de governo, todos seriam igualmente legítimos, conquanto preenchessem um único requisito: ser edificado sobre o consentimento comunitário de transferência voluntária do poder ao governante, ou seja, partissem da livre vontade humana. Compreende-se que, da mesma forma que a potência espiritual é de origem divina, a potência temporal teria que pertencer ao corpo político integralmente, e não apenas a um eleito entre os integrantes desse corpo. O trecho a seguir dispensa que sublinhemos sua relevância ou suas implicações para a seara política, especialmente para o problema da origem divina do poder real:

> Por consiguiente hay que decir que este poder, por sola la naturaleza de la cosa, no reside en ningún hombre en particular sino en conjunto de los hombres. Esta tesis es general y cierta. Se encuentra en Santo Tomás, el cual piensa que el soberano tiene el poder para dar leyes y que ese poder se lo transfirió a él la comunidad, como lo traen también y lo confiesan las leyes civiles. [...]
>
> Por consiguiente, así como esa comunidad no comenzó con la creación de Adán ni por sola su voluntat sino por la de todos los que se reunieron en ella, así como no tenemos base para decir que Adán, por la naturaleza misma de cosa, tuvo el primero primado político en esa comunidad, porque eso no puede deducirse de ningún principio natural, ya

> que en fuerza de solo el derecho natural, al progenitor no se le debe que sea también el rey de su descendencia. Y si esto no se deduce de los principios naturales, no tenemos base para decir que Dios le dio este poder como un regalo personal y con una providencia particular, pues no tenemos ninguna revelación ni ningún texto en la Sagrada Escritura acerca de esto.
>
> [...] Luego el poder para dominar o regir políticamente a los hombres Dios no se le dio inmediatamente a ningún hombre en particular (Suárez, 1967, v. II, p. 201-202).

A questão em pauta não era de fácil resolução, uma vez que, partindo da cosmogonia cristã, seria uma empreitada muito arriscada e dificultosa não apontar Deus como a origem e o fundamento de toda forma de poder e autoridade. Vitoria, como já foi visto, teve bastante dificuldade em solucionar este problema. Contudo, Suárez, sem negar que o poder é sempre de origem divina, por ser o principado político de direito natural e Deus ser o autor da natureza, conseguiu, por meio de um sutil raciocínio, sustentar que o corpo político humano tem o poder e o senhorio sobre si mesmo porque se autoengendrou. Estabelecendo um paralelo com a liberdade que o autor da natureza deu a cada um dos homens individualmente, Suárez afirma que Deus deu o poder à comunidade humana, mas não sem a intervenção das vontades e do consentimento dos homens, fatores que possibilitaram, por sua vez, a reunião da comunidade perfeita. Fica resolvida a questão da origem divina da autoridade, caso se entenda que a proveniência do poder é "inmediatamente de los hombres, y mediatamente de Dios", portanto, foi a comunidade, e ninguém mais, que realizou a concessão desse poder que é o sustentáculo da autoridade em nome dos "reyes, soberanos o senadores" (Suárez, 1967, v. II, p. 209), para usar mais uma vez os termos de Suárez. Cabe ressaltar que, assim como os homens podem perder a sua liberdade devido à atuação de algumas causas, também a comunidade humana perfeita pode perder o senhorio e a liberdade que lhe caracterizam.

Apesar de considerar que todas as formas de governo são legítimas, podendo assim mesmo ser boas e úteis, bastando para isso unicamente o consentimento da comunidade, Suárez (1967) elege a monarquia como forma de governo mais apropriada. Novamente, aqui, o discurso jurídico político do jesuíta apresenta notáveis conclusões, porque, saindo das searas abstratas do pensamento filosófico, as reflexões agora se dirigem diretamente à forma de governo mais comum na Europa da época moderna.

Nesse ponto também seu pensamento ilustra muito bem a desconstrução de alguns mitos que nutríamos sobre o passado, visto que, ao menos na Península Ibérica, a alegoria da origem divina do poder dos reis, após a investigação da doutrina suariana, fica por terra.

Um ponto bem interessante a respeito do entendimento de Suárez sobre a monarquia é que, mesmo elegendo esse tipo de governo como a forma mais salutar e aconselhável, o jesuíta não deixa de fazer advertências aos possíveis abusos e excessos que tal forma de organização política poderia suscitar. O remédio sugerido a essa teorética degeneração seria a forma de governo mista, implantada de acordo com os costumes dos homens. Mesmo sem mencionar diretamente, como seria mais do que razoável esperar nesse tipo de discurso, o autor sugere que os vícios da monarquia ocorreriam em razão da fragilidade, ignorância e malícia dos homens, leia-se dos governantes, ou seja, dos monarcas. Essa era uma das advertências, feita com muito cuidado e sutileza, contra a adoção da forma simples de governo monárquico:

> Y así también consta por la experiencia que en esto existe una gran variedad: en algunas partes hay monarquía, pero raras veces es simple, porque dada la fragilidad, la ignorancia y la malicia de los hombres, normalmente conviene mezclar algo de gobierno aristocrático, más o menos según las diversas costumbres y juicios de los hombres; así, pues, todo esto asunto depende de la prudencia y de la libre voluntad humana (Suárez, 1967, v. II, p. 206).

Suárez, então, comenta a suposição sustentada por alguns juristas, cujos nomes não são mencionados, de que a autoridade régia se transmitiria por sucessão hereditária e que esse mecanismo de transferência teria sido realizado dessa maneira desde o princípio dos tempos. O jesuíta responde com muita clareza a esse argumento, afirmando que tal procedimento não poderia se repetir infinitamente, logo a sucessão hereditária não poderia ser a raiz, ou a origem, do poder real. Dessa maneira, o reino e o poder só poderiam ser dados ao soberano imediatamente pela comunidade, sendo transferidos mediatamente aos sucessores do monarca. Após a contestação da tese da sucessão hereditária, a conclusão anunciada por Suárez equivale a um raciocínio também presente em muitos posicionamentos expressos no discurso político e no discurso histórico hispânicos, principalmente nos opúsculos, panfletos ou tratados escritos em épocas de conflito, ou simplesmente em momentos de tensão entre rei e reino, como na revolta dos *Comuneros* em Castela, na rebelião das *Germanías* em Valencia ou então nas *Alteraciones de Aragón*.

Um tipo de entendimento muito semelhante a esse pode ser encontrado também nos fundamentos da união *aeque principaliter* que ligava diferentes territórios em uma única formação composta. Tal conclusão indica que as condições vigentes no momento da transferência de poder se repetem cada vez que um novo sucessor assume o trono, nos termos de Suaréz: "Y como la cosa pasa al sucesor con la carga, las condiciones con las que el primer rey recibió el reino de manos de la comunidad pasan a los sucesores, de forma que estos tienen el reino con las mismas cargas" (Suárez, 1967, v. II, p. 207). Toda a importância cerimonial e simbólica do juramento que o monarca presta perante as Cortes, ao assumir o governo, apresenta ainda uma notabilíssima representatividade jurídica e filosófica se enxergarmos o ato solene em questão inserido nesse paradigma de compreensão do funcionamento do poder político.

Enfim, a presença dessa modalidade de concepção dos vínculos e compromissos que unem o rei à comunidade nas mais variadas formas de discursos — político, jurídico, teológico-filosófico e histórico, notando ainda assim que não existem barreiras fixas entre essas tipologias — demonstra como é realmente pertinente entender a cultura política hispânica a partir da ótica que identificava no tema do pacto social o primeiro fundamento das demais noções que organizariam a apreensão dos fenômenos políticos. As consequências dessa forma de entendimento não são pequenas, pois o pacto social funcionava impondo, ainda que subjetivamente, restrições e constrangimentos ao exercício do poder régio, que deveria, portanto, atuar dentro de certos limites muito bem delineados. O soberano que ultrapassava essas barreiras se transformava em tirano e perdia seus direitos adquiridos sobre a comunidade, podendo ser deposto e, inclusive para alguns escritores,[53] eliminado.

Assim, analisar a questão da tirania significa, previamente, ponderar se a comunidade política teria capacidade de conservar, ou não, seus direitos depois de efetuada a delegação de poder ao soberano. Esse tema foi alvo de grande atenção no discurso político da época moderna, fazendo com que muitos estudiosos se dedicassem arduamente a encontrar uma solução para esse dilema. De acordo com Fernández-Santamaría (1997), Suárez acredi-

---

[53] Juan de Mariana é o exemplo mais notório de escritor que defendia, em termos veementes, o direito da comunidade de eliminar o tirano.

tava que, apesar da delegação de poder ao soberano ser completa, justa e de direito natural, a comunidade conservaria sua *potestas in habitu*, mantendo o direito de exercer a autoridade sobre si mesma em determinados casos, que deveriam ser avaliados sobretudo a partir da perspectiva oferecida pela natureza dos pactos próprios que vinculavam governantes e comunidades.

 A mencionada perspectiva a respeito da natureza dos pactos próprios pode ser entendida como uma referência aos costumes e às tradições de um reino particular, o que oferece uma justificativa bastante plausível para compreender porque alguns tratadistas políticos hispânicos defendiam essas tradições com tanta intensidade. Igualmente, tal perspectiva permite compreender o papel desempenhado pela História nesse período através de um viés distinto, dado que, em última análise, através do discurso histórico, buscar-se-ia validar costumes e tradições, que poderiam, assim, ser vistos como imbuídos da aura de legitimidade proporcionada pela passagem do tempo. Poderíamos dizer que a História era uma enorme tela em branco na qual os habilidosos artífices do presente pintariam as mitologias políticas de sua época com as tintas dos acontecimentos pregressos, verídicos ou fictícios, pouco importa. Assim, os costumes e as tradições atuariam nesse nexo operacional como salvaguardas diante dos crescentes poderes que os monarcas adquiriam ao longo da época moderna.

 Retomando a questão da conservação do poder pela comunidade, importa destacar que as situações nas quais uma comunidade política continuaria apta a exercer sua *potestas* seriam as conjunturas em que a comunidade em questão tivesse sua existência ameaçada. Isso porque não atuar em defesa da própria preservação, direito do qual não se pode abdicar em tempo algum, vai de encontro aos pressupostos estabelecidos pelo direito natural. O monarca degenerado em tirano representava esse tipo de situação de risco à comunidade ao colocar em perigo sua existência, o que justificava suficientemente a resistência por parte do reino. Nesse quadro, Suárez entende o tirano a partir de duas acepções distintas. Em primeiro lugar, tirano é aquele que tomou posse da comunidade injustamente fazendo uso de violência. Nesse caso, os princípios da guerra justa não se aplicam, ideia claramente exposta na afirmação: "[...] cuando la monarquía se posee únicamente por la violencia, no tiene el rey verdadero poder legislativo" (Suárez, 1967, v. II, p. 207). O segundo tipo de tirano é identificado no rei que governa guiado unicamente pela própria conveniência, desatendendo aos interesses públicos ou aquele que "afligiendo injustamente a sus súbditos, y esto despojando, matando o perpetuando otras injusticias parecidas pública y frecuentemente" (Suárez, 1970 *apud* Fernández-Santamaría, 1997, p. 205). Também seria considerado tirano quem induz a comunidade à heresia. Essas posturas são motivos legítimos para que o monarca perca sua coroa. Nesse caso, não estaria em delito a comunidade que lhe depôs do trono. Finalmente, outras noções muito recorrentes no discurso político ibérico estão presentes na obra de Suárez, especialmente a imagem do rei como vigário de Deus na terra e o conceito de corpo místico. Resta destacar ainda que Suárez menciona um axioma central sobre o reino de Aragão, mas a isso retornaremos em um momento mais apropriado.

Maravall (1997) defende que, no século XVII, entre os espanhóis, existia uma utilização política muito precisa em atribuir ao rei o epíteto de vigário de Deus, operação que recuperava uma fórmula medieval.[54] Segundo o autor, essa era uma manobra que os tratadistas utilizavam para sujeitar o monarca às normas estabelecidas por Deus. Nesse sentido, a potência civil se constituiria como vicariato da potência divina voltada unicamente para os assuntos temporais do homem. Derivaria daí uma relação de mandato com conotação política, duas vontades, a do rei e a de Deus, uma delegação de potência e uma finalidade a cumprir. Afastar-se desses pressupostos seria negar a fonte do poder e, por conseguinte, despojá-lo de sua validação. Assim, o epíteto funcionaria como uma limitação ao poder régio, dado que tal poder teria um conteúdo determinado por seu próprio fim. A religião não funcionava para o monarca como uma mera inspiração que deveria guiar seus atos, mas como evidente limitação de seu poder, "una perentoria obligación coercitivamente impuesta" (Maravall, 1997, p. 201). A obra *Política de Dios, Gobierno de Cristo*, de Francisco de Quevedo y Villegas é um belo exemplo dessa forma de conceber a função dos reis na terra como um ofício pleno de obrigações e com limites muito bem delineados, nas palavras do autor: "Obedecer deben los reyes a las obligaciones de su oficio, a la razón, a las leyes, a los consejos; y han de ser inobedientes a la maña, a la ambición, a la ira, a los vicios" (Quevedo, 1941c, p. 476). Do alto de seu *ingenio* barroco, Quevedo sentenciava:

> El rey es persona pública; su corona son las necesidades de su reino: el reinar no es entretenimiento sino tarea: mal rey el que goza sus estados, y bueno el que los sirve. Rey que se

---

[54] Michel Senellart apresenta decisivas construções da imagem régia cunhadas ao longo da antiguidade clássica e durante o período medieval. Ver: SENELLART, Michel. *As artes de governar*: do regimen medieval ao conceito de governo. São Paulo: Ed. 34, 2006.

esconde a las quejas y que tiene porteros para los agraviados y no para quien los agravia, ese retírase de su oficio y obligación (Quevedo, 1941c, p. 401).

Explorando um pouco essas noções enraizadas na fé católica, Fernández Albaladejo (1992) esboça uma ideia muito relevante sobre a concepção de corpo místico na Espanha. O autor sustenta que, já nas *Siete Partidas*, importante corpo normativo escrito em Castela no século XIII, havia sido afirmada uma identidade corporativa da comunidade desenvolvida mediante à conjugação da noção de corpo natural, baseada em um organicismo naturalista tipicamente aristotélico, com o componente *místico* procedente do conceito eclesiástico de *corpus mysticus Christi*. Essa representação expressava uma comunidade hierarquicamente organizada na qual o monarca ocuparia a posição da cabeça. Produzia-se, assim, uma imagem de engrandecimento do monarca devido à superioridade da cabeça em relação ao corpo. Contraposta a essa interpretação, existia uma corrente que se estruturava sob um viés mais estritamente corporativista, inspirada no movimento conciliarista da Baixa Idade Média, que reconhecia abertamente a superioridade do corpo frente à cabeça. A mesma lógica de proporcionalidade, que inspirava essa interpretação, permitia também sustentar que, ainda que o rei possuísse mais poder do que os membros ou grupos considerados isoladamente, ele não poderia acumular mais poder do que a totalidade do reino. De acordo com Fernández Albaladejo (1992), essa corrente de pensamento teria alcançado uma grande expressividade no século XVI, adquirindo ainda notável repercussão no século XVII.

Ernest Kantorowicz (1998), por sua vez, tem entendimento diferenciado sobre a noção de corpo místico, adicionando outros elementos à equação. Inicialmente, ele afirma que, apesar da passagem de São Paulo em Coríntios, o termo "corpo místico" não teria uma tradição bíblica. A primeira aparição do termo seria realizada no universo carolíngio em referência ao corpo místico de Cristo, presente na hóstia consagrada, e não para designar a Igreja ou a cristandade reunida. Essa primeira acepção se manteria ao menos até a metade do século XII. O significado associado inicialmente à hóstia consagrada se modificaria até desembocar na identificação do corpo místico com a Igreja de forma abrangente. Durante a chamada secularização da igreja medieval, ainda de acordo com Kantorowicz (1951), a noção em questão acabaria sendo interpretada como um organismo político no mesmo nível dos outros corpos políticos que estavam se afirmando como comunidades autossuficientes. A metáfora corporativa, simultaneamente secular e temporal, vinculada também à retomada do direito romano, seria essencial para o desenvolvimento do pensamento político ocidental durante a Idade Média. Na metade do século XIII, ocorreria uma mudança capital quando o papa Inocêncio IV, partindo do conceito de corpo místico, introduziu a noção da *persona ficta*, ou pessoa jurídica, fundando uma abstração apta a funcionar em qualquer forma de agregação humana. Tal postulado seria importantíssimo futuramente para conceber a própria noção de Estado. Paralelamente ao constante acréscimo de conteúdo jurídico e corporativo à ideia da Igreja como corpo místico, os reinos seculares foram se apropriando do termo corpo místico, conforme suas próprias justificativas e finalidades (Kantorowicz, 1998).

Retomando o tema da vinculação entre rei e lei na Monarquia Hispânica, após essa digressão na doutrina da segunda escolástica que estava amplamente vigente durante os séculos XVI e XVII, pode-se compreender o profundo esforço dos escritores ibéricos para adaptar a noção de soberania aos particularismos de sua própria doutrina política. Buscou-se assim oferecer uma interpretação controlada e substancialmente jurídica do exercício da *potestas extraordinaria*, como bem enfatiza Fernández Albaladejo (1992). O autor ainda sublinha que destacados personagens, como Diego Covarrubias y Leyva e Fernando Vázquez de Menchaca, nutriam verdadeira aversão à possibilidade de exercício de um poder extraordinário que atuasse acima do ordenamento jurídico, sendo que, para essas importantes figuras, tal poder só poderia ser compreendido como algo típico da tirania, pensamento profundamente enraizado nos pressupostos da segunda escolástica, ainda que houvesse algumas divergências.

A doutrina da soberania que interpretava o rei como *legibus solutus* alcançou baixíssima representatividade entre os hispânicos. Não é difícil concluir que esse resultado se deve ao fato de tal acepção caminhar em direção oposta aos elementos mais nucleares da doutrina política predominante em terras hispânicas. Além disso, havia uma questão de ordem prática, pois o preceito de soberania absoluta seria de difícil acomodação em uma estrutura política composta, na qual coexistiam internamente distintas organizações jurisdicionais, logo distintos pactos sociais, como era o caso da Monarquia Hispânica. Assim, conforme Maravall (1997) apontou, com muita propriedade, por mais que a expressão "poder absoluto" pudesse constar na tratadística hispânica, ela não seria utilizada com um sentido jurídico concreto. Seu emprego estaria muito mais vinculado à figuração alegórica e elogiosa acerca do poder do monarca, ou ainda a uma disputa entre os reinos da cristandade, mas nunca seria associado à subjugação da comunidade política ao rei. Muito ilustrativo do tratamento dessas questões é o trecho a seguir, da obra de Gregorio López Madera:

> Lugar es este, en que será bien declarar, que cosa es el poder absoluto, y señorío Soberano, que con tantas razones hemos probado pertenecer a los Ínclitos Reyes de España. Porque se podría pensar, que entendemos del por esta superioridad conceden a los Príncipes muchos Doctores. Dándoles su voluntad por regla, de manera que puedan decir los Reyes Cristianos, lo que no dijeran los Gentiles, y Infieles, abominando de tal poder, como cosa que es contra ley, y derecho, y así diciéndole el Rey Antígono, que todo cuanto los Reyes querían era lícito, respondió que esto sería entre los Bárbaros, porque a los demás solo lo justo, era justo, y lo honesto, honesto [...]
>
> Por lo cual pues dice agudamente Agustino Veroyo, que este poder absoluto de que tratan los Doctores, arguye estar la Justicia, y razón en contrario, no se ha de conceder a nuestros Católicos Reyes, que tanto son mayores cuanto más justos, y observantes del derecho [...]
>
> Y por esto dicen notablemente aquel gran Filósofo moral que es opinión de necios, pensar que, es la mejor cosa que tienen los Reyes, no estar sujetos a nadie siendo la más peligrosa, pues lo han de estar a las leyes, y no a las escritas en libros sino en nuestro corazón, y lo que la razón dicta, que es, a lo que tienen respecto los Filósofos, cuando subjetan los Príncipes a las leyes [...]
>
> De manera que este poder absoluto, como aquellos Autores le entienden es de Tiranos, y no casi en otra cosa consiste la Tiranía que en hacer los Príncipes su voluntad sin subjetarse a la razón y derecho [...] (López Madera, 1597, p. 14-15).

A obra da qual foi extraído o trecho acima, cujo título é *Excelencias de la Monarchia y Reyno de España,* foi escrita em 1597 e foi dedicada ao futuro sucessor de Felipe II, para que o príncipe regente tivesse consciência da grandeza de seus domínios, bem como das muitas obrigações que um lugar tão alto na terra atrairia, como declara seu autor na dedicatória. Outro objetivo menos evidente do licenciado López Madera voltava-se à solidificação e à divulgação da noção unitária de Espanha, usando, para esse intento, algumas estratégicas narrativas, como o tom laudatório, que enaltece, durante toda a obra, a grandeza dos domínios da Monarquia Hispânica e a excelência dos reis godos, dos soberanos de Castela e da dinastia Austríaca, símbolos consagrados das linhas de força que atuavam na construção da ideia de Espanha no singular.

Todavia, nada disso impediu o autor de escrever uma condenação à doutrina que sustentava o poder absoluto dos reis. É curioso notar, e também é uma demonstração contundente de que conclusões apressadas nesta matéria podem com facilidade conduzir ao erro, que o capítulo, do qual foram retiradas as sentenças anteriores, possui o título exato de: "Que cosa es Monarquía, como el Reyno de España lo es, y Señorío soberano sin superior, de los muchos privilegios que se siguen de serlo, y que cosa es el poder absoluto que por esto pertenece a sus Reyes". Dessa forma, vê-se que o simples uso da expressão *poder absoluto* não significava adesão integral às teorias que advogavam em prol da aceitação inequívoca da soberania régia. Nessa obra em particular, tal uso estava voltado para designar a situação da Monarquia Hispânica no contexto internacional, para citar apenas um exemplo.

Estabelecidos os limites meta-positivos do poder régio, a título de conclusão, a relação entre o poder real e a lei admite ainda algumas lapidações. Nesse sentido, devemos entender que a imagem régia estava saturada de associações com os valores relacionados à exaltação da justiça e da lei. Até aí nenhuma novidade em relação à maioria das culturas políticas europeias da época moderna. Na Península Ibérica, porém, de acordo com a explicação de Fernández Albaladejo (1992), uma das características da ordem política Baixo Medieval, que teria grande longevidade, seria a identificação da figura régia como juiz supremo, não sendo substituída com facilidade pela figura do monarca legislador, pois aquela figura justificava uma maior submissão do rei aos preceitos da justiça. Seguindo uma divisão estipulada por Tomás de Aquino, os monarcas não estariam sujeitos a *vis coactiva* da lei, porque ninguém pode obrigar a si mesmo, mas deveriam se orientar pela *vis directiva* do direito (Fernández Albaladejo, 1992). A tese foi de ampla aceitação ao longo do século XVI, perdendo bastante em termos de adesão, já a princípios do XVII, especialmente devido à influência das doutrinas acerca da razão de Estado. Todavia, apesar de sabermos que as doutrinas associadas à razão de Estado tinham uma acepção toda especial no seu viés contrarreformado, devemos destacar que nem mesmo seus defensores mais fervorosos validavam a possibilidade conferida ao monarca de agir acima das leis, abrindo exceções apenas em situações muito específicas nas quais as metas finais eram a conservação do Estado ou o bem da República. Exemplo magistral desse tipo de raciocínio pode ser encontrado na obra de Baltasar Álamos de Barrientos. No discurso político da época, outro argumento recorrente postulava que seria obedecido com muito mais facilidade um rei que colocasse a si mesmo como sujeito às leis. A legalidade, portanto, era a senda principal por onde o governante deveria conduzir a comunidade devido a motivos baseados nos juízos expressos pela doutrina política, nos interesses práticos do Estado, nos preceitos da filosofia moral e, não menos importante, nas questões de consciência religiosa.

Podem servir como exemplos dessa discussão a respeito dos vínculos entre a autoridade política e o ordenamento jurídico, algumas noções sobre o tema expressas na obra de dois grandes nomes do pensamento político hispânico: Álamos de Barrientos e Diego de Saavedra Fajardo. O fato dessas produções terem sido escritas em momentos distintos comprova a prolongada aceitação desse tipo de preceito que realçava a importância da base jurídica para o sustento da república.

Em *Idea de un Príncipe Christiano*, publicada pela primeira vez em 1640, Saavedra consagrou a empresa de número 21 especialmente para o tratamento do tema da lei, sendo que o mote correspondente a essa empresa, *regit et corrigit*, é por si mesmo ilustrativo. Saavedra adere a uma distinção em relação às leis que representa uma constante nos tratados políticos ibéricos. Nesse contexto, a lei se distinguia em seu aspecto penal, cujo símbolo era a espada, devendo, nessa modalidade, ser igual para todos: "Los dos cortes dela son iguales al rico y al pobre. No con lomos para no ofender al uno y con hilos para herir al otro" (Saavedra Fajardo, 1999, p. 358). O outro aspecto da lei seria sua acepção distributiva simbolizada pela régua e pela esquadra que mede a cada um por segundo suas ações e seus direitos, no entender de Saavedra "esta regla de justicia se han de ajustar a las cosas; no ella a las cosas". O autor da empresa considerava ainda que a multiplicidade de regras era danosa para a república. Ele também ratificava o princípio da ciência de Estado, que recomendava aos príncipes obediência em primeiro lugar às leis, para motivar a comunidade por meio do exemplo próprio: "Vanas serán las leyes si el príncipe que las promulga no las confirmare y defendiere con su ejemplo y vida. Suave le parece al pueblo la ley a quien obedece el mismo autor de ella" (Saavedra Fajardo, 1999, p. 367). Certamente, porém, a perspectiva mais interessante presente na reflexão do diplomata sobre a lei fica explícita no segmento a seguir:

> Sobre las piedras de las leyes, no de la voluntad, se funda la verdadera política. Líneas son del gobierno, y caminos reales de la razón de Estado. Por ellas, como por rumbos ciertos navega segura la nave de la república. Muros son del magistrado, ojos y alma de la ciudad y vínculos del Pueblo, o un freno [...] que le rige y le corrige. Aun la tiranía no se puede sustentar sin ellas.
>
> A la inconstancia de la voluntad, sujeta a los afectos y pasiones y ciega por sí misma, no se pudo encomendar el juicio de la justicia, y fue menester que se gobernarse por unos decretos y decisiones firmes, hijas de la razón y prudencia, y iguales a cada uno de los ciudadanos, sin odio, ni interés: tales son las leyes que para lo futuro dictó la experiencia de lo pasado (Saavedra Fajardo, 1999, p. 359-360).

Saavedra condena claramente a prática governativa que se rege pela vontade e não pelas leis, as quais interpreta como caminhos da razão de Estado, realizando uma subversão importante de um dos axiomas dessa doutrina, inclusive em sua preceptiva contrarreformada, que seria a capacidade de o governante agir desconsiderando as leis, caso isso fosse de interesse do Estado. O famoso diplomata chega ao cúmulo de afirmar que nem mesmo a tirania pode se sustentar sem leis. Fica muito claro, portanto, em que proposta Saavedra depositava sua confiança para a boa condução dos negócios da república, reproduzindo termos dos escritores do período. Talvez nem fosse preciso mencionar, após tudo que foi exposto, que Saavedra era bacharel em jurisprudência e direito canônico pela Universidade de Salamanca.

Por sua vez, até mesmo Álamos de Barrientos, com todo seu pragmatismo político, não deixava de apontar a relevância das leis para manutenção e boa condução do governo. A obra *Tácito español ilustrado con aforismos* foi possivelmente concluída em 1594, quando seu autor estava encarcerado por envolvimento com o controverso secretário de Estado Antonio Pérez, mas só foi publicada em 1614. Através de seus aforismos, Barrientos comunicava algumas de suas crenças, colocando na mesma disposição lógica seu juízo sobre as leis, a tirania e o poder absoluto. O grande tacitista se aproveitava também da temática em pauta para dar alguns conselhos ao governante que deseja manipular a lei a seu favor. Uma de suas considerações obedece ao mesmo motivo operacional já mencionado por Saavedra. Nessa acepção, o monarca que almeja que seus súditos cumpram as leis, deverá também se submeter a elas: "No tiene por qué esperar el Príncipe de sus vasallos, que hayan de guardar sus leyes, si es él el primero que las quebranta" e ainda "Buenas son las leyes, a que también viven sujetos, y obedientes los Príncipes, y Monarcas" (Álamos de Barrientos, 1987, v. 1, p. 228).

Em relação ao poder absoluto, conforme Álamos de Barrientos, nem mesmo o monarca cujo governo degenerou em tirania pretenderia que sua figura fosse ligada aos nomes e símbolos associados ao poder absoluto ou que sua imagem fosse vinculada à afronta aos costumes e às leis humanas. O autor delimitava, assim, em uma habilidosa manobra, seus próprios parâmetros para definir a tirania. O arguto tacitista apresentava uma visão bastante dessacralizada das leis, que, nesse sentido, divergia profundamente das outras opiniões as quais aludimos. Pode-se verificar essa tendência, por exemplo, na passagem em que o autor desaconselha a confiança nas leis em tempos de revoltas e alvoroços ou, de forma mais contundente, quando o autor afirma que as leis nem sempre são ordenadas por zelo ao bem público, ainda que esse pressuposto fosse sinal de grande corrupção. As leis também poderiam ser facilmente manipuladas pelo soberano, como adverte o autor, bastando para isso simplesmente que o nome do delito cometido fosse trocado por outro mais grave, permitindo assim um castigo mais severo. Todavia, o trecho em que todas as crenças sobre essa matéria aparecem sintetizadas adiciona um relevante elemento, o tema da liberdade:

> Tres son las verdaderas señales de la libertad de una República, con Príncipe nuevo en ella. La primera, cuando no hay en ella poderío que sobrepuje, o iguale las leyes, sino que por ellas solas se determinan igualmente todas las diferencias de los ciudadanos sin aceptación de personas. La segunda cuando los Magistrados del gobierno, y justicia, no sirven ni agradan al poderío de un particular con afrenta suya; teniendo por merced hacer su gusto, como a medio de su acrecentamiento: sino que proceden conforme a la verdad, y guardando la dignidad, y enterza debida a su oficio. La tercera, cuando la misma República no está oprimida del señorío de un particular; sino que todos sus ciudadanos poseen por igual la libertad, y tienen igual esperanza de mercedes, y oficios por virtudes y merecimientos. Y procediéndose al contrario en estos tres capítulos, es ciertísima señal de que va asentado en ella la tiranía (Álamos de Barrientos, 1987, v. 1, p. 289-290).

Não deve parecer estranho o fato de que uma análise dedicada à memória política criada acerca da experiência de uma série de eventos conturbados entre rei e reino, tenha se iniciado tratando do exame das associações políticas modernas, especialmente, das formações compostas, para delinear alguns princípios considerados medulares da cultura política hispânica do período, em um segundo movimento. As matérias apresentadas aqui, e seus efeitos colaterais, correspondem à aludida tessitura, na qual se encaixam as representações e as memórias que narram o ocorrido em Aragão nos anos de 1591 e 1592. Considerando que, decididamente, essas narrativas não são nem um pouco ingênuas, têm objetivos claros, e propostas políticas delineadas com precisão. Em situações conflituosas entre governante e governados, a capacidade de ação e reação de ambos os lados buscará, nos melindres do ordenamento jurídico, por um lado, legitimação e justificação para seus atos e, por outro, argumentos para condenar as reivindicações e movimentos do grupo alheio. Esse tipo de construção argumentativa com objetivo de derrotar seus oponentes utilizavam noções provenientes tanto de coletâneas de preceitos jurídicos regulares, quanto das abstrações filosóficas que inspiravam e validavam a aplicação prática da justiça. A questão principal seria, portanto, afirmar se ao rei era lícito ou não perpetrar determinadas ações e, consequentemente, quais seriam os limites de seu poder. Na contrapartida desse movimento, os reinos buscavam construir defesas adequadas a seus direitos e costumes estabelecidos, apropriando-se para tanto do reforço da cultura política própria e da elaboração de um discurso histórico oportuno. Foi partindo dessa lógica que se concebeu soberania, limites do régio e pacto social como três atos de um mesmo tema.

Resta apenas justificar uma escolha. Os aragoneses não apareceram protegendo suas bandeiras nesse primeiro instante por uma razão em particular. A cultura política aragonesa e a apaixonada defesa de seus *fueros* têm elementos muito peculiares próprios da trajetória histórica daquele reino da Monarquia Hispânica, os quais, por sua enorme relevância para o assunto, necessitam de uma abordagem exclusiva. Nesta seção, foram identificados os andaimes comuns do edifício partilhados por castelhanos e aragoneses, apesar das distintas apropriações que poderiam ser feitas desse mesmo legado doutrinal.

NACIÓN DE NACIONES

> *Porque la verdad de esta empresa, aunque de bonísima raíz, que era hacer unidad en el gobierno, y excluir la diversidad que suele ser la madre de las discordias; pero así como era posible siendo criador, era imposible siendo Gobernador lo que intentaba: pues solo Dios puede criar a los Reinos con unas inclinaciones, pero criados con diversas, necesarios es que sean diversas las leyes, y forma de su gobierno.*
>
> Juan Palafox. *Diversos Dictames Espirituales*.

As análises sobre a Monarquia Hispânica, como bem advertiu o historiador Jon Arrieta Alberdi (2003), durante muito tempo oscilaram entre uma dicotomia que estipulava que: ou bem se escolhia como enfoque a monarquia como um todo, ou se optava pelo estudo de apenas uma de suas partes. No entanto, a questão não é tão simples como esse viés dicotômico sugere. A ausência de simplicidade ecoa no próprio contexto que a fomenta. Isso porque variadas eram as maneiras de produção dos nexos que induziam os sentimentos de fidelidade e, ainda, variados eram os tipos de vínculos através dos quais poderiam ser estabelecidas as noções de identidade entre os habitantes de um determinado território. Apesar da existência de polaridades como centro e periferia, não podemos esquecer que, muito embora a lógica conflitiva regesse em muitos momentos o relacionamento entre a parte principal e os demais territórios que configuravam uma monarquia composta, tais conflitos eram contrabalanceados constantemente com a negociação dos interesses e benefícios entre as partes, evidenciando os proveitos de que ambas poderiam usufruir ao integrar a mesma associação política. Mesmo que muitas fossem as diferenças, outras tantas eram as semelhanças que uniam castelhanos e aragoneses, por exemplo, contra um adversário inglês.

É necessário, portanto, não exagerar nas dicotomias. A esse exercício nos dedicaremos ao tentar esquadrinhar os símbolos e conceitos que estruturavam os discursos políticos gerais que, a seu turno, delineavam e refletiam a formação das culturas políticas e o desenvolvimento de uma determinada identidade coletiva tanto na Monarquia Hispânica, quanto em um dos reinos que a compunham: o reino de Aragão. É importante ressaltar que o objeto de estudo aqui é o reino de Aragão e não a Coroa de Aragão, dado que catalães e valencianos também possuíam suas próprias culturas políticas e seus próprios símbolos identitários.

2.1 REI, NAÇÃO, IMPÉRIO: O PROBLEMA DAS LEALDADES E IDENTIDADES NA MONARQUIA HISPÂNICA

Reafirmando o que foi esclarecido anteriormente, pode-se dizer que, em linhas gerais, a Espanha dos Habsburgos era uma monarquia composta, ou seja, uma estrutura descentralizada formada por um coletivo de jurisdições e comunidades bastante diferenciadas entre si que, contudo, prestavam lealdade a um mesmo monarca. John Elliott (2005) destaca o importante e precoce papel exercido pela tradição constitucionalista na Península Ibérica que dataria do período medieval. A ideia de representação foi essencial para o desenvolvimento das associações políticas em toda a Europa medieval, argumento muito bem desenvolvido por Kantorowicz (1951) em sua fina análise sobre o conceito de corpo místico. Desde a Baixa Idade Média, diversas comunidades políticas europeias possuíam alguma forma de assembleia representativa. Apesar de a Inglaterra ser apontada com frequência como modelo por excelência da formação de uma monarquia com base parlamentar, a primeira convocação para a realização de uma assembleia que incluiria representantes das cidades e o monarca Afonso IX ocorreu em território ibérico, ainda no século XII, em 1188 mais exatamente, no reino de Leão. Semelhante procedimento só seria registrado na Inglaterra um século depois, de acordo com Elliott (2005).

Seguindo essa tradição, as cortes de Castela e Leão desenvolveram-se ao longo do século XIII e, ainda naquele século, em 1265, foi redigido o primeiro grande documento jurídico espanhol, *Las Siete Partidas*, de Afonso X, o qual estabelecia a base de um sistema de governo firmemente assentado na lei. *Las Siete Partidas* foi um código jurídico que assumiu grande importância na Península Ibérica durante a época moderna, pois nele encontravam-se sólidas justificativas para contestar o poder central, baseadas nos direitos das comunidades locais. Ainda conforme Elliott (2005), a tradição constitucionalista ibérica permaneceu após o estabelecimento no poder da dinastia Habsburgo, em 1516, com a inclusão dos reinos espanhóis no império de Carlos V, que legou como herança a Felipe II, em 1556, um conjunto de territórios que viria a ser conhecido como Monarquia Espanhola.

Nessa configuração, aparentemente, não faz sentido nos questionarmos acerca de uma possível identidade espanhola. Acreditamos que, muito pelo contrário, é justamente devido à existência de uma monarquia composta por tantas unidades políticas distintas com seus direitos assegurados na própria estrutura administrativa do território central, que surge a necessidade de criação de uma identidade espanhola comum que pudesse subsumir os interesses particulares de cada região aos propósitos maiores da Monarquia Hispânica. Em outras palavras, tornando plausível a coexistência de diferentes reinos na formação de uma mesma monarquia.[55] Sendo assim, a noção de Espanha e o sentimento de pertença a essa entidade são instrumentos fundamentais da condução política e administrativa dos reinos sob domínio da monarquia. A História, juntamente à língua e à religião assumiriam um papel-chave na construção deste poderoso símbolo, *España*, que supostamente deveria representar igualmente castelhanos, aragoneses, catalães, andaluzes, valencianos,[56] inclusive durante um longo período de tempo, até mesmo portugueses. A passagem que segue é sugestiva para esse argumento:

> La España unida de los Reyes Católicos y sus sucesores era de hecho un conglomerado abigarrado de unidades políticas, pero al considerar su carácter me parecería un error ignorar o menospreciar la importancia psicológica y política del concepto subyacente de España en la creación y mantenimiento de esta monarquía compuesta. La España de los Reyes Católicos no era una creación puramente artificial o fortuita. Durante la Edad Media la conciencia histórica de las elites gobernantes de los territorios cristianos estaba impregnada de un sentido de unidad perdida, una unidad que se remontaba a la Hispania romana, era restaurada con la monarquía visigótica y se mantenía viva durante los largos siglos de dominio musulmán y la reconquista. Era este anhelo de restaurar la unidad perdida lo que movía las

---

[55] Xavier Gil Pujol fez reflexões interessantes acerca das relações políticas nos séculos XVI e XVII, em que aborda principalmente as tensões entre os poderes centrais e as esferas locais, mesmo não tratando diretamente da questão das identidades: "A percepção num âmbito local das formas políticas próprias dos novos Estados territoriais constituem um dos melhores campos para conhecer a realidade variada do Estado moderno na sua totalidade; e a relação entre formas culturais gerais e ações políticas concretas é um caminho adequado para se entrar nelas. Duas são pelo menos as questões que se suscitam. Em primeiro lugar, as diferenças e os laços entre consciência local e consciência nacional segundo os temas e as motivações. [...] localismo e consciência de um mundo mais amplo que se regia por outras forças, acabaram por fazer parte da preparação política [...] (Gil Pujol, 1991, p. 139-140)."

[56] Não esgotamos todas as identidades territoriais que compunham a Monarquia Hispânica na época, vale destacar.

> políticas matrimoniales de las casas reinantes en Castilla, Aragón y Portugal, y encontró su realización en la creación de la España unida de Isabel y Fernando. Así pues, hay que pensar en la España de los Austrias como en un conjunto de comunidades que compartían un mismo monarca, pero gobernadas de formas distintas y sujetas a lealtades diversas. Existía una lealtad a la persona del monarca, el rey de todos que era a la vez el rey de cada uno, y existía una lealtad a la patria chica, de la que él era soberano. Sin embargo, este intenso patriotismo local o regional se veía acompañado por el sentimiento, aunque fuera vago, de pertenecer a una comunidad más amplia, España (Elliott, 2005, p. 1).

Duas ressalvas, porém, podem ser feitas à passagem de Elliott (2005). Em primeiro lugar, a consciência histórica das elites governantes dos territórios cristãos de uma unidade perdida não é obviamente algo espontâneo e natural, mas sim uma construção precisamente de indivíduos que se dedicaram à escrita da história, ou que, de alguma forma, dotaram seus escritos de outros gêneros literários, como poesias, sátiras e em alguns casos até mesmo canções, de uma dimensão histórica que fabricasse, no passado, a unidade necessária no presente. Evidentemente, em muitas ocasiões, a própria, assim chamada, elite governante solicita a produção de textos históricos a alguns indivíduos com notória erudição ou, em alguns casos mais raros, ela mesma produz o discurso historiográfico como no caso da obra *Primera Cronica de España*, redigida em 1269, que conta com a participação e a supervisão do soberano Afonso X, o Sábio. Outra ressalva significativa é o excessivo peso concedido à questão da lealdade à pessoa do monarca. Certamente, a Coroa dos Habsburgos era um elemento aglutinador para a ideia da formação de uma identidade espanhola, entretanto, consideramos que a lealdade que se deseja construir supera em muito a figura do monarca e destaca outros elementos culturais e também políticos na tentativa de forjar uma única comunidade, a Espanha, mesmo que nessa Espanha possam coexistir muitas outras regiões. O ponto principal é compreender o que a figura desse monarca simbolizava e como nela poderiam estar contidos outros elementos de igual importância para a manutenção dessa lealdade. Igualmente relevante é entender como a Monarquia Hispânica manejou os recursos dos quais dispunha, não apenas a nível representativo e simbólico, para manter unidos seus territórios.

Eram de raízes muito diferentes as múltiplas lealdades às quais um sujeito poderia nutrir na época moderna. Esses vínculos associativos poderiam ser identificados de forma mais imediata nas redes familiares baseadas no parentesco, mas também poderiam ser elementos presentes nas redes de clientelismo e patronato forjados à base de mercês e troca de favores. O indivíduo poderia ainda se sentir unido a outros núcleos considerados dignos de lealdade, como as associações corporativas das quais viesse a tomar parte que, por sua vez, possuiriam seus próprios estatutos e privilégios. Contudo, nenhum desses vínculos mais propriamente locais, por assim dizer, impediriam que esse mesmo indivíduo mantivesse laços de lealdade com comunidades mais amplas que incluíssem, na totalidade de seu território, os vínculos associativos imediatos mencionados. Nesse cenário, uns dos grandes elementos catalisadores de lealdade seria a figura do monarca. Até aqui, seguimos algumas intuições de Elliott (2010) sobre o assunto.

Contudo, um ponto que o autor menciona, embora não explore com a devida profundidade, passando a errônea impressão de que a fidelidade medular era um benefício exclusivo do rei, é que a figura do monarca ou governante, na verdade, fazia parte de um entendimento maior de comunidade política que, em sua finalidade última, possuía raízes divinas. Como averiguado previamente, a concepção de pacto social enxerga o governante como parte de algo que lhe é anterior e, a rigor, maior, nesse caso a comunidade política. Então, é justo compreender que, como o monarca representa simbolicamente a cabeça desse corpo místico, a lealdade a ele atribuída é consequência da lealdade devida à comunidade como um todo. Assim, não é a figura *persona* do monarca, Carlos V, Felipe II ou Felipe III, mas sim a abstração jurídica, a *persona fictia* que ela representa, o catalisador dos sentimentos de lealdade. Cabe ressaltar que a teoria da separação da figura do rei, baseada em uma condição jurídica de caráter particular, já havia sido defendida em 1559 por Fadrique Furió Ceriol,[57] um reputado humanista:

> Todo príncipe es compuesto casi de dos personas, la una es obra salida de manos de naturaleza en cuanto se le comunica un mismo ser con todos los otros hombres: la otra es merced de fortuna, y favor del cielo, hecha para gobierno y amparo del bien público, a cuya causa la nombramos persona publica [...]

> De manera, que todo y cualquier Príncipe se puede considerar en dos maneras distintas y diversas: la una en cuanto hombre; y la otra como a Príncipe.

---

[57] Fadrique Furió Ceriol foi um humanista que pertenceu ao círculo de Lovaina junto a outros destacados personagens, como Sebastián Fox Morcillo e Juan Páez de Castro. Vale destacar que sua obra sobre os deveres do conselheiro é interessantíssima, contém alusões que certamente poderiam ser atribuídas ao mais convicto dos maquiavelistas, o que evidentemente não era o caso.

> [...] Por tanto muchos y mui excelentes varones han trabajado con todas sus fuerzas de enseñar a gobernar el Príncipe, como a persona, de cuya buena o mala institución cuelga el bien o mal, la vida o muerte de la sociedad y compañía de los hombres. Pero vemos que han errado todos ellos hasta el día de hoy en que, aunque entendían, como hoy pienso, hallarse en el Príncipe dos personas distintas y diferentes, todavía en su arte y manera de enseñar las confundieron [...]
> (Furió Ceriol, 1779, p. 219-222).

Manter a fidelidade dos súditos não seria uma tarefa fácil para essa monarquia de *naciones*, que ainda teria que lidar com o desafio da conquista americana, tendo que enfrentar sérios obstáculos relativos ao tempo e à distância para garantir a posse e administrar os territórios recém anexados. Para Elliott (2010), a Monarquia Hispânica conseguiu, durante algum tempo, ser bem-sucedida nessa empreitada porque soube desenvolver: "una comunidad de intereses (culturales y económicos, ideológicos y sectoriales) que mantenían unidos el núcleo de la monarquía y sus partes componentes" (Elliott, 2010, p. 234). Essa capacidade atrativa da monarquia, não é fora de propósito mencionar, é em muito devedora do fato de a Monarquia Hispânica ter realmente sido detentora de um dos maiores impérios da história da Europa, desde o Império Romano, tanto em termos de extensão como em números de habitantes. Os reis da Monarquia Hispânica, ao longo dos séculos XVI e XVII, puderam desfrutar de maiores recursos fiscais e militares do que qualquer outro soberano da Europa no mesmo período, o que, nesse ponto, tornava bastante atrativo fazer parte dessa associação política.

Todavia, a aceitação por parte dos governantes da dinastia dos Habsburgos das caraterísticas genuinamente diversificadas de seus domínios jogou um papel importantíssimo para a capacidade de conservação do território, ao mesmo tempo que reforçou a importância dos elementos favoráveis à coesão. A tratadística política da época é farta em conceder exemplos nesse sentido, como se teve oportunidade de perceber, por meio das citações de Saavedra Fajardo e também na citação que serviu de epígrafe deste capítulo, do bispo Juan de Palafox (1665), entre outras. Palafox ocupou importantes posições no governo, chegou a ser fiscal do Conselho de Guerra e a ocupar o posto de vice-rei da Nova Espanha, durante um curto período de tempo. Árduo defensor do princípio da pluralidade como regra capital para governar a Monarquia Hispânica, Palafox interpretava como um erro evidente, apesar de bem-intencionado, a jornada unificadora em que se lançou o conde-duque de Olivares. Tal jornada foi responsável por muitos infortúnios com os quais a monarquia teve de se digladiar posteriormente. Já bem avançado o século XVII, quando para muitos historiadores a tônica geral seria a defesa da unidade, Palafox sentenciava:

> El segundo dictamen político de que es verisímil que haya adolecido este cuerpo, es intentar que estas naciones, que entre si tan diversas, se hiciesen unas en la forma de gobierno en las leyes y obediencia, gobernándolas con una misma mano, y manera, que a este intento, resistiese al Valido que lo deseaba con muy buena intención, ofendiéndose de que ellas no se ajustase a su modo, y sobre esto despertarse diferencias. [...]

> De donde resulta, que queriendo a Aragón gobernarlo con las leyes de Castilla, o a Castilla con las de Aragón, o a Cataluña con las de Valencia, o a Valencia con los usos, y constituciones de Castilla, o a todos con uno, es lo mismo que trocar los bocados, y los frenos, à los caballos, o reducirlos a un solo con que estos empinan, aquellos corcovean, los otros disparan, y todo se aventura (Palafox y Mendoza, 1665, p. 329-330).

Mesmo que a identidade cultural e jurídica de todos os reinos pudesse ser mantida, outras forças deveriam atuar para que a monarquia continuasse unida, além daquelas de ordem intelectual envolvidas na elaboração de conceitos e noções empregados nos discursos históricos e políticos. Dois fatores desempenhariam, então, papel central: a força coercitiva atuante mediante o poderio bélico corporificado nos *tercios castellanos*, operantes principalmente no Ducado de Milão e em Flandres, e o complexo aparato burocrático composto de ministros e funcionários, de acordo com Elliott (2010). Ainda segundo o hispanista britânico, outros elementos mais concretos que serviram de grande auxílio aos propósitos de coesão foram os membros das ordens religiosas e os mercadores dedicados ao comércio transatlântico, especificamente em relação às possessões americanas.

A magistral sofisticação da estrutura polissinodial, levada a cabo durante o governo de Felipe II, foi outra solução aplicada na busca pela conservação dos domínios da monarquia. Os Conselhos, todavia, estendiam suas raízes aos tempos medievais, em que grande parte dos reinos que viriam a integrar a Monarquia Hispânica já eram possuidores de algum tipo de organismo político que pudesse auxiliar o monarca em suas tarefas governamentais. A Monarquia Hispânica foi um dos Estados mais desenvolvidos da Europa na época moderna em termos de estrutura burocrática bem organizada e dirigida, com base na atuação de uma poderosa classe administrativa composta em grande parte por letrados com formação universitária. O governo da pessoa pública do monarca, para fazer uso de uma inteligente nomenclatura utilizada por Fernández Albaladejo (1992), começou a se organizar mediante o trabalho dos secretários e a regulação das atividades dos Conselhos, no primeiro quarto do século XVI, ou seja, ainda no reinado de Carlos V, dando início à formação de uma verdadeira estrutura burocrática de base conciliar.

Fernández Albaladejo (1992) afirma que a atuação do chanceler Cardeal Mercurino Gattinara foi de suma relevância para o desenho e a implantação dessa base de atuação conciliar. Importa destacar que a estrutura conciliar era uma prática corrente nos reinos da Coroa de Aragão muito antes de sua união com Castela. Ainda de acordo com Fernández Albaladejo (1992), a implantação de um regime de conselhos respondia à exigência imposta pela necessidade de governar uma herança política tão extraordinariamente complexa como a de Carlos V e, posteriormente, seria a maneira escolhida por Felipe II para formalizar as relações dos territórios que compunham a Monarquia Hispânica. Deve-se sublinhar que a estrutura conciliar refletia a organização plural da monarquia, pois os Conselhos, engendrados a partir de critérios territoriais, acompanhavam o rei na Corte e representavam pedaços dos reinos junto ao monarca, como se este nunca houvesse saído do reino que deu origem ao Conselho (Arrieta Alberdi, 2004, p. 308). Esse sistema de governo foi convertido ao estilo característico da dinastia dos Habsburgos durante os séculos XVI e XVII, sendo substituído apenas no XVIII pelo regime de secretarias de despacho ou ministérios sob a administração bourbônica (Escudero López, 2006).

Os Conselhos, portanto, exerceram papel fundamental para que a citada herança política, de proporções imperiais de Carlos V, fosse administrada com um mínimo de coordenação entre seus territórios. A princípio, eram oito Conselhos, sem contar com o Conselho de Estado, que tem trajetória própria: Castela, Guerra, Inquisição, *Hacienda*, Ordens Militares, Cruzadas, Índias e Aragão. Todos eram organismos colegiados com sede na Corte. No reinado de Felipe II, o número aumenta para treze com a anexação dos Conselhos: da Itália, de Flandres, de Portugal e da Câmara. O sistema de governo baseado na partição conciliar ficou conhecido como regime polissinodial (Fernández Albaladejo, 1992), que significa, simplesmente, regime de governo que funciona através de sínodos, acepção religiosa da palavra conselho. A hierarquia interconciliar seria definida pela maior ou menor proximidade com o monarca, sendo difícil identificar a presença de um Conselho centralizador ou diretor, com o qual os organismos restantes nutrissem alguma forma de dependência, excetuando, em um sentido muito determinado, o Conselho de Estado. O entendimento de Furió Ceriol sobre a importância do Conselho de Estado era distinto, assim como também era distinta sua divisão exemplar dos conselhos que, para o autor, deveriam ser apenas sete: *Hacienda*, Paz ou de Estado, Guerra, Leis, Mantimentos, de Castigo ou Penas e de Mercês. Para o humanista valenciano, entre os deveres e atribuições que cabiam ao Conselho de Estado, que ele preferia denominar Conselho de Paz, estavam:

> [...] porque el consejo de Hacienda será como un vaso para recoger y conservar la moneda, cuya distribución se hará por comisión y poder de este Consejo de Paz, sin la autoridad del cual no se debe gastar ni un solo dinero. Este mismo tendrá cargo de mirar con quien se ha de hacer paz, con quien romper guerra, con quien hacer alianza, con quien conservar amistad, con quien usar buenas palabras sin obras; y en todo ello el cómo, cuanto, i cuando, en secreto, o en público. Será en fin este el cabeza de todos los otros Consejos (Furió Ceriol, 1779, p. 254).

Apesar de poder ser realizada uma separação imediata das responsabilidades que corresponderiam a cada Conselho, obedecendo a uma óbvia divisão por razão de matéria ou circunspeção territorial, tal separação tinha um caráter apenas geral. Na prática, era muito comum que as competências e os âmbitos jurisdicionais dos Conselhos se entrecruzassem, delineando uma situação potencialmente complexa. A probabilidade, muito recorrente no exercício administrativo da monarquia, de que uma pessoa pudesse acumular cargos em variados Conselhos ao mesmo tempo, poderia ocasionar uma indesejável concentração de poder e responsabilidades nas mãos de determinados conselheiros. Esse mecanismo de acúmulos de posições era sintomático das facções políticas engendradas nas cortes e envolvidas nas acirradas disputas pelo controle dos recursos financeiros e humanos das monarquias. Furió Ceriol advertia severamente contra essa prática:

> Lo que muy mucho debe mirar y guardar el Príncipe, es que no se permita diversidad de Consejos en un Consejero. Declararme quiero: digo, que el Consejero que fuere de la Hacienda este tal por ninguna vía del mundo se debe permitir que pueda ser de algún otro de los seis Consejos. Y lo que digo del Consejero de Hacienda, quiero se entienda de

> cualquier otro: de manera, que un Consejero servirá a un solo consejo, y no más: porque de otra manera seria posible en breve espacio de tiempo reducirse los Consejos en tal punto, que serían siete nombres vanos, y en verdad no más de un Consejo; por lo cual caería el principado en aquellas dificultades y peligros, de que en algunos lugares tengo hecha mención [...] (Furió Ceriol, 1779, p. 272).

Furió Ceriol escreveu sua obra sobre os conselhos e conselheiros do príncipe no período que marcaria o início de um dos auges do funcionamento da estrutura polissinodial da Monarquia Hispânica, bem como seria uma das etapas de maior desenvolvimento da administração burocrática do governo, 1559, três anos após a coroação de Felipe II. Não devemos esquecer a reputação de burocrata que possuía o próprio rei Felipe II. Assim como Palafox, só que basicamente com uma centúria de distância, Furió Ceriol, talvez em tom mais moderado, defendia que a organização administrativa da monarquia refletisse sua pluralidade. Dessa forma, o humanista nascido em Valência, território da Coroa de Aragão, recomendava que os integrantes do Conselho de Estado deveriam ser compostos por membros oriundos de todas as partes da monarquia porque todas as *naciones* deveriam possuir legítima representação no aparato conciliar.

A principal função desempenhada pelo monarca na estrutura polissinodial seria corresponder à fonte de jurisdição que legitimaria as resoluções conciliares. Dessa forma, o rei influía nas tomadas de decisões levadas a cabo nos Conselhos, atuava como juiz nos casos em que houvesse cruzamento de competências jurisdicionais, e ainda resguardava para si a possiblidade de revogar as decisões interpretadas como de maior gravidade. Não devemos interpretar, com isso, que no trato entre o rei e os Conselhos houvesse uma relação em tudo harmoniosa, centrada na plena identificação de objetivos e projetos. Com alguma frequência, as sugestões e deliberações dos conselhos, que evidentemente não possuíam força de lei, simplesmente não eram acatadas pelos monarcas, principalmente no que concernia à indicação de quais pessoas deveriam ocupar os altos postos administrativos da monarquia.

Os Conselhos foram apenas uns dos elementos do maquinário estatal, que contava ainda com outros componentes na tarefa de manter unidos os territórios da Monarquia. A base governamental atuava em duas frentes distintas: centralmente, nas atividades desempenhadas pelos Conselhos, Juntas e secretários e, perifericamente, por meio da representatividade da autoridade régia exercida por vice-reis e corregedores. O aumento dos

Conselhos foi compatível com o aumento do número de secretários, que junto a presidentes, conselheiros e fiscais formavam o corpo consultivo desses organismos. Os secretários eram os encarregados das tarefas burocráticas de redação das consultas e de anotar o parecer do Conselho sobre os assuntos em pauta. Como o monarca só assistia presencialmente às sessões dos Conselhos de Guerra e de Estado, ele deveria ser informado sobre todas as deliberações realizadas nos outros Conselhos pelos secretários que então acabavam assumindo a responsabilidade pelo trâmite de informação entre o rei e esses órgãos. Não é difícil imaginar que esses secretários, como interlocutores costumeiros do rei — especialmente de Felipe II, que gostava de tomar parte pessoalmente em todas as decisões do governo —, converter-se-iam em figuras chaves da política realizada nos altos círculos administrativos da Monarquia. Muitos desses secretários não pertenciam à alta nobreza do reino, mas sim às camadas sociais em ascensão que se formavam no ofício burocrático desde cedo (Escudero López, 2006).

Essas breves linhas dedicadas à ilustração da estrutura conciliar ou polissinodial da Monarquia Hispânica podem ser concluídas com a menção de apenas mais um aspecto relacionado à diferença entre a cultura política aceita no seio da Monarquia Hispânica que era construída, apregoada e defendida desde Madri, e aquela na qual os aragoneses se agarraram com unhas e dentes no tumultuado final do século XVI. Certamente, o entendimento diversificado do fenômeno político, que ocorria nas duas regiões, possuía relação com as variações presentes no aparato administrativo e nos organismos representativos de cada uma das localidades. Por ora, tais diferenças podem ser verificadas quanto aos princípios constitutivos dos Conselhos de cada região.

De acordo com Fernández Albaladejo (1992), o Conselho de Castela se formou como parte indispensável do entremeado institucional castelhano, ou seja, nele não havia essa nota de artificialidade que caracterizava os outros Conselhos regionais. O Conselho responsável por Castela tinha uma capacidade de atuação muito mais acentuada que os outros Conselhos. Isso inclusive por razões de ordem prática, já que suas deliberações não demoravam semanas ou até meses para chegar ao território onde deveriam ser executadas, como ocorria frequentemente com outros Conselhos, exemplarmente com o das Índias. Além disso, ostentava uma importância simbólica muito maior, dado que Castela era a Coroa principal da Monarquia, o centro de todo império. Ademais, esse órgão não precisava adentrar em complexas e acirradas disputas jurisdicionais com as possíveis instituições governamentais particulares e pré-existentes encontradas nos outros reinos, tendo em vista que, na Coroa de Castela, o mesmo Conselho já era esse mesmo organismo, fator que só potencializava sua capacidade de intervenção. De acordo com uma lógica semelhante, Castela não tinha um vice-rei, excluindo, dessa maneira, mais um participante na corrida pelo poder entre as diversas esferas concorrentes nessa empreitada. Todas essas circunstâncias explicam o destaque político concedido aos presidentes do Conselho de Castela, sempre escolhidos entre os membros das famílias nobres mais proeminentes da região. Entretanto, a despeito dessas vantagens, a Coroa de Castela haveria de lidar com um fator que poderia lhe colocar em grande prejuízo quanto aos outros reinos da monarquia, na tentativa de resguardar sua própria personalidade política: a presença da Monarquia dos Habsburgos e de sua Corte na capital do reino, Madri.[58]

Em Aragão, a presença de um organismo governativo que funcionasse como corpo consultivo do monarca era anterior ao estabelecimento da estrutura conciliar implantada pela dinastia Habsburgo, retrocedendo à época do reinado de Pedro IV e tendo sido estabelecido pelo *Ordenamiento de la Casa y Corte*, em 1344. O primeiro Conselho era constituído por um grupo de letrados e presidido por um vice-chanceler que seguia o monarca nos seus constantes deslocamentos pelos domínios da Coroa. Fernández Albaladejo (1992) sugere que, em certo sentido, a imagem da primeira formação não seria facilmente abandonada pelos futuros membros do Conselho de Aragão sob domínio Habsburgo, mostrando assim a potência de alguns símbolos da cultura política aragonesa. Carecendo de todos aqueles elementos apresentados como característicos do Conselho de Castela, pode parecer que ao Conselho de Aragão seria negado um papel de maior importância na administração régia. Contudo, não é nem um pouco irrelevante o papel de mediador entre rei e reino exercido pelo Conselho. Por meio da elaboração de pareceres mediante a demanda das consultas régias, o Conselho poderia transmitir petições em nome dos poderes e órgãos administrativos do reino. Conforme Fernández Albaladejo, grande especialista nessas matérias, a importância da atuação do Conselho aumentava mais, caso o produto das consultas régias se transformasse em "disposiciones normativas de aplicación

---

[58] I. A. A. Thompson trabalha com essas questões e aponta algumas conclusões interessantes em: THOMPSON, I. A. A. Castilla, España y la monarquía: la comunidad política, de la patria natural a la patria nacional. *In*: KAGAN, Richard L.; PARKER, Geoffrey (ed.). *España, Europa y el mundo Atlántico*: homenaje a John Elliott. Madrid: Marcial Pons, 2002. p. 177-216.

en el reino, y asimismo por el papel que jugada al dar forma a los pareceres que el rey le remitía sobre asuntos de la gobernación del reino" (Fernández Albaladejo, 1992, p. 127). Uma última diferença, em relação ao Conselho de Castela, é que o organismo consultivo de Aragão era mais permeável e sensível às demandas feitas pelos territórios de sua Coroa.

Finalizado este breve excurso pelas searas políticas e administrativas da Monarquia Hispânica, retomemos a problemática dos conceitos e símbolos que ajudavam a construir identidades coletivas e reforçar vínculos de fidelidade, iniciando com um par de conceitos carregados de polissemia e de difícil tratamento: nação e pátria. Nessa discussão, o livro *La identidad española en la Edad Moderna (1556-1665)*, de Matteo Ballester Rodríguez, oferece reflexões muito interessantes.[59] Antes que se tomem conclusões precipitadas sobre seu conteúdo, é necessário apontar alguns marcos distintivos da discussão presente na obra de Ballester.

A questão da identidade nacional na Europa do período moderno, enfatizada no livro, não corresponde a uma busca por origens legitimadoras da existência dos Estados Nacionais, como foi discussão outrora realizada pela historiografia, no século XIX. Um dos principais argumentos do autor é compreender que *España*, *Nación española* e *Monarquía Española* são noções que se transformaram através do tempo (Ballester Rodríguez, 2010). O autor busca compreender de que maneira essas noções foram utilizadas e como elas se entrelaçaram na intenção de construir uma das propostas acerca da identidade coletiva espanhola, dentre as muitas opções possíveis no período moderno. Até hoje, o debate em torno das identidades nacionais na Espanha é motivo de distúrbios, mostrando que tais disputas tiveram uma longa sobrevivência no tempo.

Analisar o tema da nação no século XVII não se relaciona com a problemática do nacionalismo, muito menos com a questão da soberania nacional. Incide, todavia, na tentativa de compreensão do termo "nação" para as pessoas daquela temporalidade. É elucidativo o jogo feito por Ricardo García Cárcel com as inúmeras possibilidades de identificar o processo de formação da identidade nacional, dependendo do marco de origem eleito,

---

[59] Certamente, toda discussão acerca da formação das identidades repercutiu bastante no âmbito das ciências humanas. Particularmente na historiografia, assistimos a um processo de reinterpretação dos fenômenos que levaram à formação dos Estados Nacionais e, por conseguinte, ao questionamento das teorias absolutistas. Contudo, discussões muito bem fundamentadas na documentação da época, como aquelas apresentadas no livro de Matteo Ballester Rodríguez (2010), descortinam outras possibilidades para o entendimento da questão da formação das identidades coletivas no período moderno. Uma das relevantes consequências da discussão é a apresentação da lealdade como um elemento não apenas vertical em direção à figura do monarca, mas também horizontal.

demonstrando, assim, que a matéria que preenche a identidade nacional não está vinculada a nenhum pressuposto concreto, e sim às escolhas teóricas dos pesquisadores que se debruçam sobre o tema. Nas palavras do autor:

> Si, desde luego, maximizamos al Estado propio y común a todos los españoles como eje de la identidad española, el concepto de España no emerge hasta el siglo XVIII tras la Nueva Planta de Felipe V. Si, por el contrario, subrayamos como claves identitarias nacionales la definición de un territorio global y mantenido con estabilidad a lo largo del tiempo, tendríamos que situarnos en 1512 – con la anexión de Navarra como regencia estelar tras la conquista de Granada de 1492 y la unión territorial de las Coronas de Castilla y Aragón con el matrimonio de los Reyes Católicos –; si atendemos a la institucionalización de una lengua común de todos los españoles – el castellano identificado con el español –; entonces tenemos que situarnos en la primera mitad del siglo XVI, con la estela de los grandes elogios del castellano (Valdés, Viciana, Frías, Morales, Nebrija) como referentes; si nos adentramos en la espesura de la formulación del presunto carácter nacional, entonces hemos de seguir la pista de las teorías de los "humores nacionales" y situarnos a fines del siglo XVI para ver en Botero o Bodin los primeros ejercicios de contrastación nacional que tanto circularán en siglo XVII [...] (García Cárcel, 2004, p. 14).

Em diálogo com Javier Donezar, Ballester (2010) lembra que uma palavra não possui sentido, apenas usos. Nesse âmbito, a palavra latina *natio* aparece recorrentemente em um dos escritos mais influentes da tradição cultural ocidental, a Bíblia, e, por certo, o significado de seu uso no texto sagrado influenciou a compreensão feita do termo no período moderno. Especialmente, após o efeito multiplicador da difusão representada pela invenção da imprensa e pelas traduções da Bíblia para as línguas vernáculas. De acordo com Adrian Hastings (2000), desde muito cedo, o termo *natio* e suas variações vernáculas foram usadas e percebidas em consonância com a acepção bíblica, ou seja, um grupo de pessoas unidas por vínculos culturais, históricos e/ou religiosos, geralmente associado à ideia de uma genealogia comum e, em razão disso, dotados de caráter diferenciado (Hastings, 2000).

Na época moderna, uma língua própria,[60] um determinado estilo de vestir ou outras peculiaridades culturais eram características suficientes para conferir a certos grupos uma sensação de pertencimento e familiaridade (Gil Pujol, 2004b). Nação, ou sua voz latina *natio*, não se referia costumeiramente ao local de nascimento, a uma cidade ou localidade específica, e sim a uma região mais ampla, marcando, dessa forma, uma diferença expressiva com a noção de pátria. O léxico de Covarrubias Orozco define nação como "Reyno, o Provincia extendida, como la nación Española" (Covarrubias Orozco, 1611, p. 560).

As formas de associação, organizadas por princípios de natividade, eram percebidas nas topografias urbanas onde se verificava, por exemplo, a existência de confrarias religiosas reunidas segundo a origem de seus membros. Na mesma direção, mercadores estrangeiros costumavam formar associações comunitárias de acordo com o local de nascimento. Outro exemplo significativo encontra-se nos colégios e universidades que agrupavam os estudantes conforme sua procedência.[61] Em torno do termo nação, havia um conjunto de significados bem pouco amarrados e em constante transformação. É comum notar que certas características eram atribuídas aos grupos em função da nacionalidade. Procedimento baseado nas teorias hipocrático-galênicas que relacionavam os diferentes tipos de humores com o local de nascimento. Tais teorias tinham inúmeros adeptos entre os tratadistas políticos e historiadores do período, dentre os quais: Jean Bodin, Giovanni Botero e Álamos de Barrientos. A aplicação desse critério pode ser encontrada também em Tommaso Campanella:

> [...] también en aquellos que están unidos por vínculos de consanguinidad y afinidad, en espacio común bajo un mismo cielo, leyes, usos y costumbres, usos y deseos, lengua común y única y misma forma de vestir [...] Donde muchos de estos vínculos concurren, allí es más fuerte la sociedad y el dominio o poder se afirman más. Por ello los italianos se unen más fácilmente con los italianos, porque unos y otros se entienden la lengua y son semejantes en costumbres, cuerpos y ritos; ello no pasa con los franceses, que tienen distinta constitución natural. Así los españoles contraerán amistad más fácilmente

---

[60] A língua comum é um aspecto central no que concerne ao desenvolvimento dos vínculos identitários. Assim, a identidade linguística é um atributo inquestionável da valoração identitária. O elogio à língua castelhana aparece com essa atribuição em inúmeros escritos do período, como nas obras de Antonio de Nebrija, Arias Montano, Ambrosio Morales e Luis Cabrera de Córdoba.

[61] Os exemplos foram tomados de empréstimo de Xavier Gil Pujol (Gil Pujol, 2004b).

con los africanos que con belgas, que difieren muchísimo de ellos. Pues los españoles son de naturaleza ardiente y severa, y por lo mismo macilentos, de pequeña estatura, agudos, astutos y locuaces [...] (Campanella, 1982, p. 149).

Por sua vez, pátria, mesmo abarcando significados variados,[62] geralmente vinha associada a um sentimento singular de dever e compromisso,[63] muito bem registrado nas obras dos poetas e dramaturgos hispânicos. A definição de Covarrubias Orozco de pátria é bem simples, dando margem a múltiplas utilizações: "la tierra donde uno ha nacido. Es nombre patria. Compatriota, el que es del mismo lugar." (Covarrubias Orozco, 1611, p. 581). Fosse associado ao termo nação ou pátria, não caberiam dúvidas de que o lugar de nascimento mobilizava sentimentos profundos de pertencimento. Contudo, a noção de pátria começou a adquirir um interessante complemento, paralelamente ao aumento da autoridade política exercida pelo rei. O complemento foi a adição de *chica* ao termo pátria para designar exclusivamente o local de nascimento do sujeito. Gil Pujol expressou uma opinião bem esclarecedora acerca desse processo: "La patria más extensa incluía al rey, y el grado y proceso mediante el que se alcanzó la simbiosis entre rey y país es un aspecto sumamente significativo de la evolución de una dada comunidad" (Gil Pujol, 2004b, p. 42).

Pujol não descartou a possibilidade de manipulação política dos sentimentos em torno das noções de pátria e nação, de maneira inconsciente ou como recurso calculado. Tal manipulação é evidente na escrita da história daquela temporalidade, especialmente nas obras destinadas às formações políticas compostas e nos textos escritos em períodos de revoltas e sedições. Abalados os laços de fidelidade entre rei e reino, a noção *patria chica* poderia ser utilizada para redirecionar os sentimentos de fidelidade. Em seu genial *Quijote*, Miguel de Cervantes oferece uma ótima oportunidade para verificar dois possíveis usos da noção de pátria. O primeiro faz referência à pátria como local de nascimento, tal qual se dá na fala de apresentação do personagem Cardenio: "– Mi nombre es Cardenio; mi patria,

---

[62] Ainda no século XVIII, a definição de pátria no dicionário do padre Bluteau registraria essa polissemia, bem como a aura poética que envolvia a noção de pátria: "Pàtria. A terra, a villa, Cidade, ou Reyno, em que se nasceo. Ama cada hum a su patria, como origem do seu ser, & centro do seu descanço. [...] Tem a pátria qualidades retentivas para os que nascem nella, & atrativas para os que dela se apartão. Representavão os antigos o amor a pátria em figura de mancebo; porque este amor, ao contrario dos outros, cresce com os anos, & não passa das caricias ao desdem, & do fogo a neve, como quando chega a velhice" (Bluteau, 1712-1728, p. 320).

[63] Um texto muito esclarecedor acerca do conceito de pátria é: KANTOROWICZ, Ernst H. Pro *patria mori* in medieval political thought. *The Americal Historical Rewiew*, Pittsburgh, v. 56, n. 3, p. 472-492, Apr. 1951.

una ciudad de las mejores de esta Andalucía; mi linaje, noble; mis padres ricos; mi desventura, tanta [...]" (Cervantes, 2004, p. 223). O segundo está localizado em um elaborado discurso do fidalgo da Mancha, em que a pátria é contemplada heroicamente como uma das principais causas pelas quais os homens devem dar a vida:

> Los varones prudentes, las repúblicas bien concertadas, por cuatro cosas han de tomar las armas y desenvainar las espadas y poner a riesgo sus personas, vidas y haciendas: la primera, por defender la fe católica: la segunda, por defender su vida, que es ley natural y divina; la tercera, en defensa de su honra, de su familia y de su hacienda; la cuarta a servicio de su rey en la guerra justa; y si la quisiéremos añadir la quinta, que se puede por segunda, es en defensa de su patria (Cervantes, 2004, p. 764).

Apesar de colocar a causa do rei acima da causa da pátria, Cervantes logo reverte o quadro, quando iguala a defesa da pátria à defesa da própria vida, em clara demonstração da força de mobilização política que significava o apelo à pátria. Deve-se, portanto, compreender que o local de nascimento é entendido como uma entidade simbólica carregada de fortes emoções. Como já mencionado, quando se tratou dos cruzamentos jurisdicionais nas sociedades corporativas da época moderna, uma localidade nunca era um espaço vazio. Muito pelo contrário, encontrava-se repleta de estatutos e jurisdições que a definiam. Ser catalão, aragonês ou castelhano significava ser integrante de uma ordem jurídica pré-estabelecida com condições e direitos bem delimitados. Nesses termos, pertencer a uma certa nação ou a uma dada cidade acarretaria desdobramentos decisivos nas relações constitucionais mantidas com o reino. Isso gerava a necessidade de maior precisão nas definições de nacionalidade ou *naturaleza,* nos termos dos escritores do período (Pujol, 2004b).

Ainda de acordo com Gil Pujol, algumas definições e tradições jurídicas auxiliaram a fixar os requisitos formais que um sujeito deveria apresentar para definir seu status público. Nesse caso, dois elementos essenciais para estabelecer a *naturaleza* seriam o direito romano e certas tradições feudais. *Naturaleza* apresentaria distintos vocábulos designativos, principalmente em função das variações territoriais. Covarrubias definiu *naturaleza* como "es propio vocablo Español, y significa lo mesmo que natura. Algunas veces vale condición, y ser fuerte. Naturaleza se toma la casta, y por la patria, o nación." (Covarrubias Orozco, 1611, p. 561). Em castelhano, a palavra *vecino* era utilizada para definir aqueles sujeitos que compartilhavam as mesmas condições jurídicas, na esfera municipal. Em Aragão, Catalunha e Valencia, o termo *ciudadano* ou *ciudadano honrado* denominava os indivíduos da mesma nacionalidade. Designação da qual estavam excluídos os artesãos que viviam na cidade que, contudo, tinham acesso aos cargos municipais. No entanto, naqueles mesmos locais, os vocábulos empregados usualmente eram *naturales* ou *regnícolas*. Assim, na Monarquia Hispânica, as três principais denominações jurídicas que identificavam o posicionamento público de uma pessoa eram: *vecino*, *natural* e *súbdito* (Pujol, 2004b).

As múltiplas condições jurídicas das nacionalidades regionais tiveram uma consequência política importantíssima na gênese da identidade nacional espanhola: elas a impossibilitaram. Em outras palavras, na época moderna, não houve uma única *naturaleza* espanhola que auxiliasse na construção de um único organismo político. Esse argumento é um dos elementos que justificam a adoção do conceito de monarquia plurinacional por quase toda uma geração de historiadores que assistiu ao fim do regime ditatorial franquista. Esse marco histórico é extremamente relevante para compreender as produções intelectuais desses autores, que negavam veementemente a imagem de uma única nação espanhola, tão amplamente difundida durante o franquismo. A defesa da Espanha plural de hoje buscou raízes na legitimidade da diversidade de ontem e encontrou argumentos no discurso histórico. A seguir, as palavras de Gil Pujol explicam o significado de monarquia plurinacional:

> Tener la condición legal de castellano, aragonés, o catalán [...] tanto obligaciones (fiscales y militares) como ventajas (acceso a cargos seculares y eclesiásticos). Nada cambió cuando Castilla y los territorios de la Corona de Aragón (Aragón, Cataluña, Valencia, Mallorca, Sicilia y Cerdeña) fueron unidos dinásticamente a raíz del casamiento de Fernando de Aragón y Isabel de Castilla en 1469. De igual modo Navarra, Nápoles, Flandes y Millán, y Portugal conservaron sus leyes, aduanas, y definiciones de naturaleza respectivas cuando, a su vez, pasaron a soberanía de los reyes españoles, formando, la monarquía compuesta española. Como resultado, no hubo una única naturaleza española ni una única nación española. La monarquía compuesta española, que iba a durar hasta los grandes cambios institucionales bajo los Borbones al final de Guerra de Sucesión (1714) era una monarquía plurinacional y mucho (Gil Pujol, 2004b, p. 50).

É precisamente por reconhecer essas marcas indeléveis da pluralidade, tanto no passado como no presente, que o estudo dos conceitos, símbolos e discursos que advogaram em prol da unidade ou da diversidade, se torna tão interessante. Como já foi dito algumas vezes, a questão é complexa, porque, mesmo reconhecendo a pluralidade, sabe-se também das vantagens e interesses que justificavam a defesa de uma única comunidade política. O ponto principal seria reconhecer se essa formação política estaria apta a congregar as diferenças territoriais ou se se construiria um discurso político único e só uma imagem simbólica aos quais todos os territórios da monarquia estariam submetidos, levando-os ao abandono dos traços identitários locais. Alguns historiadores classificam esse fenômeno como construção horizontal contraposta à construção vertical de Espanha. Tal tensão será retomada em momento oportuno. Por agora, é suficiente destacar que a sobreposição das entidades políticas permitia aos indivíduos o desenvolvimento de identidades simultâneas.

Durante um extenso período de tempo na época moderna, contudo, um membro dessa complexa comunidade política tinha a obrigação de refletir em si essa profusa gama de identidades. Tratava-se do rei, que possuía uma série de *naturalezas*, como advertia o jurista Solórzano Pereira: "Porque lo más cierto es, que también en este caso los Reinos se ha de regir, y gobernar, como si el Rey, que los tiene juntos, lo fuera solamente de cada uno de ellos" (Solórzano Pereira, 1739, p. 169). Já em uma passagem da obra do bispo Juan de Palafox, pode-se perceber a ilustração desse princípio da múltipla *naturaleza* régia:

> Lo tercero, cuando hay paz, y felicidad es conveniente visitar sus reinos para confirmarla, y quitar la tristeza a los súbditos, y aun los celos de que asiste más a una que a otra nación, y más cuando ellas son entre si emulas o celosas, que entonces es bien, y necesario verlas, consolarlas, y visitarlas a todas, haciéndose como si fuese nacido en cada una: y así lo solía hacer el señor Rey Católico y aun la señora Reyna Doña Isabel mudaba los trajes, según las naciones donde entraba, para mayor consuelo suyo, y que supiesen que en Castilla era castellana, en Aragón aragonesa, y en Cataluña catalana; porque esto es necesario, y mucho más de maña que de fuerza para su conservación (Palafox y Mendoza, 1665, p. 329).

É interessante perceber que, assim como a figura do rei congregava essa panóplia de *naturalezas* regionais, a Corte, e por extensão a cidade que a acolhia, reproduzia essa variedade de identidades, sendo vista como foro comunal ou pátria comum e universal de todos. Os Conselhos regionais sustentavam igualmente a existência das múltiplas nacionalidades, porque essas instituições representavam um pedaço de cada um dos reinos no coração da monarquia. Em outras palavras, os Conselhos simbolizavam à presença política dos reinos junto ao monarca. Outro desdobramento importante do problema das nacionalidades, que teria uma repercussão política gravíssima em Aragão,[64] seria a nomeação dos altos cargos administrativos e postos eclesiásticos conforme o princípio do indigenato. Apesar de não existir uma política bem definida ou critérios oficiais, a tendência mais comum era que os postos militares de mais alto escalão fossem distribuídos sem distinção ao longo de todos territórios da monarquia. Ao contrário do que se verificaria em relação aos altos cargos administrativos, especialmente o posto de vice-rei, que geralmente eram preenchidos por membros da alta aristocracia castelhana e andaluza. A nomeação de bispos também costumava recair sobre castelhanos. A tendência de concentração dos altos postos administrativos nas mãos da nobreza castelhana costumava ser motivo de insatisfação e críticas.

Os elementos agregacionistas das noções identitárias seriam de extrema importância na fundamentação dos discursos que visavam ao fortalecimento da autoridade régia. Da mesma forma, os princípios segregacionistas seriam comumente utilizados quando se tratasse da defesa dos interesses regnícolas. É curioso notar que, em alguns casos, o mesmo elemento poderia ser usado para diferentes propósitos. Emblematicamente, esse era o caso do favor divino.

Apesar da convivência mais ou menos harmoniosa na maior parte do tempo, as tendências convergentes e divergentes defendidas por diferentes grupos políticos, em momentos de conflito, percorreriam caminhos diametralmente opostos. E, mesmo assim, poderiam compartilhar relevantes símbolos. Como bem salientou Jon Arrieta Alberdi (2004), embora a dedução espontânea nos leve a crer que, nas situações de conflito, os reinos quissesem a preservação de suas instituições e ordenamentos jurídicos, seja efetivamente lógica, ela não foi acertada em todas as situações. Também não foi representativa dos interesses e objetivos de todos os grupos que se colocavam em posição contrária à Coroa dos Áustrias. Nada impedia que, em certas situações conflituosas, as soluções caminhassem através de vias

---

[64] A consequência dessa política de atribuição de cargos em Aragão consubstanciou-se no pleito do vice-rei estrangeiro. Esse ponto será retomado futuramente.

conciliatórias como ocorreu com os aragoneses e Felipe II, no ano de 1592, ou, ao contrário, caminhassem a favor da total separação, conforme sucedeu com Portugal, em 1640. Os símbolos identitários sofreriam significativas alterações, de acordo com as reinterpretações necessárias no momento das disputas. Neste sentido, o passado poderia ser um espaço especialmente propício para inventar a nação.[65]

O confronto entre as forças centrífugas e centrípetas teria mais uma propriedade marcante. Nos momentos em que o ensejo unificador parecia ser a tônica geral da política de Madri, a negação dos vínculos identitários mais amplos, estabelecidos com a Monarquia Hispânica, seria acompanhada pela acirrada defesa das características regionais dos reinos, transformando o termo *patria* em um dos pilares da oposição e da resistência ao regime político centralizador. Isso principalmente quando o projeto unificador estabelecia como diretriz política básica a unificação legal da monarquia, pautada no fortalecimento da autoridade do monarca, de acordo com as práticas jurídicas e a cultura política da Coroa de Castela. Essas eram algumas diretrizes básicas subentendidas no projeto centralizador de Olivares, que tanto alvoroço causou no interior da monarquia.[66]

Tal projeto de unificação pautava-se em um amplo programa de casamentos mistos, em uma logística mais funcional para a repartição do patrimônio régio e, sobretudo, em uma distribuição mais igualitária dos mais altos cargos eclesiásticos e postos administrativos da monarquia. Essa distribuição alicerçava-se em uma definição mais extensiva e flexível do conceito de *naturaleza*. Adotar essa prática evitaria que os súditos fossem considerados estrangeiros em outros reinos que não correspondessem aos seus locais de nascimento. O arbitrista Pedro Fernández Navarrete — usuário costumeiro da expressão razão de Estado e grande defensor de Castela, chamada pelo autor em várias partes de sua obra de "cabeza de la monarquía" — é um bom exemplo da aplicação desse pressuposto quando, em um discurso sobre a expulsão dos mouriscos, afirma que "[...] y por eso conviene que las naciones conquistadas por justo derecho de guerra o adquiridas por otro legítimo título se agreguen y unan a la cabeza del

---

[65] Apesar de adotar um critério cronológico bem distinto, a obra de Benedict Anderson traz análises muito interessantes sobre essa temática. Cf. ANDERSON, Benedict. *Comunidades imaginadas*: reflexões sobre a origem e a difusão do nacionalismo. 3. reimpr. São Paulo: Companhia das Letras, 2008.

[66] A *sequedad de corazones* à qual se referia Olivares em seus escritos fazia uma inferência direta à inexistência de uma *naturaleza* política comum. Para mais informações sobre o projeto político do conde-duque, consultar a excelente biografia de John Elliott sobre o privado. Ver: ELLIOTT, John H. *El conde-duque de Olivares*: el político en una época de decadencia. Barcelona: Crítica, 2009.

imperio, de modo que por ningún parezcan miembros separados ni se les dé nombre de extranjeros" (Fernández Navarrete, 1853, p. 466). Contudo, a concessão de privilégios baseados na nacionalidade era uma prática comum, principalmente em relação às conquistas americanas, como vemos no trecho a seguir da obra *Política Indiana,* de Solórzano Pereira:

> Asimismo no pueden ser Mercaderes en las Indias, ni tratar, contratar, ni aun pasar a ellas, y por el consiguiente, ni gozar de sus privilegios, los Extranjeros de los Reinos de Castilla, y León, por sí, ni por terceras personas, y en particular los Portugueses, los cuales están mandados echar de aquellas Provincias, como consta de muchas Cédulas, que están juntas en el primer tomo de las Impresas, en las cuales, si se han de comprender Navarros, y Aragoneses, lo que trata Juan de Hexia, y lo que dejo tocado en otro lugar (Solórzano Pereira, 1739, p. 497).

Exemplos dessa natureza nos fazem perceber a centralidade das noções de identidade para as práticas políticas da época moderna. Para conseguir uma única condição jurídica baseada nos mesmos critérios de nacionalidade para todos os súditos sob domínio de um só monarca, seria preciso desgastar as diferenças legais existentes entre os diversos territórios, gerando transformações nas particulares culturas políticas de cada um dos reinos. Em certo sentido, poderíamos incluir no conjunto de elementos afetados por essas transformações também alguns costumes característicos de cada um dos territórios.

Tommaso Campanella, em uma obra clássica sobre a Monarquia Hispânica,[67] nutre expressiva preocupação com os princípios de conservação e aumento do território do império espanhol, designação empregada pelo próprio autor, que ele acreditava ser escolhido por Deus para se tornar a Monarquia Universal. Com o objetivo de manter os diversos territórios unidos, Campanella insistia em vários preceitos, entre eles: o dever do soberano de cultivar o amor entre seus súditos através da unidade religiosa, pedra angular do pensamento do dominicano para o sucesso de qualquer empreitada política; o estabelecimento de uma política matrimonial dos espanhóis com mulheres de qualquer outra nação, nos termos do próprio

---

[67] Existe uma grande controvérsia em relação à data em que *La Monarquía hispánica* foi escrita. Contudo, de acordo com a edição crítica da obra realizada pelo *Centro de Estudios Constitucionales,* muito provavelmente Campanella a escreveu em períodos distintos, uma parte, antes mesmo da morte de Felipe II, em 1598, e o restante em períodos distintos, mas com a data final em 1603. Situa-se, portanto, nos importantes anos que marcaram a troca de governo entre Felipe II e Felipe III.

Campanella; a prática ativa do intercâmbio comercial entre os territórios e, por fim, a busca de igualdade entre os súditos, evitando que uns fossem muito ricos, e outros, muito pobres. Assim, em nível teórico, a primeira forma corresponderia à união de ânimos, somente obtida através da religião. A segunda seria a união de corpos conseguida com os laços matrimoniais. Finalmente, a terceira seria a união do dinheiro e da riqueza. Quando o discurso do dominicano adota um viés mais empírico, ele aconselha que a união dos distintos domínios peninsulares do rei de Espanha se faça da seguinte maneira:

> Hay que tener en cuenta lo dicho hace poco, que al existir en España diversos pueblos, conviene que estén unidos, sobre todo aquellos que en otro tiempo tuvieron poder más grande. Por tanto, haga el rey que castellanos, aragoneses y portugueses estén de acuerdo y distribuya entre ellos oficios iguales en las cortes, a portugueses en Castilla y a castellanos en Portugal, adórnelos con cargos y casi oblíguelos a matrimonios y navegaciones comunes. Y lo mismo conviene hacer con los pueblos de la montaña, vizcaínos y leoneses, asturianos, y gallegos; con los de la campiña, andaluces y valencianos, que se familiaricen entre sí, aunque estén separados geográficamente. E introdúzcanse entre ellos como antes hemos hecho alusión a ello, colegios comunes y escuelas de soldados togados y de armas, para que con ellos vivan en seguridad tanto ellos mismos como el rey, y hay que hacer que se casen con mujeres extranjeras y tengan hijos de ellas, quienes, si por casualidad estalla la guerra, les sirvan de ayuda, según la naturaleza de cada uno y no según suerte. Hay que abolir paulatinamente sus costumbres antiguas [...] (Campanella, 1982, p. 155).

As concepções de Campanella são importantes porque permitem ilustrar crenças compartilhadas por outros tratadistas que refletiram a respeito da Monarquia Hispânica em um momento emblemático: a troca de governos na passagem do reinado de Felipe II para o reinado de Felipe III. Esses períodos são sempre muito expressivos, pois inauguram tempos em que são reconfiguradas as linhas de força do governo, levando à perda de poder de certos grupos, enquanto outros ascendem. Essa também se mostra uma época propícia para avaliar o reinado do monarca precedente, estabelecendo um primeiro esboço da criação de uma memória acerca do período. É ainda um momento precioso para que se projetem as principais diretrizes que deveriam nortear as ações do próximo soberano, baseadas no julgamento dos erros e acertos da agenda passada. Grandes obras costumam surgir nesses tempos de incertezas e, se por um lado parece que seus autores estão preocupados em garantir uma posição de prestígio no novo quadro político, por outro, elas costumam emitir, com mais liberdade, opiniões e juízos acerca do reinado anterior. No período inicial do reinado de Felipe III, no qual muitas políticas chave de Estado estavam sendo reavaliadas, foi escrito um dos mais relevantes tratados sobre os movimentos ocorridos em Aragão no biênio 1591-1592: *Información sobre los sucesso de Aragón,* redigido por Lupercio Leonardo de Argensola, em 1591.

O historiador Bernardo García García (2003) estudou as produções de alguns desses escritores e afirmou que, partindo dos signos de esgotamento,[68] percebidos desde Castela, os tratadistas começaram a apresentar uma imagem da Monarquia Hispânica associada aos problemas causados pelo despovoamento, à diminuição dos recursos financeiros dos cofres do governo e à incidência de uma carga fiscal cada vez mais pesada sobre os reinos da Coroa de Castela. Entre esses tratadistas se aprofundou a percepção de que era peremptória a adoção de medidas reformistas mais profundas.[69] Na realidade, ao final do século XVI, os sinais de esgotamento de energia e recursos eram realmente perceptíveis.[70]

A política de pacificação com que se inicia o novo século viria de fato acompanhada por uma reorientação das bases sobre as quais havia se organizado a *política universal* da monarquia e, fatalmente, também incidiria sobre a própria concepção de Espanha. Dentro de um grupo específico, os ensejos de mudanças se encaminharam para uma reformulação do desenho que unia as partes da monarquia, criando uma unidade peninsular em que todos os reinos colaborassem para a manutenção da monarquia, e não apenas Castela, que, na visão desses sujeitos, sustentava sozinha o peso do império. Alcançar a união política desejada passava pelos caminhos da assimilação dos costumes e da união religiosa que assinalou Campanella, mas também propunha alternativas mais concretas como a divisão das cargas fiscais que

---

[68] De acordo com esse autor, a percepção da decadência foi uma característica marcante do pensamento econômico e social castelhano do período.

[69] Nas palavras de García García: "Debemos situar estas propuestas en el plano teórico y especulativo de las reformas que tenían por objetivo constituir un verdadero Reyno de España y asimilar sus vasallos dentro de una nueva 'nación española' entendida ésta como una naturaleza mestiza no sólo de las varias naciones peninsulares, sino también de las aportaciones de otros territorios de la Monarquía" (García García, 2003, p. 441).

[70] Uma visão geral sobre a crise do século XVII pode ser encontrada em: FERNÁNDEZ ALBALADEJO, Pablo. La crisis de la monarquía. *In:* FONTANA, Josep; VILLARES, Ramón (dir.) *Historia de España.* Barcelona: Crítica; Madrid: Marcial Pons, 2009. v. 4.

estavam onerando a *cabeza*⁷¹ da monarquia, implantando maior colaboração entre os reinos. Em contrapartida, o acesso aos postos e cargos mais altos da administração deveriam ser flexibilizados com a intenção de permitir o ingresso de representantes de todos os reinos da monarquia. Seriam essas as vias eleitas para criar condições favoráveis para extinguir as barreiras aduaneiras e constitucionais que vigoravam dentro da península, como sentenciou Álamos de Barrientos:

> Y créame, que si esto de los religiosos, grandes y casamientos se hiciese y ejecutase con la prudencia y arte conveniente para efectos tan grandes [...] fácilmente Castilla se quedaría Castilla, y Aragón y Portugal serían Castilla. Por qué díganme todos los estudiosos de esta ciencia real y de reyes, no es verdad que tantas guerras, tantas diferencias, tantas envidias, tantas competencias, tantos pleitos sobre los términos y mayoría, leemos que hubo entre León y Castilla, y más que ahora vemos de aquellas coronas de Portugal y Aragón con Castilla? Y se sabe por cierto, y también lo es, que muy brevemente se acabaron llegando a ser poseídas de un mismo rey con tantos accesorios como después tuvieron. Lo cual nos enseña, si queremos considerarlo, que podemos esperar lo mismo de los demás, si hacemos lo mismo con ellos que hicieron nuestros antepasados con los otros. Vecinos son todos y que no los divide sino un riachuelo, una sierra, sino algunos mojones de tierra en ella misma, y que no se juntaron en un rey por diferente camino que los presentes de que trato (Álamos de Barrientos, 1990, p. 106-107).

Retomemos alguns pressupostos básicos que ajudaram a sustentar os discursos favoráveis à união e à criação de uma única identidade espanhola na época moderna, alguns dos quais seriam resgatados em um passado distante. Nesse caso, o símbolo principal era a própria noção de *Hispania*,

---

⁷¹ A respeito dessa questão da divisão desigual dos custos do Império, manifestaram-se eloquentemente Álamos de Barrientos e Pedro de Navarrete. Vejamos a veemente defesa de Castela feita por Álamos de Barrientos: "Los reinos de Castilla, que son sin duda la cabeza de esta monarquía, como Roma, Constantinopla, Macedonia y Persia lo fueron de las antiguas por excusarme de la envidia y competencia de las modernas, siendo éstos los que le dan más gente, más dinero y más sustancia, es justo que considere Vuestra Majestad como están y como los tienen las guerras extranjeras y los servicios propios; porque todos los demás reinos de Vuestra Majestad tienen apariencia de señorío y hacen sombra de la grandeza, pero dan poca gente y ningún dinero que salga de los mismos que lo contribuyen para ésta o para los demás reinos de Vuestra Majestad [...] que es necesario que en un imperio tan grande para la conservación y aumento del todo, sale de los tributos de Castilla, y que entra en ella de las Indias; del reino de Portugal, de la corona de Aragón, de los estados de Italia, tres partes tan principales de esta monarquía, ningún dinero sacamos y antes gastamos con el sustento de ellas, y aunque gentes, es por el dinero de Castilla, que también la diera cualquier nación extranjera" (Álamos de Barrientos, 1990, p. 26).

que tanto poderia ser dita no singular como no plural *Hispaniae*. Fernández Albaladejo (1998) recorda que, diferentemente de *Britannia*, referência à outra grande monarquia composta do período, *Hispania* teria uma existência mais conformada enquanto sujeito histórico. Portanto, mesmo antes de se configurar como unidade política, ou ainda antes de se caracterizar enquanto uma união dinástica, *Hispania* já existia com características que iriam além da expressão geográfica (Fernández Albaladejo, 1998). Segundo o autor, havia a memória de um passado visigodo que legitimava essa existência, conforme a perspectiva do século XV. A diversidade cultural, apresentada pelos reinos que dariam corpo a ideia de *Hispania* tampouco seria interpretada como um argumento que pudesse depor contra sua existência, pois "se sobrentendía que el desenvolvimiento de cada una de las identidades regnícolas no excluía su simultánea coexistencia, su encaje dentro de esa primera" (Fernández Albaladejo, 1998, p. 147). Certamente, isso não exclui a possibilidade de que entre os reinos houvesse disputas para estabelecer quem ocuparia uma posição de primazia no interior dessa entidade. O autor enfatiza de modo veemente que a interpretação unidimensional do termo é um fenômeno contemporâneo porque está alicerçada no paradigma historiográfico do Estado Nação, que certamente não se aplica a essa época. Consequentemente, os elementos que compunham a noção de *Hispania* não possuíam nenhuma ligação com aqueles que seriam forjados pelos historiadores nacionalistas no futuro (Fernández Albaladejo, 1998).

A primeira menção à *Hispania* remonta à época do Império Romano. Os territórios da Península Ibérica formavam, então, uma única unidade política administrativa, em que coexistiam múltiplas unidades interiores que, entretanto, encontravam-se submetidas ao poder central da autoridade romana. O legado romano seria reclamado por diversos autores na época moderna, transformando-se em um dos ingredientes utilizados para confeccionar a identidade espanhola. Procurava-se identificar ainda, nos tempos de *Hispania*, características dos indivíduos procedentes daquela região que já pudessem ser consideradas como espanholas, o que explica a *espanholização* de personagens como Sêneca, Marcial, Trajano e Teodósio. Subentendida na valorização dos padrões culturais da herança romana estava a complexa questão imperial, responsável pelo resgate específico de autores como Tácito,[72] tanto no âmbito da reflexão política, quanto no âmbito da reflexão historiográfica. Além disso, é visível, na época moderna, a tentativa de identificar expressões muito remotas da "genialidade espanhola",

---

[72] Não estou, entretanto, fazendo referência a toda complexidade que envolve a questão do tacitismo.

por exemplo, quando são tecidos elogios à concisão retórica de Marcial e Quintiliano, ao cristianismo de Teodósio ou à moral estoica de Sêneca. Um momento crucial para a paulatina construção da ideia de Espanha é o século XIII, a partir do qual se concretiza o conceito de "pérdida de España", que possibilitou a interpretação dos esforços de "Reconquista" tal qual a recuperação da unidade que teria sido interrompida na Batalha de Guadalete. O goticismo seria convertido em um dos elementos fundamentais para a criação de um primeiro esboço da identidade espanhola (Fernández Albaladejo, 2007). O glorioso passado visigodo transformou-se em grande incentivo para que os diferentes reinos cristãos colaborassem no combate contra o inimigo muçulmano.

Fernández Albaladejo (2007) também afirma que a *nascion de Espana* acerca da qual faziam referência alguns autores do século XV, a exemplo de Alonso de Cartagena, pressupunha um entendimento de *Hispania* como a pátria dos visigodos, comunidade delineada com precisão desde Isidoro de Sevilha. Para conformar a noção de *Hispania* se somariam ao decisivo elemento enaltecedor do passado visigodo, os componentes religiosos para terminar de compor o núcleo identitário fundamental, forjando uma correspondência entre comunidade primitiva e pátria cristã.

Contudo, se em termos religiosos o entendimento do termo em questão não admitia nenhuma pluralidade, em termos políticos, continuaria sendo plenamente legítima a acepção plural da Espanha na qual cabiam vários territórios que eventualmente pudessem ser governados por um único monarca. É exemplar dessa estrutura mental a titulação atribuída a Fernando de Aragão e Isabel de Castela depois de seu matrimônio: "Rey y Reyna Católicos de las Españas", demonstrando com primor qual era a identidade que se pretendia construir para a monarquia. Assim, em meados do século XV, o conceito de Espanha começaria a adquirir uma dimensão política, segundo Ricardo García Cárcel (1997), devido ao papel exercido por alguns humanistas aptos a valorizar o conceito de *natio* entendida como comunidade ancestral que se opõe às invasões estrangeiras.[73] Essa

---

[73] Em sua breve análise sobre a Catalunha durante o governo de Felipe II, García Cárcel classifica como fundamental o papel dos humanistas, sobretudo Erasmo, em *Elogio da Loucura*, para o desenvolvimento do conceito de nação, concebido a partir de um sistema de valores específico, que estaria em confronto aberto com o universalismo representado pelo papado. Tal sistema de valores estaria alicerçado na antropologia, entendida pelo autor como características coletivas regionais, e na história percebida como um discurso narcisista de exaltação das glórias passadas. Nesse escrito, García Cárcel interpreta pátria e nação praticamente como se fossem sinônimos, o que considero uma interpretação equivocada. *Cf.* GARCÍA CÁRCEL, Ricardo. *Felipe II y Cataluña*. Valladolid: Secretariado de Publicaciones e Intercambio Científico, Universidad de Valladolid, 1997.

valorização possibilitou ao reinado dos Monarcas Católicos projetar a consciência de um governo único até então inexistente. A justaposição do elemento imperial a esses primeiros traços identitários teria que aguardar a chegada ao poder de Carlos V.

A chegada de Carlos V à Península Ibérica é interpretada como um dos grandes eventos da modernidade hispânica, sendo responsável por transformações decisivas na trajetória dos recém unidos reinos de Castela e de Aragão. Tal chegada significou que uma nova casa dinástica, os Habsburgos, assumisse o poder naqueles reinos, somado ao fato de que o novo detentor da autoridade política era também imperador do Sacro Império.[74] Na prática, isso representava a incorporação de toda uma nova ordem de pretensões e responsabilidades completamente alheias, originalmente, aos territórios da península. Não que certas associações, que remetiam ao ideário imperial, não tivessem sido experimentadas por ocasião da conquista do território americano. Contudo, a vinculação direta ao Sacro Império e a expressão política alcançada em termos europeus tinham teor diferenciado.

Paralelamente, aos elementos de ordem prática, há outra vinculação importante para as articulações em torno da ideia de império presente na trajetória da teoria do império particular, (Fernández Albaladejo, 1992). Segundo essa teoria, cada um dos reinos viria a formar um império em si mesmo, apresentando grande sintonia com a máxima medieval *rex tantum iuris habet in regno suo quantum imperatur in imperi*. A noção de império particular propiciaria duas importantes transformações, segundo Fernández Albaladejo. A primeira seria relativa à modificação do conceito de império, que abandonaria o plano das especulações teóricas para se referir a uma pretensão concreta de dominação efetiva e indivisível. A segunda concerne à substituição do termo imperador pelo termo monarca, significando aquele que não reconhece autoridade superior na esfera secular (Fernández Albaladejo, 1992). Tais teorias seriam fundamentais para possibilitar, futuramente, o desenvolvimento da noção de Monarquia de Espanha, conforme indica Gregório López Madera que definiu o título de monarca nos seguintes termos:

> Nuestros doctores en derecho llaman también con mucha razón, monarca aquel Príncipe, que en cuanto Rey y señor

---

[74] O ideário imperial, como elemento marcante das práticas políticas, não é uma característica exclusivamente espanhola. Eram expressivas também as pretensões imperialistas de outras monarquias no período, como a francesa, a inglesa e a portuguesa. *Cf.* YATES, Frances. *Astrea*: the imperial theme in the sixteenth century. London: Pimlico, 1993.

> temporal, no reconoce superior alguno, y esta es aquella común conclusión, que este tal es Monarca en su Reino. Y es así verdad, que según la fuerza del vocablo, el Príncipe que está sujeto, y reconoce a otro por superior, no se le podrá llamar ni gozar deste título, pues lo único Príncipe, sino el que no admite otro mando, y señorío superior suyo, y en lo temporal, es (conforme aquello de Tertuliano) segundo después de Dios, y solamente menor que él, el cual solo puede gozar del título de majestad, y llamarse Príncipe Soberano [...] (López Madera, 1597, p. 7).

Nesse quadro explicativo, é possível compreender a noção de Monarquia de Espanha, desde suas raízes imperiais, como uma monarquia universal com ambos os pés fincados em Castela. Fica claro, obviamente que estamos falando das ideias que eram fomentadas por meio do trabalho de secretários, juristas e cronistas diretamente vinculados aos Habsburgos. Essa concepção se sustentaria na crença da força expansiva do império, que, consciente de sua própria potência e extensão, logo relegaria a segundo plano a herança germânica, pois ela não fazia frente às conquistas no ultramar. A definição de Monarquia Espanhola em questão continuaria, assim, plenamente investida de significado ao longo dos seiscentos, com sérios desdobramentos para a configuração da identidade coletiva e para aspectos cruciais do pensamento político.

Como bem salientou Fernández Albaladejo (1992), o círculo de humanistas que cercava Carlos V, especialmente Mercurino Gatinarra, defenderia com extrema vivacidade a temática imperial, articulando em uma única combinação: legado imperial e missão confessional. Dessa forma, justificava-se a união de toda humanidade sob governo de uma só autoridade política. Estava traçado o caminho possível para alcançar harmonia universal, através do resgate de um antigo mito religioso atualizado com as contingências do presente. O discurso de Tommaso Campanella é um caso exemplar da incorporação desse tipo de crença. A disposição desses elementos no horizonte mental da época possibilitou que Juan Gines de Sepúlveda delineasse com precisão a teoria imperial alicerçada sobre a profunda crença de superioridade espanhola em três níveis distintos: militar, cultural e político. Na bela sintetização de Fernández Albaladejo (1992), estaria, assim, completa a metamorfose de *christianitas* para *hispanitas*.

A pujança da formulação imperial encontraria um obstáculo à altura em alguns teólogos de Salamanca, especialmente Francisco de Vitoria. Efeito colateral do importante debate que se travou acerca da escravidão ameríndia, a questão sobre a titulação régia teve como consequência a denúncia do dominicano de que os novos títulos propostos não eram legítimos nem idôneos, inclusive aqueles que pretendiam derivar da autoridade papal ou imperial. Vitoria não entendia o mundo como simples extensão da cristandade. Se recordarmos os comentários sobre a doutrina vitoriana, perceberemos que seu entendimento de *orbe* gravitava em torno da noção de uma comunidade de povos, cristãos ou não, orientada ao bem comum e com capacidade legislativa própria, um raciocínio basilar do direito de gentes que regulamentava a relação entre os povos. Todavia, as rachaduras provocadas pelas concepções vitorianas não chegariam a causar danos sérios ao edifício imperial porque "la figura del emperador y el monopolio de ciudadanía que hasta entonces disfrutaban los cristianos era substituido ahora por el poder esencialmente moral del emperador y por el derecho de gentes" (Fernández Albaladejo, 1992, p. 66), possibilitando a perpetuação da supremacia da *Respublica* cristã na ordem universal.

Os anos próximos à abdicação de Carlos V em favor de seu herdeiro Felipe II mostraram, inegavelmente, que a almejada unidade, tanto política quanto religiosa, que permeava o imaginário cristão era um sonho distante. O ideário imperial que tão cuidadosamente vinha sendo articulado, teve, forçosamente, que se modificar. Já no tempo de Felipe II, após a perda de alguns marcos doutrinários centrais, a ideia de império seria rearticulada partindo da adoção de pressupostos mais concretos.

Assim, diversos autores dirigiriam esforços para arquitetar uma legitimação histórica e jurídica consistente com uma formação política, que, apesar de possuir traços de uma formação imperial, já não poderia justificar suas empreitadas a partir dessa noção em crescente descrédito. A partir de então, na Península Ibérica, a tratadística política e os discursos históricos registram[75] a significativa rejeição[76] que começaria a ser associada ao nome *imperador*. Enquanto isso o uso do termo *monarca* estaria em franca ascensão. Já tivemos ocasião de mencionar um reflexo dessa tendência na obra de Gregorio López de Madera (1597). Especialmente, quando ele discorre

---

[75] Fernández Albaladejo registrou alguns exemplos dessa natureza nas obras de Juan de Garnica, Juan de Redin, Juan de Mariana e López Madera. Entre os autores que começaram a popularizar o uso do termo monarca, destaca-se o jurista italiano Camilo Borrell que reivindicou o título de *Sacra Majestad*, em 1580, para o soberano hispânico. Isso porque ele poderia ser considerado o maior rei do mundo devido à extensão de seus domínios. Os exemplos utilizados por Fernández Albaladejo, por sua vez, procedem da coletânea organizada por Arco y Garay (1944).

[76] Significativa rejeição, entretanto, não corresponde à total rejeição. O termo *imperador* continuará aparecendo em muitas obras, mesmo não evocando da mesma forma a tradição descrita.

sobre a questão da soberania e acerca do absurdo que seria conceber que o domínio de todo o mundo recaísse em apenas um homem. Fernández Albaladejo (1992) e Ballester Rodríguez (2010) apontam López Madera como o responsável por organizar, de forma praticamente completa, a base a partir da qual seria definida a identidade dos habitantes da complexa herança territorial de Felipe II. Podemos aludir a outro exemplo, dessa vez retirado do discurso histórico, localizado na obra *Historia General de Espanã* de Juan de Mariana, em que o autor, relatando um discurso pretensamente realizado pelo rei Jaime I, diante do papa e do cardinalato, sentencia que: "[...] el imperio, apellido sin duda sin sustancia y sin provecho" (Mariana, 1854, t. 1, p. 399).

Nesse panorama discursivo repleto de inversões e giros linguísticos, sempre em conexão com os problemas políticos oriundos daquela temporalidade histórica, recupera sentido o epíteto de Monarca Universal, que começou a ser umbilicalmente associado à imagem de Felipe II. Em conexão com uma série de projetos políticos e signos identitários que produziriam marcas indeléveis na sociedade hispânica do período e na memória histórica configurada posteriormente. Após a anexação de Portugal, que idealmente resgataria a primitiva unidade territorial da Espanha, se legitimaria a denominação de Felipe II como o primeiro monarca das Espanhas e das Índias, deixando, portanto, de ser um mote puramente retórico. Tal passo foi fundamental para que juristas e historiadores pudessem sustentar a titulação de Monarca Universal, a partir desse esse conjunto de elementos.

Felipe II abraçaria sem receios a imagem[77] de Monarca Universal e daria um acento todo especial aos traços religiosos do símbolo, justificando o endosso sagrado que recebia a causa imperial. Inúmeros argumentos eram utilizados para legitimar a preferência divina pela nação espanhola, como: a antiguidade da Igreja na Península Ibérica, a peregrinação do apóstolo Santiago, as inúmeras santificações e beatificações de seus naturais, a fervorosa religiosidade e compaixão de seus monarcas, a marcada intolerância frente aos judeus e aos muçulmanos, e, essencialmente, a excepcional devoção de sua população. Procurava-se justificar a superioridade territorial e a força política da monarquia em uma chave providencialista que igualava domínio e território à excelência espiritual. Tratava-se assim da retribuição divina ao povo e ao monarca mais devotos de toda a cristandade. Giovanni Botero ilustra com perfeição a aplicação do argumento exposto:

---

[77] Existe uma enormidade de obras que tratam da imagética produzida em torno da figura de Felipe II. Sem querer ser reducionista, optei por um viés restrito que diz respeito à temática dos símbolos utilizados nos discursos que buscavam a unificação dos diversos reinos da península em uma única construção identitária.

> [...] y así creo verdaderamente, que Dios nuestro señor les ha favorecido, con tantas, y tan señaladas victorias, por el celo y profesión que hacen de piedad, y religión: y que por eso mesmo su divina Majestad les ha dado también un Mundo nuevo, en cuya conquista, gobierno, y señorío, no tiene parte nación alguna [...] (Botero, 1603, p. 30).

A construção do palácio de *El Escorial*, magnífico híbrido de palácio e monastério, era uma declaração direta do casamento entre império e salvação, pois, como esclarece Fernández Albaladejo "la posibilidad de consolidarse como poder de alcance verdaderamente universal exigía, como contrapartida, convertirse en el fiel y obediente brazo armado del papado" (Fernández Albaladejo, 1992, p. 71). Juan de Mariana gasta algumas generosas páginas de sua instrução ao príncipe em uma detalhada descrição do Escorial e aproveita para inserir no contexto da narração uma censura à reunião de uma enorme e preciosa biblioteca que, no entanto, tinha acesso restrito, "¿Qué provecho obtenemos de libros que están, por decirlo así, cautivos y sujetos a la autoridad del rey?" (Mariana, 1981, p. 364). Mais interessante, porém, é a acertada profecia com a qual Mariana encerra essa parte do relato, mostrando como era clara a mensagem que o rei queria transmitir por meio daquela construção monumental: "hacen del templo una casa de Dios llena de santidad y ha de atestiguar en todos los siglos la piedad del rey Felipe" (Mariana, 1981, p. 369). Contudo, a imagem de rei piedoso seria justaposta a do burocrata prudente que, sentado em sua cadeira de trabalho, com papel e caneta nas mãos, governou um dos maiores impérios da história da Europa moderna.

O início do reinado de Felipe II foi um importante marco para o projeto de construção da identidade espanhola. Em contraste com a imagem de seu pai, Carlos V, que não tinha identidade espanhola e transitava constantemente por todo o continente europeu, a figura de Felipe II representou desde cedo uma profunda transformação no plano simbólico. Nascido e educado em Castela, seu caráter espanhol foi reconhecido desde o nascimento mediante o título, *Philippus Hispaniarum Princeps*. Em seu reinado, houve uma série de acontecimentos responsáveis por grandes mudanças no arranjo político e administrativo que sustentava o pacto entre os territórios que formavam a Monarquia Hispânica. A fixação da corte em Madri, em 1561, transformou Castela no epicentro geográfico em torno do qual se articulariam o conjunto de territórios herdados por Felipe II. Posteriormente, em 1580, a anexação de Portugal ao território, sob comando do monarca espanhol, inaugurou um novo período de exaltação da sonhada e finalmente alcançada restituição de *Hispania* – sentimento similar ao da celebração da união das coroas de Castela e de Aragão, quase um século atrás. A anexação de Portugal permitiu que Felipe II ostentasse o título de Rei de *Hispania* no sentido amplo da palavra. Segundo Rodríguez Ballester (2010), esses acontecimentos converteram o heterogêneo domínio territorial governado por Carlos V, em uma entidade dotada de uma identidade política mais elaborada. Na época em que a dinastia austríaca esteve no poder,[78] tentou-se incansavelmente forjar os três pilares da lealdade hispânica mediante a articulação das causas dinástica, religiosa e patriótica, conforme Rodríguez Ballester (2010). A fórmula foi muito recorrente no período, tal qual expressa a exortação feita pelo padre jesuíta Pedro de Ribadeneira aos soldados que embarcavam em direção à Inglaterra de Elizabeth II:

> Pero si en esta guerra se defiende, como hemos visto, nuestra santa y católica religión ¿Qué católico Cristiano habrá que no vaya a ella con alegría? Si se defiende la honra de España ¿Qué español habrá que no procure la fama y gloria de su nación? Si se defiende la reputación de nuestro Rey, tan sabio, tan justo, tan moderado y poderoso, de la cual cuelga todo el bien de toda la cristiandad ¿qué vasallo habrá que no muestre su lealtad, su celo y su valor? [...] ¿Quién no se ceñirá la espada y embrazará el escudo y blandirá la lanza y derramará la sangre por defender y asegurar la patria en que nació, por salvar la nave en que navega, por su ley, por su reino, por su Rey y por su Dios (Ribadeneira, 1945, p. 1345).

Nesse cenário, compreende-se bem a importância da recuperação e da propagação da noção de Monarquia de Espanha, pois ela funcionava como elemento aglutinador da identidade espanhola, proporcionando aos habitantes da Península Ibérica[79] algo grandioso, cujas vitórias e glórias alcançadas pertenceriam a todos os que se reconhecessem como espanhóis. Todavia, isso não significa que esses indivíduos estivessem obrigados a abrir mão de sua identificação e lealdade com a pátria local. Muito embora, com o passar do tempo e com a imposição de políticas centralizadoras que visavam ao nivelamento das diferenças culturais, jurídicas e políticas, a convivência dessas múltiplas lealdades poderia se transformar em um grave problema.

---

[78] Lembremos de algumas características atribuídas à cultura barroca espanhola por um de seus principais estudiosos, José Antonio Maravall: massiva, dirigida e urbana. Logo, faz sentido afirmar a extensão social alcançada pela identidade espanhola, principalmente devido ao papel exercido pela literatura, pelas festas e também pelo teatro do *Siglo de Oro*. Cf. MARAVALL, José Antonio. La Cultura del Barroco: análisis de una estructura histórica. 5. ed. Barcelona: Ariel, 1990.

[79] Exceção feita, grosso modo, a Portugal.

As constantes críticas feitas aos castelhanos pelos habitantes de outras regiões da península, acusando-os de pretenderem se transformar em senhores efetivos e absolutos da monarquia, devem ser interpretadas a partir dessa perspectiva. As denúncias da excessiva identificação de Felipe II e seu governo com Castela partiam de certa insatisfação com uma ordem política que, apesar de integrar todos os elementos de maneira harmônica, no plano simbólico, na prática, em boa medida, significava a subordinação das diversas partes ao núcleo da monarquia. As tensões entre a Monarquia Hispânica, governada pelos Habsburgos, e as demais territorialidades peninsulares evidenciam a disputa, ainda em voga, pelo que seria a Espanha e o que significaria identificar-se enquanto espanhol.

2.2 *Y SI NO, NO*: A CULTURA POLÍTICA DO REINO DE ARAGÓN

> *Siempre havemos oydo decir antiguamente, e se troba por experiencia: que atendida la gran esterilidad de aquesta tierra, y pobreza de aquesto Reino, si no fuese por las libertades de aquel, y irían a vivir, y habitar las gentes a otros reinos, e tierras más frutíferas.*
>
> Jerónimo Blancas y Tomás. Comentarios de las cosas de Aragón.

A dinâmica estabelecida entre os territórios que formam uma monarquia composta, a princípio, permitia e garantia não apenas a manutenção como a perpetuação da identidade cultural, política e jurídica de cada uma de suas partes. No entanto, um certo desequilíbrio, pendendo ao centro, tendeu a modificar as relações existentes entre o núcleo principal e os outros territórios. As respostas dadas às novas demandas surgidas no cenário, composto pelas contingências políticas e sociais próprias das últimas décadas do século XVI e princípios do XVII, tiveram como consequência o refinamento das estruturas administrativas e da aparelhagem burocrática em torno das quais vinha se constituindo a prática política das monarquias compostas. As alterações nas relações entre os territórios, em decorrência dos esforços centralistas, acabaram por afetar diretamente as complexas noções identitárias dos coletivos que viviam organizados nessas formações. Tais alterações também impactaram significativamente as culturas políticas desses territórios. Uma vez mais, cabe uma prudente ressalva: mesmo nos momentos mais marcadamente conflituosos entre rei e reinos, nem sempre a lógica do enfrentamento seria adotada, pois a escolha das vias conciliatórias era igualmente legítima (Arrieta Alberdi, 2004). Deve-se admitir ainda a possibilidade de haver uma terceira via que combinasse ambas as posturas.

A questão particular dos territórios integrantes de uma monarquia composta pode ser melhor compreendida partindo de um simples exercício de perspectiva. Os ordenamentos jurídicos e as instituições administrativas que, no período anterior à união, tinham caráter geral e absoluto, após a fusão, passam a assumir um posicionamento particular e periférico. No caso específico da Monarquia Hispânica, adotar essa perspectiva de observação, para a qual chamou atenção Jon Arrieta Alberdi (2004), significa atentar para o fato de que o reino anexado assumiria uma nova situação, implicando necessariamente no abandono da posição central de sua própria estrutura jurídica e institucional. Consequentemente, portanto, as instâncias regnícolas particulares deixavam de ter capacidade decisória final em várias questões governativas, especialmente nos assuntos referentes à guerra e à paz. Apesar de haver preceitos jurídicos estabelecidos pela união *aeque principaliter* que garantiam a manutenção das particularidades jurídicas e políticas dos reinos anexados, o deslocamento sofrido pelo núcleo decisório central conduzia a um novo funcionamento das instâncias deliberativas. Tais instâncias passavam inevitavelmente a responder a Madri em inúmeros aspectos relativos às suas vivências políticas e administrativas. Nesse quadro, a polêmica em torno dos ordenamentos jurídicos originários alcançaria o epicentro da discussão política.

A necessidade dos territórios anexados de garantir a própria personalidade política, no heterogêneo conjunto formado pela Monarquia Hispânica, e a desigual distribuição de poder em seu interior, gerou uma enorme demanda por um discurso de caráter autoafirmativo que reunisse elementos capazes de preservar a identidade coletiva e a cultura política particular dessas localidades. Mesmo em territórios bem diferentes entre si, algumas noções parecem se repetir no esforço de construção de um discurso de preservação própria, algumas noções parecem se repetir, notadamente: a insistência na adesão voluntária à formação composta e a apregoação de princípios teóricos que fundamentavam a concepção limitada do poder régio. Tais noções estavam bastante presentes no pensamento político da Coroa de Aragão desde a Baixa Idade Média, de acordo com Arrieta Alberdi (2004). O autor explicita ainda que, a partir dessa lógica defensiva, emergiriam, cada vez mais claramente, culturas políticas alicerçadas na ideia da posse de um conjunto de leis fundamentais, conhecidas comumente como privilégios ou *libertades*. Essa ideia é a chave principal para o entendimento da cultura política aragonesa, se lembrarmos que as *Alteraciones de Aragón* podem ser compreendidas como um levantamento foral.

Precisamente nesse sentido, ocorreriam as bodas entre o discurso histórico e a fundamentação jurídica, a associação entre Clio e Themis, que tanta força concedeu à defesa dos particularismos regnícolas. A História outorgaria aos ordenamentos forais a antiguidade necessária, dotando-os com a força da tradição que seria imperativa para a legitimação e o fortalecimento da identidade coletiva do reino frente às forças centrípetas da Monarquia Hispânica. Não à toa, duas das maiores personalidades associadas à tradição foralista aragonesa do século XVI foram Miguel de Molinos[80] e Jeronimo Blancas, o primeiro jurista e o segundo historiador, ainda que o intervalo entre a publicação da obra dos dois autores seja de 75 anos. Nessa seara, analisar os discursos históricos produzidos pelos cronistas Antonio de Herrera y Tordesillas e Lupercio Leonardo de Argensola, que disputavam a memória política dos eventos ocorridos em Aragão nos anos de 1591 e 1592, significa, ao mesmo tempo, investigar a cultura política e jurídica do reino, defendida veementemente por uma parcela expressiva de seus juristas, historiadores e políticos quando eles entenderam que estavam sendo ameaçados por uma Coroa cada vez mais centralizadora.

 A formulação das leis fundamentais, capitulações originárias e a exposição de corpos jurídicos institucionais costumavam vir acompanhadas de explicações e justificativas históricas, nas quais costumavam estar presentes reconstruções do passado em forma de relatos legendários[81] que, por sua vez, registravam as mitologias políticas próprias de cada localidade. No sentido inverso, os discursos históricos vinham ilustrados de reproduções dessas leis fundamentais intercaladas na narrativa, como podemos ver na obra de Blancas, *Comentários de los hechos de Aragón*.[82] A imbricação das duas formas discursivas, com finalidade política, reforçava as referências compartilhadas, afirmando todo um repertório de valores e símbolos difundidos nos tratados do período. Os discursos fundacionais atuavam como mecanismos de defesa e afirmação do reino como sujeito político, pois legitimavam sua trajetória histórica no seio das formações

---

[80] Em seu repertório, Miguel de Molinos ilustra uma relação das *libertades* aragonesas específica e detalhada, contudo, sem um esforço sistematizador e também sem tentar extrair princípios normativos gerais dessa coletânea jurídica, de acordo com Jesus Lalinde Abadía (1975).

[81] Pablo Fernández Albaladejo chama essas narrativas, sobre as origens de um reino, de metáforas fundacionais: "pasó a formar parte del arsenal de metáforas fundacionales de la que comenzaban a echar mano las llamadas 'nuevas monarquías'" (Fernández Albaladejo, 2007, p. 67).

[82] Como justificou o próprio Blancas: "Copiamos en tantos lugares las palabras de las mismas leyes o de sus intérpretes, porque es conveniente ilustrar este género de escritos, no sólo manifestando los efectos, sino también probando con argumentos, razones y públicos testimonios el porqué de tales determinaciones" (Blancas y Tomás, 1995, p. 346).)

compostas, objetivando garantir um lugar específico na Monarquia e evitar uma assimilação integral que modificasse a variedade de regimes em um único modelo de leis, privilégios e fiscalidade, rompendo assim com o paradigma preexistente da monarquia composta.

O sistema político aragonês apresentava notáveis diferenças se comparado ao castelhano e também contraposto àquele que vinha sendo construído a partir da ótica da Monarquia Hispânica. As divergências se apresentavam especialmente no que dizia respeito aos seus organismos representativos e aos parâmetros legais estabelecidos para a limitação do poder régio, para não falar dos princípios jurídicos em torno dos quais estavam organizadas aquelas sociedades. Não se tratava, contudo, de sistemas políticos, com suas respectivas culturas políticas, completamente antagônicos, mas, sim, de sistemas que compartilhavam uma série de pressupostos importantes e que tinham estruturas políticas e administrativas permeáveis.

A construção dos relatos sobre os movimentos aragoneses na problemática década final do século XVI abraçou a tarefa defender sistemas políticos díspares e suas respectivas legitimações teóricas, mesmo que de forma mais tênue no último caso. Isto é, tratava-se da defesa de distintas modalidades de organização social. Contudo, os relatos históricos sobre as *Alteraciones* não engendraram a cultura política que sustentou a versão regnícola dos fatos, ainda que em tais relatos o emprego das noções e símbolos fosse dinâmico e plural e, portanto, produtor de novos significados. Os mais destacados elementos da cultura política aragonesa presentes nas obras do século XVI eram resultado de uma série de vivências históricas e elaborações discursivas que vinham sendo produzidas, mais ou menos, desde a Baixa Idade Média. Os pontos cardinais dessa cultura política, apregoados na tratadística do final do século XVI, encontravam-se amplamente centrados na defesa e na preservação das chamadas "libertades, privilegia, fori, usus et consuetudines regni Aragonum" (Gil Pujol, 2002, p. 221). Segundo Gil Pujol, essas leis foram sistematizadas na compilação jurídica da parte norte do reino, em 1247, mediante as promulgações realizadas pelas Cortes. Posteriormente, alcançaram maior refinamento na codificação de 1547 e foram publicadas apenas em 1552. Assim, em meados do século XVI, o ordenamento jurídico aragonês era definido por aspectos localistas, populares, consuetudinários e, principalmente, pelas restrições impostas à autoridade real: "[...] en el famoso Privilegio General de 1283, que fue confirmado en las cortes de 1348, el aragonés era un sistema contractual y parlamentario bien asentado" (Gil Pujol, 2002, p. 221). À semelhança de outros sistemas contratualistas do período, o conjunto formado pelas Cortes – rei e reino reunidos em assembleia – constituia a base do edifício político do regime. Em Aragão, as Cortes eram o organismo legislativo supremo, marcando uma diferença flagrante com relação a Castela, ainda de acordo com Gil Pujol (2002).

A peculiaridade do sistema jurídico aragonês mereceu atenção de muitos tratadistas contemporâneos. Associada à imagem de Aragão, nos principais círculos diplomáticos e intelectuais europeus, encontrava-se amplamente difundida a ideia do caráter eletivo da monarquia, da existência de sólidas barreiras para o exercício de autoridade régia e ainda a noção de que seus súditos desfrutavam de inúmeros privilégios. Baseando-se no último critério citado, Guicciardini exprimiu o seguinte juízo sobre a capital do reino: "Zaragoza se halla bajo la autoridad real, pero goza de privilegios infinitos" (Guicciardini, 1952 *apud* Gil Pujol, 2002, p. 218). Porém, nem todos os juízos acerca do reino eram negativos. Aos defensores dos princípios de governo constitucionalista, o sistema político aragonês parecia ser merecedor de grandes elogios, como no caso do huguenote francês François Hotman (Giesey, 1968), ou, para ficar mais restrito à ortodoxia católica, pode-se citar o exemplo do jesuíta Juan de Mariana. Vejamos a apreciação de Mariana sobre o sistema político aragonês e um de seus principais esteios, o *Justicia* de Aragon:

> Y de la misma forma que pensaron en un tiempo más reciente los aragoneses de España, tan celosos de su libertad que creen que las libertades se amenguan cuando se hace alguna pequeña concesión. Y así, los aragoneses establecieron un estrato intermedio entre rey y el Pueblo, a la manera de los tribunos, llamado popularmente Justicia de Aragón, que armado con leyes y con la autoridad del pueblo, mantuviera la potestad regia dentro de ciertos límites. [...]
>
> Nuestros antepasados previeron, como hombres prudentes, este peligro y sancionaron muchas y muy sabias medidas para que los reyes se contuvieran en los límites de la moderación y de la templanza y no pudieran ejercer una potestad excesiva de la que derivara un daño público. Entre otras cosas, establecieron con gran prudencia que no resolviera ningún negocio importante sin el consentimiento de los nobles y del pueblo, a cuyo efecto se convocaban a cortes del reino a representantes elegidos por todos los brazos, esto es, los prelados con plena jurisdicción, a los nobles y a los procuradores

> de las ciudades. Esta costumbre se conserva en Aragón y en otras provincias y ojalá que nuestros príncipes volvieran a restablecerla! (Mariana, 1981, p. 94-101).

As palavras do jesuíta são muito relevantes. Publicada em 1599, período pouco posterior à ocorrência das *Alterações* em Aragão, a obra de Juan de Mariana não faz nenhum tipo de censura aos aragoneses e à sua suposta infidelidade, como parecia ser a tônica geral das obras publicadas em Castela. Muito pelo contrário, Mariana parece invejar o sistema político aragonês e seus mecanismos de contenção da autoridade régia, consubstanciados na figura do *Justicia* e no organismo representativo das Cortes, que, ao contrário do sistema dirigido pela Monarquia Hispânica em Castela, não tinha apenas caráter consultivo. Pode-se perceber, na postura adotada pelo jesuíta, a defesa dos elementos que iam de encontro às doutrinas pautadas na noção de soberania régia absoluta. Mariana parece desejar que o exemplo de Aragão fosse seguido pelos príncipes da dinastia dos Habsburgos, lembrando que o escrito em questão era uma instrução de príncipes destinada a Felipe III. A peculiaridade do sistema político aragonês foi abordada por outro escritor emblemático, Francisco Suárez. No terceiro livro de seu tratado sobre as leis, publicado também em um momento posterior às *Alteraciones* do reino em 1612, Suárez fala de Aragão nos seguintes termos:

> Más aún en algunas regiones, por ejemplo, en el reino de Aragón, aunque se gobiernen por reyes, dicen que no ha pasado a los reyes el poder de legislar de una manera absoluta sino únicamente contando con el consentimiento del pueblo en pública asamblea. En este caso es verdadero que para la validez de la ley se requiere de alguna manera la aceptación del reino; sin embargo, aun en ese caso no es al aceptación de que ahora tratamos, porque no es posterior a la institución y promulgación de la ley ni procede de los súbditos en cuanto tales, sino que es el consentimiento del reino concurriendo juntamente con el consentimiento del rey a la elaboración de la ley; en esto reino juega el papel de un asesor del rey para el establecimiento de la ley, y después debe seguirse la promulgación, y después la aceptación de los súbditos. De esta manera es también verdad que en tal forma de gobierno el legislador soberano tiene poder para obligar a los súbditos a que acepten la ley, pues ahí el legislador soberano lo es no sólo el rey sino el rey con el reino.
>
> Pero en donde no ha mediado tal pacto entre el rey y el pueblo ni hay constancia de él por la práctica o por alguna ley

escrita, al soberano no se ha dado el poder con esa limitación sino que se hace de una manera absoluta cabeza del estado (Suárez, 1967, v. II, p. 279).

Novamente, percebemos que as características que sobressaem nas apreciações dos contemporâneos a respeito do reino de Aragão são relativas especialmente à prática legislativa e ao poder reservado às Cortes. Em suma, tratava-se de elementos que permitiram um arranjo político específico em relação principalmente às concepções acerca da soberania absoluta dos monarcas, amplamente rejeitada do ponto de vista teórico, nos territórios da Monarquia Hispânica, conforme analisado anteriormente. Entretanto, os limites meta-positivos impostos ao exercício da soberania régia absoluta tinham em Aragão legitimidade jurídica e uma aplicação prática. Suárez ainda nos fornece um indício precioso, "[...] donde no ha mediado tal pacto entre el rey y el pueblo ni hay constancia de él por la práctica o por alguna ley escrita, al soberano no se ha dado el poder con esa limitación sino que se hace de una manera absoluta cabeza del estado" (Suárez, 1967, v. II, p. 279). Esse tipo de raciocínio deixa claro que onde não existem os amparos do pacto político, quer na prática quer nos ordenamentos jurídicos, a autoridade política ficaria isenta de limites, podendo ser exercida de maneira absoluta. Levando em consideração a opinião dos observadores contemporâneos, nesse caso, dois consagrados eruditos jesuítas, pode-se inferir que a cultura política que os aragoneses se esforçaram tanto para proteger estava construída sobre um sólido sistema monárquico constitucional.

Gil Pujol afirma que um princípio de governo básico fortemente assentado na cultura política aragonesa era o *imperio de la ley*. Lei esta que nascia do comum acordo entre rei e estamentos e se aplicava a todos. Outro importante juízo a respeito dos aragoneses está presente nas *Relações Universais,* de Giovanni Botero. Na obra, o autor caracterizou os habitantes do reino de Aragão a partir de uma comparação com seus vizinhos castelhanos. Botero (1603) afirmou o apreço dos povos que vivem na parte mais montanhosa da Monarquia Hispânica pela liberdade, ressaltou seu ânimo orgulhoso e sua braveza, chegando, inclusive, a afirmar que os habitantes dessa região poderiam ser percebidos quase como integrantes de uma república. O autor adiciona uma curiosa valoração sobre os naturais da capital do reino, Zaragoza, que registra um giro linguístico em relação ao uso da palavra "político" na época moderna: "sus Ciudadanos tienen por particular estudio, y profesión ser políticos" (Botero, 1603, p. 4), além de serem muito hábeis em montaria. Vejamos a comparação feita por Botero entre aragoneses e castelhanos:

> Tal es España, donde los Vizcaínos y Aragoneses, con el remanente de los pueblos que habitan en la parte más montuosa y áspera de la Provincia, son de ánimo tan orgulloso y bravo que aun debajo del imperio de un Rey mismo viven (según la multitud de sus privilegios) en cierta manera de libertad, que casi se puede tener por república. Y los castellanos y andaluces, cuyo terreno es más tratable y llano, obedecen voluntariamente cuanto mandan sus señores (Botero, 1603, p. 2).

No esquema valorativo dos sistemas políticos da Europa Moderna, o caso aragonês seria resgatado pelos tratadistas britânicos de credo constitucionalista, na tumultuada conjuntura política inglesa de meados do século XVII, como exemplo das liberdades governativas góticas, que se perderam diante do despotismo monárquico que grassava no continente, na opinião daqueles autores. Entre esses escritores, para citar alguns exemplos recolhidos por Ralph Giesey (1968), em obra a respeito dos foros de Sobrarbe, estavam, por exemplo, William Pryne, Algernon Sidney e Henry Nevill, de uma época um pouco anterior. Esse exercício reflexivo dos britânicos nos fornece indícios relevantes a respeito da política continental e das identidades coletivas na Monarquia Hispânica.

À primeira vista, é evidente que a percepção dos britânicos em relação à Espanha é marcada pela concepção pluralista, admitindo a existência de vários territórios sob comando de um único monarca.[83] Um segundo ponto é a sugestão de que existiria um contraste entre os reinos da Coroa de Castela e os reinos da Coroa de Aragão. Nesse caso, Castela apareceria tal qual reino icônico de fidelidade e aceitação da autoridade régia, "for there are no greater idolaters of their monarch in the world than the Castilians are, non who drink deeper of cup of loyalty" (Neville, 1763, p. 154) e também em "but especially that of Castile, where the kings had more

---

[83] Algernon Sidney, além de registrar a pluralidade da monarquia, assinalou muitas de suas dissensões internas: "The Kingdoms of Spain have been no less disturbed by the same means; but especially that of Castile, where the kings had more power than in other places. To cite all the examples, were to transcribe their histories but whoever has leisure to examine them will find, that after many troubles, Alphonso the second, notwithstanding his glorious surname of Wife, was deposed by means of his ambitious son: Don Alonso, surnamed El Desheredado, supplanted by his uncle Don Sancho el bravo: Peter the cruel cast from the throne, and killed by *his bastard brother* the Conde de Trastamara. From the time of the above named Alphonso to that of Ferdinand and Isabella, containing about two hundred years, so few of them passed without civil wars, that I hardly remember two together that were free from them: and whosoever pretends that of late years that monarchy has been more quiet, must, if he be ingenuous, confess their Peace is rather to be imputed to the dexterity of removing such persons as have been most likely to raise disturbances (of which number were Don Juan de Austria, Don Carlos son to Philip the second, another of the same name son to Philip the third, and Don Balthazar son to Philip the fourth) than to the rectitude of their constitutions" (Sydney, 1750, v. I, p. 354).

power than in other places" (Sydney, 1750, p. 354). Certamente, levando em consideração o credo que sustentava as reflexões desses autores, esses traços não poderiam ser percebidos como características salutares. Por fim, as menções mais comuns a respeito do reino aragonês destacavam dois dos mais potentes símbolos da sua cultura política: o famoso juramento prestado pelo rei perante às Cortes, que imprimia o caráter eletivo da monarquia, e a figura do *Justicia*.

O registro britânico dos símbolos da cultura política aragonesa não foi feito sem certa dose de mitificação. Por exemplo, o exagero significativo das potencialidades de atuação do *Justicia* e a amplificação da origem fantasiosa do juramento que deveria ser feito pelo rei, através da aceitação inequívoca da frase basilar: *y si no, no,* ou na versão inglesa *if not, not*. Astutamente, Antonio Pérez havia somado a mencionada frase ao já falacioso juramento em sua obra publicada, no ano de 1594, durante seu exílio na Inglaterra, sob pseudônimo de Raphael Peregrino. É certo que a lente utilizada pelos britânicos se coadunava com seus próprios projetos políticos de impor limites tangíveis à autoridade régia e, nos casos mais radicais, inclusive, de tentar erradicá-la. Talvez a narrativa mais emblemática nesse sentido seja o relato pitoresco feito por Henry Neville do juramento régio prestado diante das Cortes Aragonesas. Em *Plato Revividius*, Neville parte das observações sobre reinos antigos e modernos para analisar o despropósito do presente em matéria política. O autor ainda identificou as causas e apresentou as soluções políticas que julgava adequadas para os problemas expostos. O trecho a seguir não deixa de admitir uma certa dose de teatralidade:

> I must say a word of the kingdom of Aragon; which has not at all times had so quiet a state of their monarchy, as Castile hath enjoyed. For after many combustions which happened there, concerning there Fueros and Privilegios, which are their fundamental laws; the king one day coming to his feet in parliament, and making his demands as was usual, they told him that they had a request to make to him first: and he withdrawing thereupon, (for he had no right of siting there to hear their debates) they fell into discourse how to make their government subsist against the encroachments of the prince upon them; and went very high in their debates, which could not chafe but come to the king's ear, who walked in a gallery in the same palace to expect the issue: and being in great passion, was seen to draw out his dagger very often, and thrust it again into the sheath; and herald to

> say, sangre ha de costar! Which coming to the knowledge of the estates, they left off the debate; and sent some of number to him, to know what blood it should cost, and whether he meant to murder anybody. He drew out his dagger again and pointing it to his breast, he said sangre de reyes; [...] Besides, in this Cortes or parliament, the old oath which at the first foundation of their state was ordered to be taken by the king at his admittance, was again revived; wich is in the words: nos que valemos tanto como vos, y podemos mas que vos, vos eligimos nuestro rey; conque vos guardeys nuestros fueros y privilegios; y si no, no (Neville, 1763, p. 156-157).

Na narrativa fantástica de Neville, é reproduzido sinteticamente, com o adágio de Pérez[84], o legendário juramento que o rei deveria prestar diante das Cortes, através do qual os aragoneses se declaravam individualmente tão valorosos quanto seu monarca e coletivamente superiores. Ficava assim o voto de obediência condicionado ao compromisso, assumido pelo monarca, de respeitar e guardar os foros e privilégios locais. Se recordarmos as concepções construídas na teoria política hispânica, a partir da recuperação dos insumos aristotélicos tomistas, acerca da origem da sociedade e da autoridade política, podemos supor que o juramento dos reis de Aragão nada mais era que uma criação ficcional voltada para uma aplicação prática das abstrações jurídicas e teóricas sobre o pacto social que estaria na base do surgimento das comunidades políticas. Nesse viés interpretativo, tal criação seria totalmente harmônica com essa expressiva corrente da teoria política hispânica moderna.

Jeronimo de Blancas, nomeado cronista oficial do reino de Aragão em 1581, associou esse juramento às origens do reino de Sobrarbe, região ao sul dos Pirineus que abrigava a lenda do surgimento do reino de Aragão. Para abordar o juramento legendário, Blancas remete ao seu suposto contexto primordial: a eleição do rei Iñigo Arista, primeiro mandatário eleito de Sobrarbe, ainda na Alta Idade Média. O cronista se esforça ao máximo para negar o caráter ficcional vinculado ao relato, fazendo alusão ao juramento como aquela antiga e memorável fórmula utilizada por seus antepassados. A citada fórmula, apesar de não possuir referência oficial nas escrituras jurídicas, não por isso estaria baseada em conjecturas ou adivinhações.

---

[84] Provavelmente, os autores ingleses citados tomaram conhecimento dos escritos de Pérez em sua obra *Relaciones*, onde o controverso ex-secretário real narrou toda a sua saga de perseguição política e também os movimentos ocorridos em Aragão nos anos de 1591 e 1592. Pérez, partindo de uma ótica tendenciosa, acabou por colocar os primeiros tijolos da construção de uma popular *leyenda negra* sobre Felipe II e a Espanha.

Ao contrário, estaria gravada com toda autoridade na tradição desde os primórdios do reino aragonês, segundo o cronista. Vale mencionar que Blancas traz à baila o nome do huguenote francês e grande opositor do regime monárquico, François Hotman, descrito como "gravísimo escritor francés de nuestros días", que em sua obra *Francogallia* fez alusão expressa e elogiosa ao sistema político aragonês.

A operação realizada por Blancas, para afirmar a veracidade do juramento e dos foros de Sobrarbe, foi estratégica, pois, para compensar a ausência do registro em obras históricas ou repertórios jurídicos, o cronista invocou a força da tradição oral. Assim, o cronista tentava isentar de qualquer desconfiança o lendário juramento. Tal justificava, forjada nos avatares da tradição, permitiu que Blancas se investisse da autoridade necessária para transcrever textualmente o juramento: "Nos tan Buenos como vos, e que podemos más que vos, tomamos a vos por rey: con que haya siempre entre nos uno que mande más que vos" (Blancas y Tomás, 1995, p. 40).

Elementos distintos aparecem no registro de Blancas dos foros de Sobrarbe. Em primeiro lugar, a famosa adição de Antonio Pérez, *y si no, no*, não figura no texto do cronista de Aragão. Até porque o registro de Blancas foi escrito em um momento prévio à publicação do texto de Pérez. A primeira edição dos comentários de Blancas, acerca do reino de Aragão, datam de 1588. Nesse sentido, importa ressaltar que a totalidade das obras de Blancas foi escrita em um período anterior à deflagração das *Alteraciones*, em 1591, ainda que muitas das razões que motivaram a revolta já estivessem se desenhando no horizonte. Sendo assim, seus escritos não sofreram a posterior pressão com que tiveram que lidar os tratadistas aragoneses envolvidos na acirrada disputa pela defesa de fidelidade do reino. Blancas, na direção oposta, escreveu na época áurea da teoria de resistência foral aragonesa (Gil Pujol, 2002). Outro ponto digno de nota é que Blancas adiciona aos ditames do juramento uma alusão indireta ao *Justicia de Aragon*, referendando a existência e a legitimidade desse magistrado que teria mais autoridade que o próprio monarca, de acordo com a sentença: "con que haya siempre entre nos uno que mande más que vos".

A cultura política majoritária entre os aragoneses desse período, com seus caracteres pautados na concepção da monarquia eletiva, sua expressiva limitação da autoridade régia e o processo de validação das leis que deveriam ser sancionadas pelo Rei e pelos representantes dos estamentos reunidos em Corte, encontrou em Jerónimo Blancas[85] um de seus mais apaixonados defensores. Blancas escreveu suas obras em uma época em que Aragão estava sendo acometido por vários grupos de bandoleirismo rural, quando uma ingerência, cada vez mais ativa da Monarquia Hispânica, era notada no reino. Além da obra, *Comentarios de las cosas de Aragón*, ele também escreveu um texto abordando a ritualística processual da reunião das Cortes e um tratado sobre as coroações dos reis de Aragão.[86] Contudo, foi certamente nos *Comentarios* que Blancas conseguiu dar forma à elaboração mais completa sobre o início mítico do reino de Sobrarbe, bem como à confecção das leis fundamentais do reino. Os lapidários *Fueros de Sobrarbe*, seis no registro de Blancas, eram verdadeiros obstáculos ao exercício da autoridade régia e ainda marcavam o momento de criação da instituição do *Justicia de Aragón*, figura capital do sistema político aragonês. Nas palavras do cronista: "Sobre tales leyes y estatutos afianzaron nuestros mayores el edificio del Reino [...]. El principal apoyo de la libertad la prefectura del Juez medio. Confíase el poder al rey, y al Juez medio la moderación de ese poder, resultando así nuestro gobierno templado y armónico" (Blancas y Tomás, 1995, p. 38). Em uma síntese magistral, Blancas ilustrou alguns dos mais notáveis elementos da cultura política aragonesa do período.

Se mantivermos em um plano de análise principal a importância dos relatos fundacionais dos reinos, percebemos de que maneira essas narrativas se arquitetaram a partir da frutífera associação entre teoria política, discurso histórico e ordenamentos jurídicos particulares, com intenção de construir e legitimar a personalidade política dos reinos enquanto sujeitos políticos autônomos. Consequentemente, os discursos fundacionais foram acionados para auxiliar na formação da identidade coletiva destes territórios. Esses

---

[85] Convém reproduzir na íntegra a opinião de um dos grandes historiadores contemporâneos da tradição foral aragonesa sobre Jerónimo de Blancas, mesmo que tal opinião apresente algumas apreciações anacrônicas sobre o passado, ela é interessante porque o entusiasmo do historiador por seu próprio objeto de pesquisa fornece indícios sobre seu posicionamento político contemporâneo: "[...] Blancas no es un historiador puro, sino un ideólogo. Historia los Justicias, y hasta los legisladores aragoneses, pero sólo al servicio de un verdadero tratado apasionado sobre la institución del Justicia, en cuanto éste simboliza las libertades aragonesas. Por todo ello, recibe la adhesión de aragonesistas, como Antonio Agustín, y suscita la desconfianza del Consejo de Aragón, que trata de impedir su obra, o el de Felipe II, que trata de corregirla. Blancas no publica todo lo que escribe, pero es suficiente lo que llega a imprimirse, pues por encima, incluso, de juristas como Molino, ofrece la única visión total y sistemática que poseemos de los falsos fueros de Sobrarbe y de las supuestas libertades aragonesas. Falsos o no en su origen, constituyen todo un programa político, tanto para su época como para cualquier otra en la que pueda haber interés por resucitar un pasado" (Lalinde Abadía, 1975, p. 18).

[86] Ver: BLANCAS, Jerónimo. *Coronaciones de los Serenisimos Reyes de Aragon escritas por Geronimo de Blancas*: Con dos Tratados del Modo de tener Cortes del mismo autor, y otro de Geronimo Martel. Zaragoza: por Diego Dormer, 1641.

elementos integram o processo de constituição das monarquias territoriais durante a época moderna no continente europeu.

O relato fundacional acerca do surgimento do reino de Sobrarbe não era uma exclusividade da obra de Blancas. Constava também na obra do jurista Miguel de Molinos, [87] igualmente relevante no período e muitas vezes citada pelo próprio Blancas. Outro registro importantíssimo está presente no prefácio da coletânea dos *Fueros y observancia del reino de Aragon*, publicada, em 1624, na cidade de Zaragoza. A obra também vem acompanhada com uma carta dedicatória aos *diputados* do reino escrita por Bartolomé Leonardo de Argensola. *Chronista del Rey nuestro señor; y en Aragon, del mismo Reyno*, Bartolomé Leonardo de Argensola foi uma figura de extrema importância nos círculos intelectuais da época, não apenas no reino de Aragão, mas na própria Monarquia Hispânica, assim como foi seu irmão Lupercio Leonardo de Argensola. A carta dedicatória é significativa para compreender os princípios foralistas que organizavam a legislação aragonesa. Conforme Francisco de Gurrea y Aragón, um nobre aragonês, esses princípios eram de difícil compreensão para qualquer estrangeiro. Obviamente, entre esses estrangeiros se contavam os castelhanos. Nas palavras de Gurrea y Aragón, o conde de Luna: "en referir esto [...] los términos particulares de este Reinos y modos que de su Gobierno tiene, seria nunca acabar el explicarlo para Naciones y Reinos extranjeros, [...] son particulares para entenderlos y alcanzarlos los propios naturales" (Gurrea y Aragón, 1888, p. 61).

A compilação dos foros e observâncias do reino de Aragão de 1624, mesmo sendo organizada em um momento posterior às *Alteraciones*,[88] não impediu Bartolomé Lupercio de Argensola de tecer grandes elogios ao ordenamento jurídico de sua terra natal. A atitude de Bartolomé não era puramente retórica ou vazia de significado, pois, logo após o desfecho das *Alteraciones*, críticas profundas foram feitas ao ordenamento jurídico aragonês e ao sistema político que lhe sustentava. Bartolomé ignorou os detratores do reino, insistiu na fidelidade inata de sua pátria e afirmou que o

---

[87] O relato fundacional do reino e a validação dos *fueros de Sobrarbe* como realidade histórica eram aceitos em algumas crônicas que tratavam da história geral da Espanha e também nas crônicas de alguns reinos particulares, sendo igualmente acolhida pela heráldica oficial do reino que ilustrava a árvore símbolo de Sobrarbe no brasão de Aragão (Gil Pujol, 2002, p. 224).

[88] Outrossim, a compilação ilustra todas as alterações realizadas no ordenamento jurídico aragonês pelas Cortes celebradas por Felipe II, na cidade de Tarazona, em 1592.

sistema político aragonês, que o autor aborda mediante o emprego do termo *policía*,[89] combinava os melhores elementos de várias formas de governo:

> Principio sabido es que los gobiernos privados se forman el de la Muchedumbre (antes bien, si consiste en ellos, como la especie en sus individuos) aquella será perfecta República, cuyas leyes mejor nos dispusieren la comodidad para la contemplación, y para el ejercicio de las obras exteriores, en que todos los humanos se emplean. [...]
>
> No solamente las Leyes de Aragón, en su razón intrínseca que (como alma) las alienta, exceden a las instituidas en Repúblicas modernas, y antiguas, adonde, o por Mengua, o por Exceso, no toparon con el verdadero, y proprio fin de la Policía, sino también a muchas que consideraron lo uno, y lo otro. Digan los que lo saben por la especulación, o por la Experiencia, que Policía han visto, que haya ayuntado lo eminente de la Monarquía con lo seguro de la Aristocracia, lo severo con lo benigno; el Rigor con la Suavidad; en la forma que modere los ímpetus de la muchedumbre, sin excluir la de los ministerios públicos, todo ello tan enlazado, y resguardado, que ni la Majestad Real se pueda desviar hacia la Iniquidad, ni los súbditos perderle el respecto, huir del derecho, ni oponerse al ejercicio del Cetro, reconocido por la intrínseca Fidelidad, que nace y permanece en ellos hasta la muerte. Nobilísima obediencia, la que se funda en el amor de la Virtud, y no en temor del Castigo (Leonardo de Argensola, 1624, sem página).

Outra característica expressiva da importância destes relatos é a capacidade para ratificar o adágio que ilustra o título deste estudo, *En Aragón hubo primero leyes que reyes*. Tal adágio é fruto precisamente da narrativa do momento fundacional do reino quando as mais destacadas personalidades da resistência católica, da parte setentrional do reino, estavam reunidas nas montanhas, onde organizavam a oposição ao invasor mulçumano. Após muita elocubração, foram decididas as principais diretrizes que organizariam

---

[89] Bartolomé usa o termo *policía* no mesmo sentido do que o utilizado na definição de Covarrubias Orozco: "Policía, termino ciudadano y cortesano. Consejo de policía, el que gobierna las cosas menudas de la ciudad, y el adorno della y limpieza. Es vocablo griego, respublica. Político, el urbano y cortesano. Política, la ciencia y modo de gobernar la ciudad y republica" (Covarrubias Orozco, 1611, p. 591).

a vida comunitária e o sistema de governo.⁹⁰ Bartolomé perpetuava essa narrativa originária e entendia que o adágio, que a expressava sinteticamente, estava tão bem assentado na cultura política aragonesa que não necessitava de maiores explicações, conforme o autor: "No hay para que repetir aquí, que en Aragón hubo primero Leyes que Reyes; ni referir los que formaron las que hoy tiene: porque (demás de ser muy sabido) el Prólogo siguiente, dicho Prefación de la obra, toca ambas las cosas" (Leonardo de Argensola, 1624, sem página).

A versão de Blancas acerca da fundação do reino de Sobrarbe e da eleição do rei Iñigo é bem mais extensa que a sintética exposição feita na compilação dos foros de 1624, admitindo ainda outros componentes dignos de nota. Em seu relato, os senhores, que organizavam a resistência aos invasores mulçumanos, viviam na região das montanhas de Sobrarbe como se estivessem embriagados pelas doçuras da liberdade, o que os fazia tremer ante à possibilidade de se submeter ao domínio de apenas um homem, ou seja, abraçar a monarquia como forma de governo. Para aqueles indivíduos, adotar o regime monárquico significaria seria forjar as correntes da própria escravidão, segundo Blancas (1995). Depois de muito refletir sem chegar a uma conclusão sobre a forma de governo ideal, os anciãos de Sobrarbe decidiram consultar o pontífice da época, Adriano II. A resposta do pontífice sugere que a ação mais prudente seria o estabelecimento de leis que deveriam ser juradas pelos monarcas antes de assumir o trono. Com a intenção de evitar que os caprichos dos monarcas se transformassem em leis, os anciãos decidem acatar o conselho de Adriano II.

---

⁹⁰ O relato fundacional do reino é expressivo, pois, além de registrar as principais caraterísticas da cultura política aragonesa, ainda demarca uma clara diferença com o início da monarquia em Castela, negando o passado visigodo que desempenhou um papel de destaque na conformação identitária da Monarquia Hispânica. Segue o trecho em questão: "En el tiempo que los Árabes infieles Africanos pasaron en España, era dominada por Reyes Godos: y gobernada con Góticas leyes, las Romanas abolidas y de todo olvidadas. Después que los Cristianos fueron de España expelidos, y por los Moros ocupada, la enseñorearon y sometieron a la secta Mahometana, hasta en tanto que los Cristianos que se recogieron en la citerior España, en los Montes Pirineos, en partes ásperas y fragosas, en espeluncas y cuevas, y otros lugares secretos, recobrando ánimo y esfuerzo, con el ayuda de Dios tomaron armas y descendieron a las Montañas de Ainsa, a la parte que dice Sobrarbe donde hubieron muchos reencuentros con los Moros, y les ganaron los Castillos, y Villas y Lugares, que en aquella partida estaban en poder de los infieles, y aquellas dominadas y reducidas a santa Fe Católica, con proprias fuerzas, sin ayuda de Príncipe alguno, ni otra persona que descendiese de la línea Real de los Godos, que pudiese pretender derecho de sucesión a España (como lo fue Don Pelayo Duque de Cantabria de la línea Real, que se retrajo en las Asturias de Oviedo, de donde comenzó a Conquistar la ulterior España, como sucesor legítimo y señor natural de aquella) los Aragoneses Conquistadores hicieron leyes, con que la tierra y Provincia por ellos ganada dejada la perdida secta de Mahoma, fuese gobernada, & instituyeron los Fueros de Sobrarbe. De manera que en Aragón primero hubo Leyes que Reyes: con las cuales, aun después de elegido entre ellos Rey, vivieron, añadiendo siempre aquellas las que el Rey y a los del Reyno parecían convenientes" (Leonardo de Argensola, 1624, sem página).

Assim, o aspirante a empunhar o cetro de Sobrarbe deveria estar disposto a ajustar sua conduta às prescrições norteadas pelas leis. Um último traço significativo é que o cronista, ao especificar quais seriam os foros, reproduz apenas cinco, afirmando que o sexto e último, aquele que reza que os súditos tem o direito de depor o rei caso esse se torne um tirano, teria sido adicionado pelo próprio Iñigo Arista. Vejamos quais eram os tão famosos e emblemáticos *Fueros de Sobrarbe*:

>1ª En Paz y Justicia regirás el reino, y nos darás fueros mejores.
>
>2ª Cuanto a los moros se conquistare, divídase no sólo entre los ricoshombres, si también entre los caballeros e infanzones; pero nada reciba el extranjero.
>
>3ª No será lícito al rey legislar sin oír el dictamen de los súbditos.
>
>4ª De comenzar guerra, de hacer paz, de ajustar tregua, o de tratar otra cosa de grande interés te guardaras, o rey, sin anuencia del consejo de los señores.
>
>5ª Y para que no sufran daño o menoscabo nuestras leyes o libertades, velará un juez medio, al cual sea licito y permitido apelar del rey, si dañase a alguien, y rechazar las injurias si tal vez las infiriese a la república.
>
>[...]
>
>6ª Si contra los fueros o libertades llegara él en lo sucesivo a tiranizar el reino, quedase este en libertad para elegir otro rey, siquiera fuese pagano (Blancas y Tomás, 1995, p. 37-40).

Um exercício esclarecedor é contrapor o relato mitificado[91] de Blancas da origem das liberdades aragonesas à trajetória histórica de sua evolução, mesmo que em linhas gerais. Jesus Lalinde Abadía (1975), historiador do direito aragonês e possuidor de uma ampla bibliografia sobre a temática, explica que as *libertades* aragonesas surgiram como consequência do choque de interesses na luta pelo poder e pela apropriação de recursos econômicos. Tal choque resultava de uma série de interesses conflitivos entre os estamentos e o rei, entre um estamento em especial, a nobreza, e o rei. Mas também entre o reino, como personalidade política autônoma,

---

[91] Sobre a elaboração ficcional dos Foros de Sobrarbe e sua fortuna crítica, consultar Giesey (1968).

e os outros reinos da mesma Coroa, como o Principado da Catalunha ou o reino de Valencia, ou ainda entre Coroas distintas, como a de Castela. Algumas situações específicas favoreceram a conformação das *libertades*, tais quais: a perda da Batalha de Epila, a Guerra de Sucessão, a debilidade da gestão de alguns monarcas, como Alfonso III, e, no sentido oposto, o vigor autoritário de outros monarcas, como Pedro IV e Felipe II. Tais fatores, no entanto não foram, em si, suficientes para explicar a pujança das *libertades* como elemento central da cultura política aragonesa. Para isso foi de extrema importância a atividade exercida por historiadores e juristas que conseguiriam forjar uma atmosfera favorável para a apreciação desse repertório de valores e símbolos.

As *liberdates aragonesas* tiveram início na segunda metade, quase no último quarto, do século XIII, quando, no reinado de Jaime I, foi aprovada na Corte reunida em Huesca a coleção jurídica conhecida pelo nome de *Fueros de Aragón*, em 1247, arquitetada para solucionar questões litigiosas entre particulares. Conforme Lalinde (1975), o segundo passo importante para a estruturação do ordenamento jurídico ocorreu no ano de 1265 e pode ser considerado um marco fundamental, porque definiu as primeiras liberdades aragonesas legítimas na Corte de Ejea, onde foram estabelecidos parâmetros para regular as garantias de distribuição de terra entre os nobres, a exoneração dos funcionários fiscais judeus, a elevação de um juiz ordinário real à condição de juiz intermediário entre o rei e a nobreza e a resistência ao estanco do sal. Essas liberdades passaram por um avanço fundamental, ampliando-se e adquirindo sua melhor expressão em 1283, no reinado de Pedro III. Tal incremento ficou conhecido como *Privilegio General* e, nele, além de consolidadas as liberdades anteriores, foram sancionadas outras diretrizes, como o preceito para executar a instituição das normas, a estipulação de intervalos regulares para a celebração das Cortes, a concepção moderada para pautar o limite do exercício da autoridade régia e um certo número de garantias fundamentais para os naturais do reino. Em princípio, essas liberdades eram exclusividade da nobreza, mas, com o passar do tempo, foram estendidas também às cidades e vilas (Lalinde Abadía, 1975).

Lalinde ainda recorda que a aceitação desse tipo de norma só foi possível por meio de um somatório de forças perante a autoridade régia, somatório que adveio da ação coordenada entre as subdivisões internas do estamento nobre e das classes intermediárias que se agrupavam nas cidades e nas vilas, especialmente em Zaragoza. Uma das expressões mais bem sucedidas dessa associação de interesses foi o grande triunfo alcançado em 1287, no reinado de Pedro III. As conquistas alcançadas nesse momento ficaram conhecidas como *Privilegios de la Unión;* nelas, foram ratificadas limitações sem precedentes do poder régio. A partir de então, o rei não poderia atuar contra os interesses da União, guardadas algumas exceções, nem deliberar sem o parecer do *Justicia* ou sem consentimento das Cortes. Se tal princípio não fosse observado, o reino teria direito de destituir o rei e entregar sua jurisdição a outro senhor. Em síntese, as principais *libertades* históricas aragonesas surgiram no século XIII.

A centúria posterior observou um recuo dessas liberdades e a extinção de várias delas que, contudo, não abandonariam tão cedo o imaginário dos aragoneses. O conjunto de privilégios da União de 1287 foi o primeiro a ser extinto após a derrota da União na Batalha de Épila. No reinado de Pedro IV, os privilégios conquistados pela União foram derrogados. Todavia, essa derrogação não chegaria a constituir uma limitação efetiva às liberdades aragonesas conquistadas na parte final do século XIII, devido ao caráter radical dos preceitos afirmados em 1287. Foi ao longo dos séculos XIV e XV, quando começou a ocorrer o resgate, em nível discursivo, daqueles privilégios que teriam sido extintos. Além das transformações oriundas dos procedimentos interpretativos dos juristas responsáveis por tal resgate, começaram a surgir as primeiras fabulações acerca da origem destas liberdades, pois, como explica Lalinde Abadía (1975, p. 14): "entran en escena los juristas, buscando argumentación que permita la salvación de la '"libertades', y esa argumentación la buscan en el pasado." Assim, surgem os primeiros registros dos quais se tem notícia que mencionam indiretamente a existência dos foros de Sobrarbe, mas não no mesmo sentido que registrado por Blancas, no século XVI. Os primitivos foros de Sobrarbe, que na verdade são privilégios nobiliárquicos procedentes do século XI, foram, por assim dizer, mencionados no prólogo do *Fuero* de Tudela, uma região do reino de Navarra, ainda no século XIII, de acordo com Lalinde (1975). Ainda segundo esse historiador, no século XIV, essa mesma versão referencial dos foros de Sobrarbe foi transportada do direito local navarro ao direito territorial mais amplo. Porém, com um diferencial: já não se mencionava uma mera recordação, mas se afirmava a veracidade dos foros de Sobrarbe.

Ainda durante o século XIV, a figura do *Justicia* passou por um tipo de operação similar mediante à ação de Martín Sagarra, um homem que ocupou o cargo de *lugarteniente* desse emblemático posto da magistratura. Em seus escritos, Sagarra concedeu antiguidade à figura do *Justicia*, ao tratar de forma ambígua as observâncias e práticas jurídicas do reino de Aragão. O letrado Juan de Jimenez Cerdán atuou na mesma direção de Sagarra na tentativa de atribuir antiguidade à figura do *Justicia*, associando seu surgimento aos foros de Sobrarbe. Dessa maneira, os juristas do século XIV conseguiram atribuir ambivalência à instituição do *Justicia*, associando-a à indeterminação histórica que pairava sobre os privilégios aragoneses. Sinteticamente, podemos resumir o exposto organizando um esquemático quadro cronológico no qual identificamos o surgimento das liberdades aragonesas no século XIII e assistimos ao seu processo de moderação no século XIV, percebemos assim de que maneira elas foram alvo de construções mistificadoras, por meio do labor de juristas e historiadores, especialmente no final do século XV. Gil Pujol refere-se a esse período como um tempo de "intensa ideologización fuerista" (Gil Pujol, 2002, p. 223), no qual Juan Ximénez Cerdán desempenhou um papel ativo. O paulatino enfraquecimento desse processo se inicia no século XVI, até seu quase total desaparecimento no século XVIII, após a remodelação política, jurídica e institucional que abarcou toda a Monarquia Hispânica com a chegada da dinastia bourbônica ao poder. As liberdades aragonesas possuem, portanto, uma história espessa alicerçada em uma trajetória plurissecular.

Em resumo, no século XVI, os principais pontos das *libertades* eram de natureza normativa, administrativa, política e também aqueles relativos a algumas garantias individuais dos naturais do reino. Esses pontos são muito importantes, pois todos eles possuem desdobramentos cruciais nas *Alteraciones* dos anos de 1591 e 1592 e foram alvo de animados debates nos registros históricos sobre o ocorrido que incorporaram o problema fundamental de interpretar se nas ações dos principais grupos envolvidos no conflito havia legitimidade jurídica ou não.

As garantias de natureza individuais de âmbito judicial são aquelas que protegiam os indivíduos frente aos procedimentos acusatórios, em uma época em que o poder judicial estava, em uma determinação bem específica, capitaneado pelo poder executivo, mal comparando ao futuro quadro de divisão dos poderes do Estado. Um traço fundamental dessas garantias, à diferença do que ocorria em Castela, era que não competia à autoridade política fazer acusações ou perseguições por iniciativa própria, sendo sempre necessário que houvesse uma pessoa prejudicada que desse entrada no processo. Na terminologia do período, esse mecanismo era descrito como resistência ao processo por via de *inquisición* ou *pesquisa*, ou seja, rejeitava-se a aplicação do princípio inquisitivo com filiação ao princípio acusatório.[92] Isso significava uma oposição ao direito comum, através de seu componente canônico e, politicamente, representava uma limitação ao poder real, segundo Lalinde (1975). Outra medida importante, também em aberto contraste com Castela, era a proibição expressa do uso da tortura, ou tormento, como meio de extrair confissões,[93] a não ser nos casos que envolvessem a fabricação de moedas falsas.

Esse conjunto de garantias processuais funcionava como maneira de impedir que o indivíduo fosse submetido a procedimentos judiciais sumários, regulando ainda que todos os procedimentos jurídicos deveriam ser públicos e executados durante o dia, evitando os chamados processos de câmara.[94] Do século XIV ao século XVI, prezou-se pelo uso de prisões comuns nas cidades ou vilas, proibindo os encarceramentos em castelos, torres ou prisões privadas. Tais procedimentos eram corporificados através de duas garantias: a *firma de derecho* e a *manifestación*. A primeira, como explica Lalinde (1975), é um mandado judicial que impede de inquietar o acusado quando este se responsabiliza devidamente. Já o processo de *manifestación*, reivindicado por Antonio Pérez durante o preâmbulo das *Alteraciones*, garante que o acusado se subtraia de qualquer abuso judicial e seja transportado a um cárcere especial fora do alcance do juiz responsável pelo pleito. Nas duas normas, a intenção principal é impedir qualquer abuso por parte do juiz competente, enquanto dure a tramitação do processo. Nenhum desses procedimentos era exclusivo de Aragão. Nesse caso, a peculiaridade aragonesa era vinculá-los diretamente à jurisdição do *Justicia*. Blancas associou as duas garantias processuais à interdição dos possíveis abusos dos ministros reais ou mesmo dos próprios monarcas. Feita uma adequação temporal, poderíamos supor que Blancas referia-se aos ministros de Felipe II:

> Como los ministros reales son muy propensos, de ordinario, a montar en cólera, para tenerlos a raya en sus arbitrariedades y para amansar su enojo, alegando y ganando tiempo,

---

[92] Mais uma vez, remetemos ao esclarecedor texto de Blancas: "La Inquisición de que nos habla Salanova es la pesquisa de Castilla, o la encuesta de Aragón. En nuestros Fueros está prohibida de la manera más terminante. No puede, según ellos incoarse nada sino a instancia de las partes más interesadas. Quisieron, sin duda, nuestros antepasados, que cada uno fuese dueño de perder o conservar su derecho, y que esto constituyera el alma y la esencia de la libertad" (Blancas y Tomás, 1995, p. 321).

[93] No texto de Blancas: "La pena del tormento no puede aplicarse à nadie, excepto al monedero falso" (Blancas y Tomás, 1995, p. 324).

[94] "No es lícito a ningún juez proceder en oculto criminalmente contra alguno; o como dicen los nuestros: 'Contra nadie se haga proceso de cámara'" (Blancas y Tomás, 1995, p. 324).

> tenemos dos eficaces y poderosas defensas, dos escudos para proteger nuestras leyes y libertades: el uno la Jurisfirma, o firma de derecho; la Manifestación el otro. Ambos levantan insuperables obstáculos ante los jueces reales, estorbándoles con el veto del magistrado, no la administración de justicia, sino las imprudentes y precipitadas resoluciones, a fin de evitar todo desorden, toda medida contraria, o que no pudiera armonizarse con las leyes. Ningún cargo, en sentir de nuestros mayores, debía estar tan desligado, que no fuera posible ponerle trabas, ni marcar a sus funciones una justa pausa y lentitud.
>
> La Jurisfirma o firma de derecho, ora tenga por objeto los vejámenes pasados, ora los venideros, no es otra cosa que el fuerte, y a la vez templado, imperio del derecho y de la ley contra las injustas violencias, ya de los reyes, o de otros jueces, ya del Reino, y en general de todos los aragoneses. [...]
>
> Semejante a ésta es la salvaguardia de la Manifestación, dirigida menos a proteger los intereses que a la defensa de las personas. Tan resguardado con la una y con la otra se halla todo en este Reino, que nada carece de protección. Es tan segura y activa la Manifestación, que presta eficaces auxilios aun al reo que se halla en el patíbulo con el dogal al cuello. Ella le arranca del poder de los jueces y de las manos del verdugo, siempre que procede, según ley, tal recurso a la justicia; y le conduce inmediatamente a la cárcel, para este objeto edificada, y en ella le custodia hasta haberse fallado, si se ha procedido en su causa con el arreglo a derecho, a contra de los Fueros. Llámase esa cárcel, la cárcel de los Manifestados. [...] Tiene por fin semejante procedimiento, el evitar toda ilegal imputación de crímenes, cuyo autor es desconocido, y el dar ligeramente crédito a las delaciones presentadas por una persona cualquiera (Blancas y Tomás, 1995, p. 325).

As *libertades* de caráter normativo foram uma das caraterísticas mais notáveis do sistema político aragonês da época moderna, devido ao caráter *paccionado* da atividade legislativa. A lei, em Aragão, denominada *fuero* — adotando uma terminologia medieval contrária ao direito romano — era o produto da atividade do rei e do reino reunidos em Cortes, como aponta Lalinde (1975, p. 30): "[...] la idea precisa de que el 'estatuto', 'fuero' u 'ordinación' es lo que pude hacer el rey con voluntad y consentimiento de los prelados, religiosos, barones, mesnaderos, caballeros, infanzones y procuradores de ciudades, villas y lugares.". A racionalidade regulamentadora, em que se baseava a atividade legislativa, fazia com que as Cortes adquirissem função principal no sistema político aragonês. Os reis possuíam sua capacidade decisória diluída pelos poderes associados ao *consensus* e ao *consilium populi* que chegaram a representar uma tácita prioridade dos súditos na construção do reino (Fernández Albaladejo, 2007, p. 79). O protagonismo dos súditos na confecção das leis ainda se fortalecia pelo pressuposto de que as leis só eram plenamente validadas se fossem aceitas por todos os braços unanimemente, ou seja, o consenso deveria ser pleno para estabelecer leis e impor tributos. Blancas, como visto, associa essa concepção *paccionada* da lei, fortalecida no reinado de Pedro IV, à terceira liberdade instituída pelos foros de Sobrabe. Nas palavras do cronista: "de aquí se derivó aquel Fuero tan antiguo como el mismo Reino, que prohíbe así la promulgación como la derogación de las leyes comunes y públicas, si antes el pueblo entero a una voz y en sesión de Cortes, no emite sobre ellas libremente su voto" (Blancas y Tomás, 1995, p. 344).

A criação de lei como atributo conjunto de rei e reino era uma particularidade que se estendia aos outros territórios da Coroa aragonesa como o principado da Catalunha e o reino de Valencia. No entanto, tal particularidade marcava uma profunda distinção com a Coroa de Castela,[95] na qual as Cortes não tinham participação legislativa. Em Castela, os reis, desde a Baixa Idade Média, haviam capitaneado a capacidade suprema de legislar sem prescindir do consentimento dos procuradores das Cortes, como nos informa Gil Pujol (2002). Assim, o normativismo aragonês contrapunha-se ao decisionismo castelhano, que funcionava simplesmente mediante a imposição de cédulas reais.

A imposição da agenda política aos privilégios e foros de Aragão resultou na conquista de liberdades expressivas. De natureza política e administrativa era o privilégio que velava pela reserva de ofícios, cargos e benefícios para os naturais do reino. Nesse privilégio se fundou a principal barreira ao pleito do vice-rei estrangeiro em voga no reinado de Felipe II. A polêmica em torno do vice-rei estrangeiro desempenhou importante papel nas tensões

---

[95] Álamos de Barrientos advertiu Felipe III sobre as divergências existentes entre a coroa de Castela e Aragão nos seguintes termos: "De los heredados que aunque lo son, las leyes y la manera del trato y del gobierno de los de la corona de Aragón los hace diferente de nosotros. Y los movimientos pasados, aunque sosegados fácilmente y con la menos sangre que pudo, los tiene, inquietos de ánimo y aun quejosos, pareciéndoles que aún en alguna manera se les ha ofendido sus libertades, que basta para que tengamos recelo de ello" (Álamos de Barrientos, 1990, p. 22).

que ajudaram a compor o clima precedente aos movimentos ocorridos em Aragão, na última década do século XVI. O pleito do *virrey extrangero* é um excelente exemplo de como as liberdades não ficaram confinadas às páginas dos tratados jurídicos e às obras dos cronistas. Advogados e juristas do reino basearam-se amplamente nos chamados *fueros de Sobrabre*, utilizado como argumentação de caráter histórico, para problematizar determinadas medidas de governo impostas por Felipe II. Entre essas medidas, estaria o pleito *virrey extrangero* que tramitou nos tribunais zaragozanos, durante a década de 1580 (Gil Pujol, 2002). A significativa liberdade de ingerência política é, na verdade, uma consequência da concepção *paccionada* da lei. Por meio dessa operação legislativa, o poder real poderia ser restringido e limitado pela atuação do reino. E a existência da instituição pública do *Justicia* simbolizava uma dessas liberdades políticas peculiares.

Grosso modo, quase todos os foros e privilégios aragoneses possuem um correspondente histórico jurídico concreto, uma exceção gritante é a opinião que sustentava que o rei poderia ser deposto caso transgredisse as normas do reino. A mitificação ocorrida em torno dos ordenamentos jurídicos aragoneses vinculava-se ao esforço por conceder-lhes uma antiguidade que lhes era alheia, recorrendo para isso aos relatos fundacionais do reino, igualmente falaciosos. Blancas finaliza enfaticamente sua exposição, que organizava as principais liberdades do reino de Aragão, associando as duas últimas disposições ao princípio de inviolabilidade irrestrito das leis aragonesas: a ninguém, nem mesmo ao rei, era lícito quebrar os foros por nenhuma razão. A possibilidade de agir acima das leis, como se sabe, é um dos princípios básicos da razão de Estado que coloca as necessidades do governo acima das normas jurídicas. Em sua conclusão, o cronista de Aragão parece se antecipar ao próprio tempo, prevendo as graves consequências que as *Alteraciones* traveriam para a vida política do reino: "Por las leyes es licito defender impunemente las libertades y las leyes, sin temor a que por ello quede manchado nuestro nombre, como de ordinario acontece, con alguna torpe nota de resistencia" (Blancas y Tomás, 1995, p. 325).

Passaram-se em revista os relatos fundacionais do reino de Aragão, associados aos mitos dos *fueros* de Sobrarbe, e às principais liberdades do reino, entre elas a instituição do *Justicia* de Aragão. Contudo, devido à representatividade desse juiz para a cultura política aragonesa,[96] bem como ao papel desempenhado por ele nos movimentos do convulsionado biênio, é necessário examinar com mais atenção a força desse símbolo no pensamento político do reino. Blancas, mesclando suas reflexões com os juízos expressos por Miguel de Molino em seu repertório, descreve o *Justicia* como um juiz médio instituído para moderar o poder real. O cronista insiste muito em metáforas que evidenciem esse papel intermediário do *Justicia*. Assim, o emblemático magistrado é comparado a um laço que vincula os reis aos juramentos prestados, servindo como constante lembrança de seus votos. No mesmo sentido, em uma brilhante adaptação da metáfora do corpo para fazer referência ao Estado, Blancas afirma que a cabeça seria o rei, os quatros estamentos que, por direito, compareciam às Cortes, seriam os membros, e, finalmente, a figura do *Justicia* seria o pescoço, parte responsável pela comunicação entre a cabeça e o corpo. Blancas afirma que o *Justicia* é o juiz supremo das Cortes, sendo o único com jurisdição sobre o rei, sua principal função é manter a essência da lei completa, intacta e segura.[97] Os elogios ao *Justicia*, a explicação de suas elevadas atribuições, entre outros tópicos correlatos permeiam a obra do cronista, contudo, o trecho a seguir é uma síntese da pujança com a qual estava investida essa magistratura no imaginário político:

> He aquí para terminar lo relativo a la jurisdicción del Justicia, cual es en suma la extensión e importancia de su potestad. Él es protector de las leyes, el ministro de las leyes, el esclavo de las leyes, y el oráculo de las leyes. Con mucha oportunidad y gracia se manifiesta la dignidad de esos cargos en el insigne y hermoso título de Circunspecto, que para honrar al Justicia de Aragón, aplicándole ingeniosamente la significación de la

---

[96] Um paralelo interessante para essa questão é verificar a forma como os britânicos conceberam a figura do "Justicia", que aparece nos três tratados citados anteriormente. O trecho em questão é da obra de Algernon Sidney: "Some have permitted the crown to be hereditary as to its ordinary course; but restrained the power, and instituted officers to inspect the proceedings of kings, and to take care that the laws were not violated: of this fort were the Ephori of Sparta, the Maires du Palais and afterwards the constable of France; the Justicia de Aragón; Rijckshosmeister in Denmark, the high steward in England; and in all places such assemblies as are before mentioned under several names, who had the power of the whole nation" (Sydney, 1750, p. 235).

[97] O historiador Gil Pujol, grande especialista em *las cosas* de Aragón, proferiu a seguinte apreciação sobre o *Justicia*, em conformidade com as reflexões de Blancas convém destacar: "Pero Aragón presentaba un elemento propio y excepcional, la Corte del Justicia, ese conocido e inusual iux medium entre rey y reino. Sus orígenes, un tanto oscuros, se remontaban a finales del siglo XII, pero fue objeto de una regulación por las Cortes. En particular, se le atribuyó un papel de primer orden en el juramento por el rey de los fueros aragoneses y se consolidó como juez de las Cortes e intérprete de las mismas. Además, actuaba como tribunal mediante los llamados cuatro procesos forales (manifestación, aprehensión, firma e inventario), que ofrecían garantía de los derechos individuales, con ciertos parecidos al posterior habeas corpus inglés" (Gil Pujol, 2002, p. 222).

> palabra Éforos, le daban nuestros mayores en las inscripciones públicas. Sin duda porque ese magistrado aragonés se halla situado en las atalayas del Reino, observando con la mayor atención en todas las direcciones la conducta por todos y cada uno de los reales magistrados seguida, para conservar las leyes (Blancas y Tomás, 1995, p. 333).

Em resumo, são essas as principais diretrizes e símbolos em torno das quais se organizava a cultura política aragonesa do século XVI. Importa ressaltar que o conceito de cultura política, conforme empregado nesta análise, é plástico e dinâmico, portanto avesso a qualquer definição rígida. É certo também que se optou por priorizar o âmbito discursivo. Contudo, o objetivo que norteou tal escolha pretendeu enxergar, na dinâmica plural que envolve a cultura política de uma localidade, os elementos mais distintos de seu sistema político. Uma aparente confusão de termos não deverá mascarar a intenção de efetivamente costurar cultura, discursos e sistemas políticos sob um viés metodológico particular apto a dar conta da complexa tessitura na qual se situavam os fenômenos políticos da época moderna. Mantenhamos em mente a centralidade das *libertades aragonesas*, tanto em seu sistema político, quanto em sua cultura política, pois os cronistas do período não as esquecerão nem por um segundo delas quando convocados a defender a memória de sua pátria.

3

MAR DE HISTÓRIAS

> *Mas campo muito maior de aprendizado nos oferecem os mortos com as histórias escritas por eles, porque estas abrangem toda a vida do mundo e todas as partes dele; e, na verdade, a história é o mais belo teatro que se possa imaginar.*
>
> BOTERO, Giovanni. *Razão de Estado.*

O trecho acima foi escrito em 1589 por Giovanni Botero, um dos mais notórios teóricos da razão de Estado contrarreformada, como dito anteriormente. O fenômeno da valorização do aprendizado da história marcou substancialmente as formas de pensar o exercício da política no período moderno, pois, assim como o ex-jesuíta piemontês, muitos escritores influentes da época não cansaram de sublinhar a importância da história para todos aqueles que estivessem envolvidos com as artes de governar. Não só esses indivíduos ressaltaram, em seus escritos sobre política, o valor exemplar oferecido pelos ensinamentos dos séculos pregressos como também se dedicaram diretamente à escrita da história. Nas principais obras da época, menor importância era dada à ação de relatar com acuidade os registros do passado do que à utilização da narrativa histórica para comentar e escrutinar questões de ordem política. De forma análoga, os tratados políticos não se furtavam a empreender longas incursões pela história, na busca por oferecer aos governantes exemplos bem sucedidos de monarcas do passado que os políticos do presente pudessem tomar como guia. É pertinente, portanto, postular a dupla existência de uma politização da história e de uma historicização da política.

Reinhart Koselleck, em *Futuro Passado*, esclarece que, no princípio da época moderna, presente e passado estavam inscritos em um horizonte comum. Todavia, determinadas mudanças, ocorridas na passagem do século XVI para o XVIII, seriam responsáveis por uma temporalização da história. Uma das mudanças, apontada por Koselleck, é o impacto provocado pelo cálculo político responsável por delimitar um novo horizonte para o futuro, a partir da eliminação das esperanças religiosas do horizonte de expectativas. O futuro transformou-se em "um campo de possibilidades finitas, organizadas segundo o maior ou menor grau de probabilidade" (Koselleck, 2006, p. 31-32). Vemos, assim, que, se a política esteve apta a transformar a história, tal transformação não se deu sem causar o devido impacto na tratadística política. Em certo sentido, é bastante plausível afirmar que escrita da história e teoria política sejam dois lados da mesma moeda na época moderna e existe um conjunto de razões que explica esta intrínseca relação. Nesse âmbito, abordaremos duas temáticas fundamentais para explicar a profunda conexão entre história e política:

a. as prerrogativas que orientavam a escrita da história na primeira metade do século XVII na Monarquia Hispânica;

b. a história como parte integrante dos discursos políticos, dado que ela é o terreno de aprendizagem da virtude principal do político ibérico moderno: a prudência.

Para tanto, utilizaremos como fio condutor nesta discussão dois repertórios para a escrita da história redigidos no período: alguns escritos sobre o tema de Antonio de Herrera y Tordesillas e uma obra de Luis Cabrera de Córdoba, *De historia, para entenderla y escribirla*. A concepção da história adotada pelos autores analisados nesse livro certamente se inscreve no *topos* ciceroniano da história *magistra vitae*, tão fartamente repetido e reinterpretado ao longo dos séculos. Para os sujeitos que se dedicaram à escrita da história na época moderna era ponto pacífico que se podia, ou melhor, que se devia, aprender com a história. Entretanto, a questão fundamental não é se a história ensina ou não, mas o que e como ela ensina.

3.1 A PRECEPTIVA HISTORIOGRÁFICA SEISCENTISTA

A escrita da história no século XVII, ainda que conserve várias das prerrogativas que orientaram a produção dos humanistas sobre o tema, foi marcada pela busca de um tipo de saber que pudesse ser ao mesmo tempo exemplar e pragmático, e não apenas eloquente e panegírico. Se Cícero, com seu *De oratore*, foi a grande inspiração dos que escreviam histórias no século XVI, Tácito foi o historiador a quem as pessoas do XVII aspiravam se igualar. Talvez, mais do que se igualar, tenham buscado perseguir um propósito semelhante: oferecer aos políticos um guia de ensinamentos. Tal substituição é baseada em uma mudança de concepção acerca da história. O enfoque pragmático que marcou as reflexões sobre política na Europa seiscentista, certamente teve seu correlato nas ponderações acerca da escrita da história. O pragmatismo, advindo de uma concepção cada vez mais secularizada da cultura, além de privilegiar a história laica fez com que os questionamentos em torno da história convergissem para sua utilidade.

História e política configuravam discursos autônomos em si próprios, mas em raros momentos dissociados. Não à toa, Tácito, historiador do império e nome fartamente citado nas obras a respeito da razão de Estado, tornou-se mestre em ambas. A retomada de Tácito pelos autores da época moderna foi denominada por alguns historiadores contemporâneos de *tacitismo*, podemos citar os estudos de José Antonio Maravall, Tierno Galván, G. Toffanin, Beatriz Antón Martínez, entre outros. O tacitismo não é um fenômeno exclusivamente espanhol. Ao contrário, ele se inicia fora das fronteiras espanholas e é graças à constante circulação de ideias da Europa que as propostas, em torno da reativação das concepções sobre história inspiradas na obra de Tácito, ganham força na Monarquia Hispânica seiscentista. María Teresa Cid Vázquez ilustra um panorama abrangente do fenômeno:

> [...] que el tacitismo surge a principios del siglo XVI con F. Beroaldo el Joven (1515; 1517 con la colaboración de Alciato), y B. Rhenano (1519, edición comentada por Alciato, 1531, 1533, etc.); se afianza con Bodino, Montaigne, y Guicciardini; a partir de la década de 1580 se consolida; y conoce su máximo esplendor, con Mureto, Lipsio, Paschal, Scott, Botero, Ammirato, Boccalini, y Malvezzi, y el flamenco J. Lipsio fueron las dos grandes figuras que sentaron las bases del movimiento tacitista europeo (Cid Vázquez, 2001, p. 64).

Arnaldo Momigliano (2004) redigiu um excelente estudo sobre Tácito. Suas considerações ajudam a entender melhor a repercussão da obra do historiador romano, tanto do ponto de vista da história, quanto do ponto de vista da política. Ainda que a interpretação de Momigliano sobre o poder na época moderna esteja moldada por uma teoria de viés absolutista, atualmente bastante contestada pela historiografia. Momigliano afirma que por mais ou menos três séculos, da Reforma Protestante até a Revolução Francesa, as obras de Tácito inspiraram e preocuparam políticos, moralistas e, inclusive, teólogos, fornecendo ainda temas caros à pintura e à poesia. Momigliano (2004), assim como María Teresa Cid Vázquez (2001), identifica na Península Italiana o primeiro centro intelectual e político onde a obra de Tácito causou impacto.

O auge difusão da obra de Tácito entre os sujeitos da época moderna, porém, só se iniciou após a cisão da Europa entre católicos e protestantes, o preâmbulo de uma série de crises que iriam convulsionar os séculos XVI e XVII. A partir desse momento, Tácito ganharia total notoriedade. Entretanto, Momigliano, apesar de constatar uma poderosa influência dos escritos de Tácito em uma área bastante vasta do universo intelectual europeu, acreditava ser mais correto entender o tacitismo somente como um fenômeno político associado ao período absolutista, mesmo que, segundo o autor, "poucos historiadores daquela época tivessem permanecido insensíveis à sua arte [de Tácito] de descobrir o fundamental sob as aparências" (Momigliano, 2004, p. 158).

Características singulares das obras de Tácito ecoariam nas concepções sobre a história de algumas obras produzidas na Monarquia Hispânica. Segundo Momigliano (2004), a obra do historiador romano não apresenta, a princípio, nenhuma característica inovadora, contudo Tácito é apresentado como um dos historiadores da antiguidade que mais realizou experimentos em diferentes gêneros textuais. Ele treinou o gênero biográfico com *Agrícola*, adicionando, ao mesmo tempo, uma dimensão etnográfica ao escrito pautada na análise do impacto da romanização sobre os naturais da Bretanha. Já *Germania* pode ser considerada uma etnografia em que subsiste como fundo residual uma mensagem de cunho político. Enquanto *Dialogus de oratoribus*, escrito no qual o autor especula sobre as causas do declínio da eloquência e tenta descrever as reações de diferentes grupos ao regime sob o qual vivem, lida com uma seara mais sutil dos assuntos humanos. Finalmente, *Historiae* pinta um vívido quadro da guerra civil em Roma, colocando em evidência a ação da multidão, dos soldados e dos provinciais (Momigliano, 2004, p. 158).

Entre todas as obras de Tácito, entretanto, a que obteve maior ressonância na Monarquia Hispânica foram os *Annales* como bem atestam as diversas traduções e edições comentadas. Diferente dos pressupostos básicos que caracterizam a historiografia grega, o texto dos *Anais* não principia com uma apresentação dos objetivos particulares do autor que teriam impulsionado a redação da obra, mas sim com uma sintética exposição dos acontecimentos que abarcaram o colapso da República e a vitória política e militar de Augusto. Afirma-se também a pressuposta imparcialidade diante dos fatos com uma fórmula recorrentemente repetida pelos historiadores ibéricos, *sine ira et studio*. Estipula-se ainda que o foco do estudo é a *urbe* romana e sua governabilidade.

Além de historiador, Tácito foi um notável político, condição que lhe possibilitava falar a partir do núcleo do poder em Roma, que teria atingido a plenitude historiográfica na narrativa sobre o principado romano com os *Anais*. Tal obra, composta entre 115 e 117 d. C., pode ser descrita como fragmentos que analisam os eventos mais marcantes dos governos de Augusto a Nero, compondo um total de 18 livros que, todavia, não chegaram intactos à época moderna. Tácito divide os principados em dois momentos. A primeira seção aborda o período em que a administração pública é considerada eficiente e em consonância com a aristocracia senatorial, classe da qual Tácito participou durante o governo de Domiciano. A segunda parte trata dos abusos de poder e das perseguições políticas motivadas pela degeneração do caráter do imperador. A apreciação da situação política atual pautada no contraste com um passado idealizado é um mote recorrente na historiografia hispânica que comparava a situação de crise vivenciada nos governos de Felipe III e Felipe IV com momentos idílicos de bom governo e expansão do império, geralmente identificados nos reinados de Fernando de Aragão, Carlos V e Felipe II.

A polêmica gerada pelos *Anais* de Tácito na época moderna deve-se sobretudo à questão da tirania, fartamente abordada na obra. Segundo Momigliano (2004), Tácito tratou analiticamente os aspectos mais nefastos do governo tirânico, enfatizando o domínio dos tiranos em tempos de guerra civil e anexando ao relato a irresponsabilidade do povo, bem como a ambição da classe senatorial pronta a barganhar direitos e princípios em troca de privilégios e riquezas. Tácito descreve cada imperador ressaltando seus piores defeitos e estende a seus colaboradores um juízo moral reprovável, apenas resguardando da condenação alguns senadores que expressavam diretamente princípios filosóficos estoicos e, portanto, enfrentavam pacificamente o martírio. Exemplo disso é a defesa de Sêneca, que ficou isento de qualquer reprovação, apesar de ter sido preceptor de Nero. No epicentro do relato, reside a psicologia do tirano na qual sobressaem as críticas à ganância, à luxúria e à vaidade.

Em uma perspectiva mais ampla, Tácito apresenta o tema da tirania não como um fenômeno isolado e, sim, como o sintoma de um mal fundamental, consequência da corrupção humana. Quanto mais fundo ele mergulhava na questão da tirania, mais pessimista se tornava sua concepção da natureza humana e cada vez mais profundo o abismo entre a realidade e as aparências, ou, ainda, entre as palavras e os atos. Imediatamente, pode-se estabelecer uma relação com a obra de Francisco de Quevedo, na qual os defeitos humanos estão expostos cruamente. Momigliano adverte que as alegações de Tácito a respeito do despotismo acabaram gerando uma grande ambivalência interpretativa entre os leitores que poderiam identificar em sua obra tanto um alerta sobre os efeitos do poder despótico, quanto um livro de iniciação aos preceitos ocultos do poder e da dominação, os *arcana imperii*. Na época moderna, tornou-se prática corriqueira igualar as assertivas de Tácito às impiedades maquiavélicas, atribuindo-lhes outras adjetivações bem pouco lisonjeiras.

A ideia, presente na obra de Tácito, de conceber a política como uma forma de moralidade aplicada, em discrepância com a ausência de escrúpulos dos governantes, encontrou grande respaldo no cenário seiscentista ibérico. Referindo-se ao uso de Tácito no século XVII, Carmen Peraita afirma que: "En las primeras décadas es, sin duda, el historiador más imitado y por diversos motivos" (Peraita, 1997, p. 147). Um desses motivos, na concepção da autora, é o paralelo traçado entre o período histórico retratado por Tácito, a Roma imperial, e a situação política da Monarquia Hispânica, na época detentora de enorme extensão territorial, dentro e fora do continente europeu. Um segundo motivo é o tratamento de questões como a corrupção dos costumes, a usurpação do poder e a tirania. Tópicos magistralmente trabalhos por Tácito nos Anais e que constituíram temáticas muito ao gosto dos escritores hispânicos. São abundantes os exemplos das citações elogiosas e das apropriações, diretas e indiretas, da obra de Cornélio Tácito, para não falar das traduções, empreendidas pelos escritores na Monarquia Hispânica.

José Antonio Maravall (1984) afirma que se deve entender o fenômeno do tacitismo a partir da instabilidade sob a qual viviam acossadas muitas das monarquias europeias do período, fatigadas por inimigos exteriores, inquietações populares e rebeliões internas. Importa-nos enfatizar que o tacitismo se constitui na Península Ibérica a partir da ênfase em seu aspecto político. Os principais tradutores hispânicos, entre os quais se destacam Manuel Sueyro, Álamos de Barrientos, Antonio Herrera y Tordesillas e Carlos Coloma, entenderam que seu principal dever era comentar a obra a partir do ponto de vista político. Entretanto, seria incorrer em erro igualar o uso político das leituras de Tácito ao tacitismo, que, com efeito, deve ser entendido em um sentido mais dilatado, como uma corrente de pensamento político cuja base está no autor dos *Anais*, mas têm outros ingredientes de peso, como o cristianismo, o aristotelismo e o senequismo.[98]

---

[98] Para informações mais detalhadas acerca das primeiras traduções da obra de Tácito para o castelhano e sobre a instauração do tacitismo como uma corrente de pensamento político, ver: TIERNO GALVÁN, Enrique. El tacitismo en las doctrinas políticas del Siglo de Oro español. *In*: TIERNO GALVÁN, Enrique. *Escritos (1950-1960)*. Madrid: Tecnos, 1971. p. 11-93.

Nesse momento, entra em cena um personagem que desempenhou um papel crucial na relação do tacitismo com o neoestoicismo: Justo Lipsio.

Lipsio foi considerado o grande expoente do movimento neoestoico e o artífice da divulgação dos textos de Sêneca e Tácito no período moderno (Albuquerque, 202). Seu ideal estoico-cristão objetivou combinar os conhecimentos da história de Roma com a filosofia estoica para fundar uma nova *doctrina civilis*, que aspirava ser um manual de conduta para o *homo politicus*. Este ideal encontra-se consubstanciado em sua obra *Politicorum siue Civilis Doctrinae Libri Sex*, quase toda composta por sentenças de escritores da Antiguidade, especialmente Tácito. Lipsio concede um amplo tratamento à doutrina da razão de Estado, mesmo que a expressão não seja utilizada, assim como a exaltação da história como terreno de aprendizado dos ensinamentos políticos. Apresenta o mote da prudência como qualidade essencial aos homens de Estado e trata também das controvérsias relativas ao uso da dissimulação na prática política, apresentando os assuntos do governo pelo duplo prisma da ética e da razão. No *Politicorum* é expressa uma apologia ao Estado monárquico centralizado e potente, ancorado em uma forte aparelhagem burocrática. O Estado é celebrado como pilar fundamental dos assuntos humanos, o laço que une as comunidades, a fonte da segurança e do bem comum. Essa perspectiva permitiu ao neoestoicismo lipsiano ser um notável elemento constitutivo dos discursos políticos hispânicos da época moderna, pois mantinha a finalidade de aumentar o poder e a eficiência da aparelhagem estatal e exercia também a função de uma atitude filosófica apoiada na razão e na ética.

Aqueles que se dedicavam à escrita da história nortearam suas reflexões para cunhar um novo tipo de discurso historiográfico compatível com as demandas de sua atribulada configuração temporal, porquanto ansiavam por oferecer propostas de ação política que pudessem restaurar a glória dos tempos pregressos, a partir do uso dos exemplos do passado, em chave pragmática. Ganhou notoriedade um tipo distinto de escrita da história entendida como uma produção que tem por finalidade última a utilidade pública, ou seja, uma doutrina civil que ensina a fazer e a dizer. Entre os inúmeros tipos de escrita da história, comumente mencionados nos repertórios do período, figura um tipo em especial, a história verdadeira ou a *historia perfecta*, que não se limita simplesmente a registrar eventos, mas dota-os de significado. Elabora-se um tipo de discurso histórico que combina os dados com conceitos que os explicam, que investiga as causas e procura explicar os efeitos. Tais elementos encontravam-se organizados em uma estrutura retórica que elegia como propósito principal oferecer julgamentos e preceitos morais, éticos e políticos.

Nesse paradigma, a história se prestaria a oferecer um manancial inesgotável de situações e exemplos que serviriam de base aos que a escreviam, para aconselhar os governantes e também para fazer julgamentos éticos e morais acerca da conduta humana. Outrossim, a possibilidade de escrutinar e julgar as ações de pessoas que há muito feneceram proporcionaria uma certa liberdade aos autores para que assim pudessem, de forma dissimulada, discorrer sobre eventos ou personalidades controversas de seu próprio tempo. Tal possibilidade certamente não foi ignorada por muitos escritores da época moderna, como ilustra bem a figura de Juan Pablo Mártir Rizo, autor de uma obra extensa e bastante diversificada que angariou prestígio entre seus contemporâneos devido a seus escritos históricos.[99] Em *Historia de la vida de Lucio Anneo Séneca Español* (Mártir Rizo, 1625), a história é apontada como o meio mais eficaz para melhorar a capacidade política dos indivíduos e Sêneca é o bom privado de um rei tirano em vez de o sábio filósofo. A construção da imagem de Sêneca permite a Mártir Rizo tratar com desenvoltura uma das temáticas mais caras à tratadística política seiscentista: o valimento. Assim, afastando ou postergando possíveis censuras, caso a abordagem do tema trata-se de algum dos personagens que ocuparam efetivamente o posto durante o governo dos *Felipes*. Já em *Norte de Príncipes*, Mártir dirige seus esforços contra os argumentos de Maquiavel. As armas escolhidas para refutar o florentino são simbólicas: "La defensa de la verdad ha de ser con la razón natural y con la historia" (Mártir Rizo, 1626, p. 94), não mais a palavra revelada ou a autoridade dos Santos Padres, e sim, a razão e a história seriam os instrumentos eleitos pelo autor.

3.2 SOBRE PRUDÊNCIA E EXPERIÊNCIA COMO CONCEITOS ESTRUTURANTES DO DISCURSO HISTÓRICO E POLÍTICO

Estudar o passado, deliberar sobre o presente e tentar prever o futuro foram três aspectos incontornáveis associados às artes de governar na Monarquia Hispânica. A história mostrava ao político como deveria agir, partindo da concepção de que a essência da natureza humana é imutável. Com base nessa compreensão, a história ofereceria ao governante possi-

---

[99] Para mais informações sobre Mártir Rizo ver o ensaio de Maravall (1984b).

bilidade de adquirir experiência, que, conjugada à virtude da prudência, correspondem aos dois conceitos centrais na formação de grande parte dos discursos políticos da época moderna. Prudência e experiência são conceitos interligados e que por sua vez encontram seu terreno de aprendizado no fértil solo oferecido pelos ensinamentos do passado. Assim, quando pretendemos analisar o aparato conceitual de um discurso, é sempre conveniente iniciar a discussão com a reprodução da definição da palavra em questão presente em um léxico, que, mesmo não sendo do exato período do universo analisado, certamente ainda ecoava diversas das prerrogativas sobre a composição do conceito de prudência na Península Ibérica, no final do século XVI e início do XVII.[100] No caso, a definição[101] escolhida é aquela contida no *Vocabulário Português & Latino*, do padre Raphael Bluteau:

> **Prudência**. virtude intelectual, que ensina ao homem o reto modo de obrar, e o que é moralmente bom, ou mal, para abraçá-lo ou segui-lo. É a primeira das virtudes cardeais, e se divide em política, econômica e monástica. A prudência política tem por objeto o bem público por meio da observância das leis humanas e divinas. A prudência econômica atende ao bem da família e a prudência monástica ao bem do indivíduo, buscando uma e outra vias justas, úteis e honestas, e fugindo aos seus contrários. Em medalhas antigas se vê por hieróglifos da prudência uma amoreira, que como a mais sábia das árvores dá as flores mais tarde pra as livrar da geada, nos ramos da amoreira um grou vigiando e em cima da mesma árvore a figura de Jano com duas cabeças, uma com os olhos para o passado, e outra olhando para o futuro. Fernando Duque de Baviera mandou bater uma moeda, em que se via a prudência em figura de uma moça, sentada em um delfim, com sua balança nas mãos, e com estas três palavras, *Conhecei, Escolhei, Executai*. A moça com que se representa a sabedoria, dizia, *Conhecei*, a balança ensinava a *Escolher*, e a agilidade do Delfim inculcava a *Execução*. A prudência mais se conhece em impedir o dano, que em o reparar. O médico que preserva de um achaque, mais louvor merece que o que o cura, o primeiro obra com ciência, o outro com virtude, o qual igualmente se emprega em procurar grandes bens como

---

[100] Uma definição mais sintética, mas ainda assim interessante, está presente no dicionário da Real Academia Espanhola: "Prudencia. Una de las cuatro virtudes cardinales que enseña al hombre a discernir y distinguir lo que es bueno o malo, para seguirlo, o huir de ello. [...] El oficio de la Prudencia es enseñar y llevar por buen camino y seguro, a las virtudes. [...] El cual guiándose atentamente por las ordinarias leyes de prudencia... le deshizo la revelación, diciéndole había sido sueño de cosa imposible. (Real Academia Española, 1737, t. quinto, p. 418).

[101] Para a comodidade do leitor, optei por reproduzir o trecho da obra em questão atualizando as normas de escrita.

em impedir grandes males [...] Prudência da carne, da qual fala São Paulo na epsit. 8 aos romanos, cap. 6, consiste em excogitar os meios próprios para a satisfação dos instintos da natureza corrupta. [...]

Prudencial. Coisa que a prudência costuma ensinar neste ou naquele caso. Juízo prudencial, aquele que se forma segundo as leis da prudência, ou que a experiência ou o uso, ou outra razão prudentemente ensina (Bluteau, [1712-1728], v. 6, p. 811, grifos próprios).

A definição do padre Bluteau é esclarecedora. Em primeiro, porque ela retrata a divisão da prudência em três campos distintos de atuação: o político, o econômico e o monástico. Em seguida, evoca e explica a representação pictórica da prudência, o que possibilita pensar a presença desse conceito na literatura de emblemas. Tal definição ainda associa a virtude da prudência à obra de Aristóteles, associação importante, posto que se identifica no estagirita o primeiro filósofo responsável pela organização do conceito.[102] Ela estabelece o *modus operandi* da ação prudente: conhecer, escolher, executar. Finalmente, no vocábulo posterior, "*Prudencial*", Bluteau apresenta um elemento de capital importância para a análise da prudência enquanto conceito chave para a elaboração dos discursos políticos: a ligação intrínseca da prudência à experiência.

Em geral, as principais características da prudência elencadas por Bluteau ([1712-1728]) são as mesmas presentes nas obras dos autores hispânicos. Contudo, para analisar a importância que a prudência, entendida enquanto virtude política cardinal, atingiu nas obras em questão, devemos entender como aqueles escritores transformaram a concepção de prudência, organizada por Aristóteles, a fim de empregá-la de acordo com os imperativos de sua própria temporalidade. Na concepção aristotélica, a prudência é uma virtude intelectual específica da parte calculativa da alma racional, em contraposição às virtudes intelectuais do segmento científico da alma (Aubenque, 2003). O mundo contingente seria o objeto por excelência da prudência, fazendo com que ela se insira no plano do universo mutável, diferindo da sabedoria que atua na ordem do imutável, por exemplo. Logo, a prudência é uma virtude inscrita na ordem da ação, passando a se desenvolver apenas com o tempo e a aquisição de experiência para que possa atingir sua finalidade: atuação justa precedida de deliberação e conectada com os fins esperáveis acarretados pela ação que se produz. Contudo, incluiria

---

[102] Cf. AUBENQUE, Pierre. *A prudência em Aristóteles*. São Paulo: Discurso Editorial, 2003.

também o conhecimento do universal, pois, ao caso particular, pode ser aplicável um procedimento geral. A ação do prudente conjugaria o caso com a experiência, optando pelas melhores ações possíveis nas situações particulares. Resta sublinhar que Aristóteles estabeleceu uma conexão entre prudência e sabedoria política ao inseri-las em uma mesma e única disposição, ainda que a essência de ambas não seja equiparável.

Com o correr dos tempos, o conceito de prudência foi dotado de uma enorme complexidade,[103] agregando diversas camadas de sentido. Atravessou a Antiguidade Clássica e, posteriormente, associou-se à tradição religiosa, conservando vários elementos patrísticos, estando ainda estreitamente ligado ao discernimento e à descrição, que formavam a base da ética monástica. Tomás de Aquino, seguindo Aristóteles, compreendeu a prudência como a virtude específica que permitia ao homem alcançar racionalmente seus objetivos nas situações contingentes, tal qual uma arte deliberativa dos meios. Entretanto, Tomás de Aquino teria convertido a prudência em uma virtude cristã, porquanto a teria definido como *recta ratio agilium*, reta razão aplicada ao agir (Aquino, 2005, II^a- II^a q. 47), restaurando a continuidade entre os planos divino e humano. O entendimento de Tomás de Aquino a respeito do tema da prudência configurou o plano discursivo sobre o qual se instauraria posteriormente a ruptura maquiavélica. Nesse contexto, a virtude da prudência inaugurou um tipo de racionalidade instrumental que conferia atenção singular aos meios de ação. Michel Senellart, em livro sobre as artes de governar, qualifica nas seguintes palavras a concepção de prudência de Tomás de Aquino: "Pois ela não é propriamente uma virtude moral, mas uma [...] inteligência prática, em conformidade com o apetite honesto, necessária para orientar-se no domínio do contingente" (Senellart, 2006, p. 191). A prudência seria guiada por um bem a realizar, estando plenamente conectada com as leis por meio das quais o governante conduz o reino ao bem comum.

Já Maquiavel libertaria a prudência de sua inscrição na ordem moral, convertendo-a em técnica de ação eficaz. Em outras palavras, o pensador florentino teria transformado a concepção medieval da prudência, caracterizada por uma virtude moderadora das paixões e condutora dos homens que objetivam o bem comum alcançado mediante o uso da razão. Para Senellart (2006), essa seria uma das maiores contribuições legadas por Maquiavel para a transformação do discurso político, marcando decisivamente o abandono de uma ontologia finalista substituída por uma tecnologia empirista. Nesse

---

[103] Ver: Albuquerque, 2002; Senellart, 2006.

sentido, os séculos XVI e XVII, tendo estabelecido a razão de Estado[104] como expressão máxima do saber político, emanciparam plenamente a prudência do terreno teológico e jurídico.

Francesco Guicciardini, assim como Maquiavel, interpretava a matéria política pautando-se em uma concepção pragmática, conferindo especial atenção ao uso da prudência na vida pública. Em seus escritos, o homem prudente é caracterizado como aquele dotado de sabedoria política, sendo, portanto, exímio conhecedor da arte do Estado. A sabedoria política era entendida como um conjunto de atributos inscritos em preceitos pragmáticos que permitiriam a condução da *res publica*. O conceito de prudência em Guicciardini descreve, portanto, um procedimento hábil para orientar estrategicamente os atos do político, pautado pelo exame acurado das situações, sem estar necessariamente subordinado a qualquer outra virtude, mesmo a da justiça. Essa interpretação estaria baseada na concepção da existência humana como algo dinâmico e problemático. Tal qual a operação realizada por Maquiavel de reformulação do conceito de prudência, também para Guicciardini a meta do agir prudente encontrava-se modificada e dissociada de sua essência tomista de condução à justiça e ao bem comum. Em suma, a prudência seria uma disposição prática capaz de agir sobre o particular e o geral.[105]

Na intenção de entender a importância adquirida pelo conceito de prudência no discurso político seiscentista, destacadamente o ibérico, é preciso refletir sobre a reelaboração do conceito efetuada por Justo Lipsio,[106] devido, fundamentalmente, ao papel assumido pela corrente filosófica neoestoica na Península Ibérica. O papel do conceito de prudência na obra de Lipsio é singular. A reflexão inaugural da obra, *Politicorum*, sintomaticamente, já apresenta o tema da prudência, retomando-se o mote prudencial

---

[104] Para uma breve definição da razão de Estado, lançaremos mão da obra do jurista português Pedro Barbosa Homem, visto que essa definição foi fartamente reproduzida e aceita entre os tratadistas espanhóis: "La razón de Estado en común se puede definir como una doctrina especial que por medio de varias reglas hace diestro a un príncipe, o para mantener en su propia persona los estados que posee, o para conservar en los mismos estados la forma y grandeza original que tienen, o para con aumentos ilustrar o acrecentar la antigua masa de que ellos se forman" (Barbosa Homem, 1626, p. 38).

[105] Nesse último parágrafo, segui de perto o artigo de Felipe Charbel sobre Francesco Guicciardini. *Cf.* TEIXEIRA, Felipe Charbel. O melhor governo possível: Francesco Guicciardini e o método prudencial de análise da política. *Dados – Revista de Ciências Sociais*, Rio de Janeiro, v. 50, n. 2, p. 325-349, 2007. DOI: https://doi.org/10.1590/S0011-52582007000200004. Disponível em: https://www.scielo.br/j/dados/a/cnJVVLNcp78SBMshyMhbrXQ/?format=pdf&lang=pt. Acesso em: 4 dez. 2023.

[106] Sobre a influência da obra de Justo Lipsio na reflexão política da época moderna, pode-se consultar: OESTREICH, Gerhard. *Neostoicism and the early modern state*. New York: Cambridge University Press, 1982.

em praticamente cada uma das aberturas dos seis livros que a compõem. As primeiras linhas do *Politicorum* estabelecem conexões cruciais, porquanto associam prudência, virtude e vida civil, afirmando que as primeiras são guias da vida em comunidade que é formada para o bem e para a comodidade de todos. No capítulo VII, do primeiro livro, Lipsio apresenta sua definição de prudência:

> Ya he dado al príncipe la virtud por una de las guías de su camino. Ahora añado la otra, que dicho ser la prudencia, la cual no lo es sólo suya sino, si bien lo mirare, hallará que es rectora de la misma, y de cierto su adalid. ¿Porque sin prudencia cuál puede ser la virtud? Bien dice Platón que la prudencia sola camina delante, guiando al bien hacer; y otro filósofo que sin prudencia nadie es verdaderamente bueno. La razón es ésta: toda virtud consiste en la elección y medio; pero esto no puede ser sin la prudencia; luego tampoco sin ella la virtud. Y como los arquitectos jamás acabarán bien ninguna obra sin la regla, nivel y compás, tampoco nosotros sin esta escuadra y guía. Quero definirla: un conocimiento y discreción de cosas que así en público como en particular, se han de huir o desear. Dije "conocimiento" porque ella lo ve todo, y así es llamada con mucha razón, ojo del alma. Añadí "discreción" porque hace elección de las cosas, diferenciando con juicios las virtuosas de las que no son, y las útiles de las dañosas (Lipsio, 1997, p. 25-26).

Na definição de Lipsio, percebe-se a centralidade concedida à prudência. Sem ela não é plausível a vida em comunidade, tampouco o exercício das virtudes, pois a prudência é o olho da alma, de acordo com sua opinião de Lipsio, que segue, contudo, a formulação aristotélica acerca do tema. Em verdade, o autor conjuga em sua definição as concepções a respeito do assunto de três grandes nomes do mundo antigo: Platão, Aristóteles e Tácito. Mas foi a partir das reflexões desse último que Lipsio efetuou uma importante alteração no conceito de prudência. Lipsio abraçou o princípio de distinção entre as coisas úteis e danosas, exposto por Tácito nos *Anais*, para confeccionar a própria definição de prudência, relativizando a dicotomia entre coisas boas e más, ou, virtuosas e não virtuosas. Em última análise, separando a ética do âmbito da conveniência.

A mudança operada por Lipsio consiste em conjugar a prudência enquanto virtude moral com a prudência como base da ciência de Estado. Em outras palavras, o reto agir objetivando o bem foi substituído pelo reto agir cuja finalidade é o necessário ao Estado. A transformação da prudência na base de uma ciência de Estado explica as constantes, e até um pouco exaustivas, referências que a ela são feitas no *Politicorum* e ainda possibilita mais uma importante inversão identificada na elaboração do conceito de *prudentia mixta* que estará fortemente presente nos escritos sobre essa temática formulados na Península Ibérica. A *prudentia mixta* significa a prudência mesclada com disfarces ou enganos, mas certamente isso não correspondia ao completo afastamento do que é virtuoso e ético. O governante deveria saber portar-se como um leão e também como uma raposa, devendo orientar sua ação conforme a ocasião. Lipsio adverte que o monarca não deve abalar-se pelo que os ingênuos argumentam, entendendo por ingênuos aqueles que condenam tal prática política. Esses elementos ficam claros no seguinte trecho do *Politicorum* no qual Lipsio argumenta em prol do uso de meios fraudulentos:

> Parecen ignorantes de este siglo y de las condiciones de los hombres de él, pronunciando su voto y parecer como si hallasen en la república de Platón y no en las heces de la de Rómulo. ¿Porque entre quién vivimos? Es a saber, entre agudos y maliciosos, y que parecen estar enteramente compuestos de fraudes, mentiras y engaños. [...] El filósofo advierte que los reinos se arruinan por fraudes y engaños. Por qué no será, pues, lícito conservar-los por los mismos medios; y al príncipe, hallándose entre raposas, el servirse de las tretas de ellas y, a veces, raposear, principalmente si el caso y la salud pública, de quien depende la suya propia, ¿se lo persuaden? Y yerran verdaderamente los que lo niegan. Porque desamparar el provecho común, es no sólo contra toda la razón, sino contra la misma naturaleza. [...] En balde será pensar que en esto se halle alguna mezcla de fealdad; pues es cierto que lo que de ordinario se suele tener por feo no lo será por semejante respecto cumpliendo siempre bien con su oficio el que atiende al provecho común de los hombres y de la república. Y así ruego que no se admiren tanto, ni se sientan ofendidos, si por nuestro parecer y juicio aquella verdadera y recta razón no quedara siempre con ventaja, queriendo realmente que el príncipe sea de un entendimiento levantado, claro y limpio, pero que sepa con todo esto mezclar el provecho con la honra (Lipsio, 1997, p. 190).

Na discussão sobre os meios fraudulentos a serem empregados para a manutenção da *salud pública*, Lipsio define a fraude como "consejo agudo que se desvía de la virtud o de las leyes, por bien del rey y su reino" (Lipsio, 1997, p. 192) e distingue os meios fraudulentos em três tipos: ligeiro, médio e grande. O autor recomenda o primeiro, tolera o segundo e condena veementemente a prática do terceiro. O tipo ligeiro não se afastaria muito da virtude, estando apenas levemente tocado pela malícia. Nessa primeira classificação, se encaixariam a dissimulação e a desconfiança. O segundo estaria mais próximo do vício do que da virtude e suas práticas seriam a mentira e o suborno. O terceiro afasta-se não só da virtude, mas também das leis, podendo ser identificado nas ações entendidas como perfídias e injustiças. Em tal conjuntura, o desenvolvimento do conceito de *prudentia mixta* estava intimamente associado às temáticas da dissimulação e simulação (Lipsio, 1997).

Poder e prudência eram as bases da prática governamental pensada por Lipsio, em que a prudência forneceria discernimento e julgamento verdadeiro acerca dos mais variados casos. Temos, assim, uma elaboração metódica organizada de forma tal a possibilitar a combinação entre ética religiosa e uma base empirista da concepção política que era necessária às novas formas de vida em sociedade delineadas pela paulatina emergência do Estado. Resta destacar a associação crucial entre prudência e experiência, elaboradas em uma mesma disposição teórica, e, seu vínculo posterior com a escrita da história nos seiscentos. Vejamos o trecho a seguir:

> La prudencia tiene dos padres, la experiencia y la memoria de las cosas. [...] Entiendo por el uso y experiencia de las cosas humanas por haberlas visto y tratado; y por la memoria, una noticia semejante, alcanzada por el oído o por la lectura. La experiencia es más firme y segura, y así ocupa con razón el lugar de padre, porque ella aprende por sus propios daños, y no por los ajenos; por los ejemplos más cercanos y allegados, y no por los remotos: en muchos casos se halla, asiste y preside. Y así se dijo bien que la experiencia es muy eficaz maestra de todas las cosas y que mucho mejor se da fe y crédito a los experimentados. [...] La experiencia es útil, o antes necesaria a todas las artes [...] pero es necesaria principalmente al arte de la vida civil (Lipsio, 1997, p. 26-27).

A prudência, portanto, tem como pais a experiência e a memória. Em certo sentido, pode-se dizer também a história, já que Lipsio interpreta ambas, história e memória, como se fossem praticamente sinônimos, "quiero decir por la historia, la cual no es otra cosa sino el alma y vida de la memoria" (Lipsio, 1997, p. 29). Não somente encontramos os conceitos de prudência e experiência associados como também política e história. Dessa forma, a prudência lipsiana efetua uma operação de cálculo político e adquire dimensão temporal, conjugando presente, passado e futuro em uma mesma racionalidade lógica "Porque ella es la que ordena las cosas presentes, la que prevé las futuras y se acuerda de las pasadas" (Lipsio, 1997, p. 26). Apesar de Lipsio parecer preferir o acúmulo direto de experiência como melhor forma de aquisição de conhecimentos, ao longo da obra, tal opinião é matizada, oscilando constantemente entre experiência e história como as duas melhores maneiras de acumular sabedoria.

Mas que entendimento teriam do conceito de experiência os sujeitos da época moderna? Essa não é uma questão trivial, se levarmos em consideração a multiplicidade de áreas de conhecimento nas quais o conceito era empregado e a importância adquirida por tal conceito na construção do método científico, especialmente nas obras de Francis Bacon[107] e René Descartes. Susana Gómez López (2002) realizou um interessante estudo sobre as consequências da racionalização do conceito de experiência, no século XVII, a partir de distintos enfoques disciplinares, e da intenção de considerar a experiência como parte fundamental dos métodos cognitivos, por meio da reformulação dos princípios de legitimação do conhecimento empírico. O procedimento de racionalização do conceito de experiência, narrado por Gómez López, foi produzido a partir da crítica e da ressignificação da categoria de *experiência histórica,* baseada na tradição aristotélica, com forte apelo na filosofia escolástica.

Novamente, na operação de acompanhar a trajetória intelectual das transformações de um conceito, é preciso retornar às formulações aristotélicas. Segundo Gómez López (2002), Aristóteles estabeleceu a cadeia sensação — memória — experiência como via de acesso fundamental ao conhecimento. Na filosofia aristotélica, a experiência não correspondia à percepção sensorial imediata de um acontecimento natural, mas sim ao resultado final de um processo composto por quatro etapas. A primeira equivale a uma sensação, ao que segue a permanência dessa sensação na alma, a terceira etapa é formada pela capacidade mnemônica de associar sensações similares e, por fim, a experiência surge baseada na repetição

---

[107] As palavras de Susana Gómez López, acerca das mudanças ocasionadas pela reinterpretação de Francis Bacon do conceito de experiência, são esclarecedoras: "Mas Bacon no solo propone una reformulación del concepto de experiencia, sino que exige también que esa historia-experiencia resultante ocupe un lugar bien distinto en el edificio del conocimiento. Para los aristotélicos de la tradición 'la historia experiencia' era un elemento necesario para el conocimiento científico, pero no era en sí mismo ciencia, conocimiento racional, sino que tenía un valor y un grado inferiores al conocimiento demostrativo. Sin embargo, Bacon hace de su nueva historia natural, basada en los nuevos criterios metodológicos, la parte central del edificio del conocimiento científico" (Gómez López, 2002, p. 104-105).

na memória de um mesmo conjunto de sensações.[108] Essa formulação do procedimento necessário para a construção da experiência denota que o conceito tem uma dimensão temporal importante, dada a relevância da memória nos estágios citados anteriormente, mas, apesar disso, não detinha relação alguma com a história.

Gómez López finaliza a exposição, sublinhando o caráter da experiência como parte de um tipo de raciocínio que aspira à apreensão de reflexões gerais, pautado na universalidade das afirmações empíricas, afirmando que "[...] las experiencias aristotélicas son afirmaciones acerca de cómo son o cómo suceden las cosas, no afirmaciones acerca de cómo ha sucedido una cosa en caso particular y concreto" (Gómez López, 2002, p. 80). Outra significativa linha de interpretação encontra-se no âmbito do saber médico, de Hipócrates a Galeno, em que a experiência era interpretada como um tipo de conhecimento de casos singulares que, entretanto, poderia ser acumulado e legitimado pelo testemunho de outros autores.

No período medieval, o conceito de experiência ganhou relevo na tradição escolástica, refletindo a cadeia aristotélica. Nessa tradição filosófica, a experiência teria uma dimensão essencialmente histórica, significando o caminho mediante o qual se alcançariam as regularidades naturais. Conforme evidenciou Gómez López, a experiência ainda se aproximou mais intimamente da história porque ambas eram consideradas formas de saber que não conseguiam explicar a causa dos fenômenos. Tais concepções expressavam-se fundamentalmente em matéria de filosofia natural. No discurso histórico e na tratadística política, as diferentes idealizações do conceito de experiência circulavam com diferentes matizes, embora a vertente aristotélica tenha encontrado maior receptividade. É curioso que um dos vetores da transformação do significado da história tenha sido justamente a reafirmação da interpretação clássica do conceito de experiência, porém, agora aplicada em um distinto campo de conhecimento, a história humana.[109] Repetindo um procedimento anterior, vejamos a definição de experiência fornecida por Bluteau:

---

[108] Esse processo foi descrito por Susana Gómez López. Ver: GÓMEZ LÓPEZ, Susana. Experiencia, historia, memoria: acerca de una transformación en la revolución científica. *Revista de Filosofía*, Madrid, v. 27, n. 1, p. 75-111, 2002. Disponível em: https://revistas.ucm.es/index.php/RESF/article/view/RESF0202120075A/9878. Acesso em: 2 dez. 2023. p. 79.

[109] Dado que, nesse período, o termo história poderia ser utilizado para abarcar tanto o tratamento dos fenômenos naturais quanto os acontecimentos humanos.

Experiência. Conhecimento de efeitos particulares, adquirido com o uso de repetidos ensaios e provas. Dizia certo discreto que fazia mais caso das experiências dos artífices que de todas as especulações dos doutos. Há um livro, intitulado, *Colegium experimentale,* em que Sturmio, autor dele tem ajuntado as mais notáveis experiências, que se tem feito nesta era. Experiência. Uso. Experiência, [...] A experiência é filha do tempo, e mãe dos bons conselhos; é guia do entendimento, a regra da vontade, a alma da prudência. Pinta-se com cara de mulher velha, vestida de tela de ouro, com quadrado geométrico na mão. Da velhice deu Aristóteles a razão, experiência (diz elle) *debet effe creatura temporis*; na riqueza do vestido mostra que é superior à ciência, assim como todos os metais sobrepuja o ouro; no quadrado se significa, que sabe medir todas as cousas. A todas as razões há de prevalecer o conselho dos experimentados. Alexandre severo nas grandes empresas consultava aos grandes capitães, na administração e justiça aos grandes jurisconsultos, e em matérias de religião aos pontífices. [...] Até o divino Platão, consultado pelos seus patrícios sobre o modelo de um altar magnífico, respondeu que fossem ter com o geômetra Euclides. Tinha Catão uma grande experiência. [...] Experiência prova que se faz de alguma coisa. [...] fazer experiência de um remédio em alguém [...] conhecer alguma coisa por experiência [..] fazer experiência de um remédio (Bluteau, [1712-1728], p. 391, grifo próprio).

Novamente Bluteau apresenta elementos fundamentais para a reflexão. A palavra experiência aparece associada à velhice, ao saber médico, às noções de prova e à questão da ciência, em uma concepção radicalmente moderna nessas duas últimas associações, contrastando com outros elementos ao longo do verbete. A descrição da representação pictórica é bastante relevante, pois mostra a experiência retratada como uma velha mulher com um quadrado na mão, simbolizando a capacidade de medir ou avaliar as circunstâncias. Algumas atribuições comumente feitas à prudência figuram na definição de feita por Bluteau como *mãe dos bons conselhos* e *regra da vontade*. Experiência, história e prudência aparecem intimamente relacionados, como bem demonstra qualificar a experiência de *alma da prudência*. Vimos que a *prudência* estava baseada na experiência e na história. No entanto, afirmar que a experiência é filha do tempo suscita uma ambiguidade: seria a experiência filha do tempo por ela ser fruto de sua passagem ou porque ela pode ser adquirida com os ensinamentos da história, que tem a vantagem de acumular relatos de muitos acontecimentos através dos tempos? Não fica claro no texto, mas ambas interpretações coexistiam nas obras dos tratadistas hispânicos da época.

A aplicação do conceito de experiência no âmbito da reflexão política ocasionaria uma gama de propostas relativas à teoria e à prática. Basicamente, havia duas distinções nas considerações acerca da experiência. Uma delas, baseada no sentido tradicional, estaria relacionada à experiência acumulada por meio da trajetória particular de determinado indivíduo, por exemplo, o governante que acumula conhecimento político no calor da prática. A outra designaria um sentido moderno que consiste no princípio de atentar para a experiência. A primeira acepção da palavra experiência designa sua compreensão como uma atitude moral, experiência de primeira ordem. A segunda assinala uma atitude intelectual que corresponde a uma determinada postura frente ao conhecimento. Ou seja, uma experiência de segunda ordem, que, em matéria política, pode ser definida como um *corpus* sistemático de saber resultado do acúmulo das experiências individuais dos governantes ao longo da história (Maravall, 1984b).

A valorização da experiência teve como consequência o farto uso de exemplos no discurso político que, por sua vez, concedeu espaço à história, considerada como um repertório de sucessos e fracassos do qual o estadista deveria se servir, a partir da perspectiva de experiência de segunda ordem. Posições ambíguas podem ser identificadas em relação à importância dos fatos narrados pelos tratadistas. Alguns escritores afirmavam que não se podia formular regras a partir dos exemplos. Nesse sentido, o governante deveria possuir experiência própria, que lhe proporcionaria sagacidade política. Ao passo que também deveria acumular conhecimento acerca da história, porém de forma secundária. Esses fatores combinados assegurariam que ele adquirisse a virtude da prudência política.

A problemática do entendimento e aplicação do conceito de experiência no horizonte de conhecimento europeu na época moderna abre um precedente importante para tratar das transformações ocorridas no campo historiográfico. De acordo com Donald Kelley (2005), no período moderno, a história tinha uma variedade de significados extraídos de diversas fontes e, consequentemente, abarcava distintos campos de conhecimento, memória e imaginação, prestando-se à indicação de fatos, casos e exemplos. Em suma, era um conglomerado de informações sobre assuntos particulares ou gerais. Kelley, evocando o dicionário de Rodolphus Goclenius publicado em 1613, elucida os quatro significados centrais relacionados ao termo história. O primeiro faz referência à história dos animais de Aristóteles, uma simples descrição sem demonstração. O segundo chama atenção para a obra de Zwinger, *Theater of Human Life*, um conhecimento de notícias singulares e cognições particulares. Na esteira da tradição ciceroniana, o terceiro significado corresponde a uma unidade histórica que requer mais de um tipo de narrativa, ou seja, uma concepção acentuadamente retórica da história. Por fim, o último significado remete à tradição médica, portanto, um tipo de conhecimento baseado na observação e derivado da experiência e da crença nos sentidos. Uma referência que não está presente no léxico de Goclenius, mas é mencionada por Kelley (2005), é o campo semântico da associação entre história e os rituais religiosos.

Kelley (2005) aponta um aparente paradoxo nas considerações acerca da história na época moderna, que corresponde ao fato de a história ser interpretada como um saber oposto à ciência investigativa das causas, mas, ao mesmo tempo, ser percebida como uma forma de saber particularmente rico, posto que representava um modelo de filosofia que ensinava por meio de exemplos. Nesse sentido, a história poderia ser repetidamente apontada como mestra da vida, conforme sentencia a fórmula ciceroniana, em acepção particularmente relevante do ponto de vista moral e político. O entendimento da história como filosofia aplicada explicita uma tensão presente no período entre conhecimento particular e geral.

Em consequência dessas transformações, o discurso histórico estabeleceu novas metas para si mesmo[110] e subverteu sua inscrição na pauta dos saberes alicerçados na contingência, como fica claro na sentença de Goclenius "history is the study of particulars, theory of universals" (Goclenius, 1613 *apud* Kelley, 2005, p. 213). Kelley aponta consequências mais profundas: "This intersection of history and philosophy was an early sign of the search for a systematic framework for the formless empiricism on which historical inquiry was apparently founded" (Kelley, 2005, p. 219). Devemos deixar claro, no entanto, que essas transformações não ocorrem de maneira linear, muito menos representam um panorama uniforme. Pelo contrário, eram mudanças sintomáticas de questionamentos em aberto, portanto ao mesmo tempo em que conservavam algumas tradições, adotavam novas prerrogativas. As palavras de Kelley são esclarecedoras:

---

[110] "In the mid-sixteenth century, scholars, especially French and German, shifted emphasis from the writing to the reading of history, from the art to the method of history (in a pedagogical sense), and from its literary appeal to its interdisciplinary utility and even, paradoxically, philosophical value" (Kelley, 2005, p. 217).

> The term enjoyed a remarkable semantic expansion from narrative to perception of singular things to experience to other forms of probable knowledge, and yet in a long perspective and in a broad sense the practice and theory of historiography has remained the central and abiding concern, even for Bacon. Classically, historia meant inquiry into specific but unspecified things and actions (res, res gestae), and soon the distinction between such things and the memories and reports thereof (narratio rerum gestarum) became confused, especially in English and the Romance languages. The same occurred in scientific usage, with the ambivalence between things and facts, between observations and descriptions, and between cognition and narration. Yet all these associates of historia logically occupied a place under the Herodotean rubric of inquiry (Kelley, 2005, p. 213).

Vejamos agora as apreciações dessas matérias nas obras de alguns escritores do período. Baltasar Álamos de Barrientos foi um dos primeiros espanhóis a traduzir e comentar a obra de Tácito. Em *Tácito español ilustrado com aforismos*, o autor informa que traduziu Tácito, ilustrado com aforismos e advertências de Estado, porque os ensinamentos do historiador romano são convenientes e indispensáveis para "conservación y aumento de esta monarquía" (Álamos de Barrientos, 1987, v. 1, p. 5.). A obra apresenta uma importante aprovação, representativa das afinidades intelectuais entre os tratadistas do período, pois se presta a demonstrar influências comuns e leituras compartilhadas. Trata-se da aprovação escrita por Luis Cabrera de Córdoba, que elogia o escrito de Álamos, identificando nele a presença de sentenças e matérias sobre razão de Estado que são interpretadas como máximas retiradas de princípios filosóficos, ou ainda como conceitos políticos.

Álamos de Barrientos considera a constância da natureza humana como pressuposto básico para sua aproximação científica,[111] por meio das doutrinas da razão de Estado. Tal natureza seria composta de quatro classes de *afectos* — o temperamento das pessoas, a família, o estado ou profissão e a nacionalidade — que podem ser conhecidos mediante as lições do passado. A história reveste-se então de grande importância, pois o conhecimento da natureza humana conduziria ao sucesso nas ações políticas. Segundo o autor, o conhecimento adquirido através dos exemplos do passado faz com que o governante adquira experiência, atributo essencial para sua

---

[111] Há um extenso debate sobre a pretensão científica da teoria política no século XVII. São referências importantes: Cassirer (1946), Fernández-Santamaría (1986) e Maravall (1984b).

práxis política. Assim, ele conclui afirmando que a política é uma ciência de contingentes construída sobre a dupla base da experiência própria dos governantes e da experiência alcançada através da história qualificada como "madre de la prudencia política" (Álamos de Barrientos, 1987, v. 1, p. 5). A citação a seguir apresenta, de forma contundente, a apreciação do autor sobre o princípio científico de algumas formas de conhecimento e, ainda, expõe outras opiniões emblemáticas acerca dos assuntos em pauta até o momento. Vejamos:

> Y pues todas las ciencias, artes y oficios humanos; cuyo ministro es el hombre, y cuyo fundamento es la prudencia, juicio, y discurso humano; y cuyo sujeto es aquella cosa de que se trata; tiene sus principios y reglas generales, por donde se pueda responder a los casos particulares, y juzgar y obrar en ellos. ¿Este aconsejar a los príncipes? ¿Este privar con ellos al seguro, o no? ¿Este vivir seguramente debajo de su Imperio? Este proceder como se debe con los rebeldes y leales; para reducir; ¿y conservar los otros? ¿Este moderar de nuestras acciones? Este gobernar en paz y guerra; y prevenir los remedios y adivinar los peligros y en fin este vivir en el mundo con providencia con los mayores; con los menores; y con los iguales; que es el verdadero blanco de la prudencia humana; y con que nos hemos de consolar en las adversidades, y sufrirlas; y no desvanecernos en las prosperidades y resistir a los tiranos; y moderar los Reyes; y sosegar el vulgo; y al cabo sustentar esta máquina Monárquica, en que nacimos, crecer, durar, y vivir en ella. [...] ¿No es ciencia esto, sin la cual todas demás ciencias, artes y oficios serian inútiles, sin uso, o sin provecho? No tiene maestros y reglas, y principios generales, y comunes a todos; y donde se derive los sucesos, ¿y juicios particulares? Por cierto si es: que en cosa tan excelente no se había de proceder a caso. Ciencia es la del gobierno y Estado; y su escuela tiene; que es la experiencia particular, y la lección de las Historias, que constituye la universal. La cual cierto serviría de poco, si dela no se sacasen de los principios, y reglas que digo (Álamos de Barrientos, 1987, v. 1, p. 18-19).

Outros tratadistas entendiam que a história continha o registro de soluções ideais para serem aplicadas em casos concretos, logo caberia ao político simplesmente recolher do caudal oferecido pela história a melhor solução para seus problemas. Essa forma de entender o conhecimento histórico poderia ser definida como um casuísmo histórico. Exemplos da adoção deste modelo interpretativo são os escritores Pedro Mexia[112] e Fuertes y Biota. O problema central é que a história não era considerada por todos enquanto ciência. Mesmo que fosse concebida como um conjunto de soluções práticas, suscetíveis de serem imitadas em situações concretas, ainda assim grande parte dos tratadistas políticos do período desejava que a política não se reduzisse a um mero conhecimento empírico. Aspiravam a uma forma de saber que pudesse fornecer regras e proposições gerais.

A tratadística política hispânica considerou a história um instrumento adequado para fornecer ao governante conhecimento cumulativo das experiências práticas de outros políticos. Assim, a história oferecia ensinamentos de como agir para garantir conservação e aumento dos domínios, ou seja, o axioma fundamental das doutrinas acerca da razão de Estado. Elena Cantarino (1998) explicitou que, no século XVI e principalmente no XVII, história e experiência foram dois aspectos de uma mesma realidade. Partindo do princípio de que a política reside sobre uma base de regras passíveis de serem apreendidas por meio da experiência que as lições da história oferecem. A sabedoria política acabou tendo como correlata a experiência histórica.

Basear-se nos exemplos oferecidos pela história, entretanto, não era suficiente para conferir aos escritos políticos sua pretensão científica. Dito de outra forma, para elaborar um método indutivo da política. Virgilio Malvezzi julga o papel exercido pela história nos seguintes termos: "A los políticos la Historia no sirve sino para hacer un buen juicio; no debemos, con esto, obrar conforme los ejemplos, más sí con aquél que se ha formado sobre la lección de los ejemplos" (Malvezzi *apud* Maravall, 1984b, p. 29). Para tal empreitada, era forçoso não se ater somente à experiência vivenciada e nem àquela extraída dos conhecimentos históricos, mas destilar a lição dos exemplos mediante o uso da razão. A partir de questionamentos como esses, podemos perceber a importância da virtude da prudência para o exercício político, pois ela se transformou no crivo com o qual deveriam ser julgadas as lições da história. Havia um obstáculo capital para a solução da equação a fim de que a política pudesse alcançar o status de ciência:

---

[112] É de Pedro Mexia a seguinte apreciação sobre a história: "las otras artes y ciencias cada una muestra un blanco y fin a que se encamina; la historia todo lo comprende y es práctica y ejemplo de los efectos de las otras letras, pero muchas veces han recurrido los hombres a ellas con codicia y interés, y por alcanzar bienes y dignidades; solamente la Historia por sí sola se sigue, no se pretende otra cosa sino saber que es el verdadero. Soló ella puede vivir sin las otras y ninguna de las otras sin ella, y ella ha sido guarda y conservación de todas" (Mexia, 1547 *apud* Maravall, 1984b, p. 24-25).

o livre arbítrio. Esse obstáculo fazia da política um saber particular que deveria ser guiado pela prudência. Elena Cantarino (1998) sustenta que a equação pôde ser solucionada porque os tratadistas políticos seiscentistas se propuseram a forjar regras e princípios gerais, induzidos da experiência e da história, o que possibilitou desdobrar tais regras e princípios gerais em dedução de juízos particulares para agir em casos concretos, unindo preceitos gerais e particulares.

Entre os tratadistas que concederam grande destaque à prudência, podemos destacar a opinião defendida por Diego Saavedra Fajardo, que pode ser categorizada como paradigmática para a exposição em tela. O autor considerava que o saber político tinha por base fundamental o exercício da prudência. Em sua concepção, a política poderia ser descrita como uma técnica cujo conhecimento recairia sobre a experiência pessoal e aquela adquirida através do exame dos reinados precedentes. A prudência atuaria como arbítrio dos ensinamentos legados pelo passado, pois só assim tais conhecimentos poderiam exercer a função reservada à história. Em suma, a política era vista como ciência da prudência governativa. Nos termos do diplomata: "Áncora es la prudencia de los Estados, aguja de marear del príncipe. Si en él falta esta virtud, falta el alma del gobierno" (Saavedra Fajardo, 1999, p. 413). Em Lipsio encontramos um entendimento a respeito da política muito similar à sentença de Saavedra acerca da prudência, "Porque así como nadie será capaz de gobernar un navío sin aguja del marear tocada con la piedra imán, tampoco ninguno la república sin entendimiento inspirado por esta diosa" (Lipsio, 1997, p. 71).

As reflexões de Juan Pablo Mártir Rizo também oferecem exemplos relevantes. O autor era considerado um escritor altamente representativo do cenário intelectual de sua época precisamente devido: à forma como compreendia a relação entre política e história, à admissão da dissimulação como um dos elementos do jogo político e ao tratamento dado à razão de Estado. Mártir Rizo exalta em inúmeras passagens a importância da prudência e da dissimulação como qualidades políticas essenciais. É provável que tal exaltação corresponda à emulação do conceito lipsiano de *prudentia mixta*, pois o uso dos atributos em questão só é justificado em prol da manutenção do Estado e do bem-estar público. O seguinte trecho de *El Rómulo* ajuda a ilustrar o tratamento concedido à prudência e sua correlação com a dissimulação:

> Los reyes pueden pecar de dos maneras: como hombres y como reyes; El error que se comete como hombre, deseando

> y ejecutando afectos que están unidos con la propia naturaleza, no se debe culpar, que tiene fácil la enmienda; pero los pecados que se hacen como rey, olvidándose de la obligación que tienen, no acudiendo al bien de su república, siendo perezosos en el gobierno de su pueblo, éstos son de mayor ponderación y deben ser reprendidos. Mas no fue Rómulo inconsiderado en la ejecución de sus designios: esperó tiempo para conseguirlo, disimulando con prudencia el justo enojo que tenía, porque emprender arrebatadamente más acciones que no con facilidad pueden tener efecto, todos los han de juzgar por necia temeridad, y el suceso asegurará el juicio de éstos. ¿Quién no sabe disimular cómo podrá satisfacerse ni ejecutar actos de prudencia quien empieza errando contra tan gran virtud? (Mártir Rizo, 1633, p. 59-60).

Finalmente, para Francisco de Quevedo, a prudência exerceria papel central no conjunto das habilidades necessárias aos homens de Estado: "no está palacio dificultado con asechanzas de la desconfianza celosa, y todo se debe a la prudencia anticipada de su majestad"[113] (Quevedo, 1941b, p. 576). O valor da experiência também era exaltado, pois ela se conectaria ao conhecimento dos eixos históricos e à prática do exercício político. Tratando da separação entre esfera religiosa e prática política, assim destaca Quevedo: "[...] pues lo uno se gobierna por sumas, y lo otro por aforismos y leyes y conveniencias: lo uno quiere doctores, lo otro experimentados; aqueja profesión es de teólogos, está de prevenidos y astutos" (Quevedo, 1941b, p. 577).

Maravall interpreta a temática da política constituir uma ciência como questão prioritária para compreender a renovação alcançada pelo pensamento político do século XVII. Assim afirma o autor: "La constitución de un sistema mecanicista de la ciencia política es empresa general por entonces en Europa" (Maravall, 1984b, p. 17). A pretensão científica do discurso político gerou respostas diversas para tão capital problema. Nesse contexto, observa-se a valorização da experiência como pressuposto fundamental do saber político, quer se estivesse tratando dos príncipes, ministros e conselheiros, quer se estivesse tentando formular regras e princípios gerais que norteassem a ação política. Portanto, para dirigir a máquina do Estado, seria preciso um conhecimento específico. Conforme Maravall (1984b), a quem seguiremos de perto nas próximas linhas, o governo das coisas humanas teria como base fundamental a ordem natural, na qual os

---

[113] A obra da citação, *Grandes anales de quince días*, foi redigida entre 1621 e 1623.

elementos seriam regidos pela razão. Essa doutrina, essencialmente estoica, associa natureza e razão em um universo perfeitamente ordenado. Dessa postura frente ao ordenamento social provém a valorização da razão, que, no período moderno, abriu portas para a secularização cada vez maior dos assuntos políticos. A política foi, nesse paradigma, definida como uma disciplina de experiências, uma ordenação de eventos e uma relação entre fenômenos intelectualmente captados, ou ainda como um certo saber ordenado e sistemático[114] cuja base são as ações humanas, por isso mesmo era uma disciplina relacional que não poderia oferecer plena segurança.

3.3 *DE HISTORIA, PARA ENTENDERLA Y ESCRIBIRLA*

> *El fin de la historia es la utilidad pública.*
>
> Luis Cabrera de Córdoba. *De historia, para entenderla y escribirla*

Até agora foram enfatizadas as características da escrita da história na época moderna, a partir das elaborações encontradas nos textos de história propriamente ditos e na tratadística política. Convém, entretanto, analisar as diretrizes e os princípios nos quais deveria pautar-se a feitura da história, descritos nos repertórios sobre o tema do período como complemento necessário à análise prévia.

Antonio Herrera y Tordesillas foi cronista real de Castela, no ano de 1598; cronista real das Índias, em 1600, e foi nomeado secretário real, em 1621, dados que comprovam ser uma operação muito complicada desassociar sua trajetória pessoal da história da Monarquia Hispânica. Sua carreira política tem início do cargo de secretário de Vespasiano Gonzaga Colonna, vice-rei de Navarra e Valência e irmão do duque de Mântua, que teria notado rapidamente a erudição e o conhecimento de Herrera, recomendando-o aos serviços de Felipe II. Entre suas muitas obras estão: *Historia general de los hechos de los castellanos en las islas y Tierra firme del mar Océano* (1601-1615, oito volumes), fartamente reeditada, *Historia de lo sucedido en Escocia, è Inglaterra, en quarenta y quatro años que biuio María Estuarda, Reyna*

---

[114] Donald Kelley reforçou o ideal de um tipo de saber sistemático no período moderno: "System" represented one radical way of containing, and perhaps organizing, the infinite number of particulars offered by historical study. In the early seventeenth century there was a veritable avalanche of "systems," sometimes joined to "method," distributed over the human and natural sciences, beginning with systems of logic (1600), theology (1602), politics and economics (1603), metaphysics (1604), rhetoric (1606), ethics (1607), law (1608), astronomy (1611), geography (1612), chronology (1613), grammar (1615), cosmology (1615), medicine (1618), and the world itself, Systema mundi (1638), in the context of the discussions of Copernicus and Galileo (1738)" (Kelley, 2005, p. 224).

de Escocia (1589), *Cinco libros de la historia de Portugal, y conquista de las islas de los Azores, 1582-1583* (1591), *Historia de lo sucedido en Francia, 1585-1594* (1598), *Historia general del mundo del tiempo del rey Felipe II, desde 1559 hasta su muerte* (1601-1612, três volumes.) *Tratado, relación, y discurso histórico de los movimientos de Aragón* (1612), *Comentarios de los hechos de los Españoles, Franceses, y Venecianos en Italia, 1281-1559* (Madrid, 1624). Essa extensa produção bibliográfica é forte indicação de que Antonio Herrera y Tordesillas dedicou grande parte de sua vida à escrita da história.

Outra atividade desempenhada pelo cronista merece nossa atenção: as traduções empreendidas da obra de Giovanni Botero sobre a razão de Estado e também sua versão vernácula dos *Anais* de Tácito. Tais traduções são indícios da aceitação da doutrina contrarreformada da razão de Estado e da influência exercida pelos princípios neoestoicos em sua obra. A tradução feita da obra de Tácito foi endereçada a Don Rodrigo Calderón, marquês de Siete Iglesias, na época integrante do Conselho Real e capitão da Guarda, que desempenhou papel importante no reinado de Felipe III, alinhando-se à facção política do duque de Lerma e do duque de Uceda. Entretanto, o personagem caiu em desgraça após a ascensão de Felipe IV, e foi condenado e executado devido a crimes perpetrados contra a monarquia. Francisco de Quevedo narrou o episódio da morte de Don Rodrigo Calderón em *Grandes Annales de Quince Dias*. Herrera, contudo, parecia nutrir grande admiração pelo marquês de Siete Iglesias,[115] tecendo elogios aos serviços prestados à monarquia, ao conhecimento em matéria política e à ação prudente do Marquês. São ainda elementos importantes do prólogo, o encômio à obra de Tácito, tido como o mais destacado historiador entre os antigos, a constatação da necessidade que os hispânicos, e não apenas os castelhanos, teriam da leitura de Tácito e a associação de Lipsio a Tácito. O que demonstra o conhecimento de Herrera da corrente neoestoica da qual Lipsio é um dos mais célebres expoentes. Vejamos as palavras de Herrera y Tordesillas:

---

[115] Antonio Herrera expressa sua admiração pelo Marquês de Siete Iglesias ressaltando suas qualidades como homem político, a quem, portanto, a leitura de Tácito se fazia devida: "[...] que este ofrecimiento no sea señal proporcionada a la devoción que yo tengo a su ilustrísima persona, y a sus merecimientos, siendo (como es) todo de materias políticas, sin que V. S. es tan versado, le he juzgado por propio de su amparo, pues por muchos años paso por su mano el despacho de la multitud y diversidad de negocios de esta Monarquía, mostrándose (como se vio) prudente en prevenir, y antever las cosas: sabio en discurrir en ellas, y discreto en encaminarlas, y concluirlas; con larga mano en el favorecer, y piadoso en el socorrer a los pobres y necesitados" (Herrera y Tordesillas, 1615, p. 4).

> Cornelio Tácito después de haber estado larguísimo curso de tiempo en las tinieblas del olvido, y por el primero de todos los historiadores antiguos: y mediante la diligencia de Justo Lipsio ha sido recibido de todas las naciones, que ejercitan las letras, que le han querido ver en sus proprias lenguas: unos todos, y otros algo. Los españoles hemos sido los postreros, y no por menor necesidad; y yo he sido el último de los que han emprendido este cuidado, aunque en poca parte, y no por falta de ánimo, sino porque lo hecho por otros es muy bueno; y porque lo que he traducido es tan substancial, que merece ser visto y considerado a cada paso (Herrera y Tordesillas, 1615, p. 3).

Richard Kagan considera que Herrera foi um dos historiadores mais importantes do século XVII e acredita perceber nele grande influência da obra de Francesco Guicciardini[116], especialmente da concepção expressa nos escritos do italiano de que os historiadores deveriam se concentrar em eventos contemporâneos de maneira a formar um tipo de conhecimento útil para a coletividade e para si próprio. Kagan aprecia nos seguintes termos a figura de Herrera y Tordesillas: "[...] the most influential and certainly most prolific and widely read Royal chronicler of the early seventeenth century" (Kagan, 2002, p. 80).

A obra de Herrera que iremos analisar é composta por um conjunto de discursos sobre matérias diversas, endereçados a Felipe IV, que ficaram manuscritos por muito tempo, sendo publicados pela primeira vez apenas em 1804, sob os auspícios de Juan Antonio de Zamácola. Nessa coletânea de escritos, quatro têm especial analisar para avaliar o tema da escrita da história: *Discurso sobre los provechos de la Historia, qué cosa es, y de cuantas maneras: del oficio de Historiador, y de como se ha de inquirir la fe y la verdad de la Historia, y como se ha de escribir; Discurso y tratado sobre el medio de la historia, y cómo se ha de escribir; Discurso y tratado sobre el medio de la historia es suficiente para adquirir la prudencia; Otro sobre que Tácito excede á todos los historiadores antiguos, y del fruto que se saca de sus escritos* e *Otro sobre el mérito de cada una de las historias e historiadores de España*. Já nos títulos dos discur-

---

[116] O elogio a Guicciardini é expressivo da concepção geral de história esboçada por Herrera y Tordesillas: "[...] y cuando va contando el origen de las guerras, declarando su gran ingenio, muestra también la invención de tales ocasiones; y tales discursos mezclados con la historia, sin dividir ni separar su narración, ligan más apretadamente las cosas narradas, lo cual suele acontecer cuando con algunas sentencias o advertencias se van juntando y tejiendo hecho a hecho, caso a caso, virtud a virtud, como iguales y semejantes, o contrarios, separándolos en diversas maneras; y cuando asimismo se van juntando las propias causas con sus efectos, de tal manera, que no solamente se ve el efecto, sino también el origen de donde procedió para llegar a tal fin" (Herrera y Tordesillas, 1804, p. 27-28).

sos encontram-se enunciados princípios importantes do perfil de Herrera como historiador, tal como sua predileção por Tácito e a centralidade do conceito de prudência, em que as lições da história representam o meio privilegiado de obtenção dessa virtude.

A concepção de história de Herrera está em consonância com a definição de *historia perfecta*, uma narrativa em que a simples descrição dos eventos não é suficiente para compor a obra. Herrera afirmava que esse tipo de relato poderia ser prejudicial, pois possivelmente induziria os leitores a reproduzir os erros retratados, já que o pretenso historiador deixava passar impunemente o delito, não anexando nenhum tipo de juízo de valor que pudesse transformar as faltas em exemplos. Alguns aspectos da temática da *historia perfecta*, apesar de Herrera não fazer uso da expressão, têm pontos de inflexão relevantes nas transformações da preceptiva historiográfica moderna. Vejamos as considerações do autor:

> [...] y con todo eso no veo como la historia puede ser de fruto sin advertimientos y sentencias, porque el ejemplo particular no es bastante por sí mismo a enseñar la buena imitación, antes podría ser ocasión de que se hiciesen muchos yerros, por los que le quisiesen seguir sin otra distinción: y así conviene que leyendo las historias, y considerando cada cosa de lo que contienen, vaya el hombre formando en sí mismo una cierta regla general de las acciones particulares, que no es otra cosa sino la prudencia, mediante la cual (como arriba dice) podamos en cualquiera accidente gobernar a nosotros mismos y a la república. Y es conclusión muy clara, que para hacer esto conviene que la historia nos represente cualquiera suceso no simple ni desnudo, sino vestido de sus causas y de todos aquellos accidentes que le acompañan, porque sin la causa de tales particulares no se puede llegar a la universal conclusión, que es el verdadero principio de obrar con razón cierta; y así la historia, a que yo más me indicaría para leer y considerar y por su medio conseguir el provecho que se pretende, que es la prudencia, quería que fuese tal que no abundase de vanas digresiones fuera del propósito principal [...] (Herrera y Tordesillas, 1804, p. 30).

As declarações acima indicam uma tendência, na produção de conhecimento na Europa no século XVII, identificada na busca de um tipo de saber fundamentado na estipulação de regras e princípios gerais. Essa diretriz do universo intelectual europeu não incidiu apenas sobre as ciências da natureza, até porque a compartimentação do saber em áreas distintas não era algo bem delineado na época.[117] Isso explica o esforço para transformar a história e a política em conhecimentos que pudessem oferecer regras e princípios gerais acerca da conduta humana. Em que pesem as óbvias limitações oferecidas por tais conhecimentos, fundamentalmente, em uma época na qual as doutrinas sobre livre-arbítrio eram alvo de grande aceitação. Nessa direção, é possível afirmar que a crença na capacidade de ensinamento inerente à história não estava baseada na concepção cíclica do tempo. A história ensinava não por ser uma grande coletânea de exemplos que fatalmente iriam se repetir, e sim pela capacidade humana de destilar regras e preceitos gerais dos exemplos particulares, por meio da elaboração de advertências e censuras. Portanto, quem ensina não é a história, mas o historiador responsável por sua fabricação.

Antonio Herrera y Tordesillas expõe claramente esse princípio quando narra as operações fundamentais necessárias à confecção da história. De acordo com o cronista, a história legítima deve conjugar declaração, verdade e juízo — afirmação que vem ratificada sob a autoridade de Justo Lipsio — e, para tanto, deve-se proceder de acordo com três regras específicas. A primeira é respeitar o fundamento da verdade entendida enquanto pressuposto da prudência e da sapiência. A segunda é a *declaración* que propõe que a narração dos fatos seja anexada à razão de suas causas, sob pena da história se tornar "*mas cosa de burla que doctrina*" (Herrera y Tordesillas, 1804, p. 3). A terceira corresponde ao *juicio* que significa que a história deve aprovar e condenar. Esse tipo de interpretação aproxima a história da jurisprudência,[118] elemento que foi destacado por Donald Kelley (2005)

---

[117] No discurso de Antonio Herrera y Tordesillas fica perceptível a ausência de limites claros entre as áreas de conhecimento, reverberando inclusive no amplo espectro dedicado à história que poderia ser divina, eclesiástica, natural e humana. Herrera chega a afirmar que mesmo as obras de Galeno e Hipócrates nada mais são do que histórias. *Cf.* HERRERA Y TORDESILLAS, Antonio de. *Discursos Morales, políticos e históricos inéditos de Don Antonio de Herrera cronista del Rey Don Felipe II*: tomo I. Madrid: Imprenta de Ruiz, 1804. p. 3.

[118] A importância concedida à jurisprudência por Herrera condiciona um elogio feito a Tácito: "En suma, Tácito fue jurisprudente, y pues que siendo la jurisprudencia tal, que dice Demóstenes que toda ley es invención y don de Dios, y los profesores de esta facultad han hecho tanto caudal de la historia, bastará lo dicho para mostrar la estimación en que se debe tener la historia y tan gran historiador como Tácito". Contudo, o encômio tacitista de Herrera vai muito além: "Entiendo que nada de esto falta a Cornelio Tácito, porque trata con gravedad y elegancia, y quiso más dejar algo que pensar en el ánimo del lector, que cánsale con largas narraciones, como Livio, cuya abundancia suele ofender mucho. Tácito es más grave y conciso, o porque en tiempo de Vespasiano Emperador se gustaba más de esta manera de hablar, y las grandes guerras, las conquistas de las ciudades, los Reyes que fueron presos y ahuyentados, las discordias de los Cónsules con los tribunos, las leyes agrarias y frumentarias, las revueltas entre el pueblo y los nobles, las conspiraciones de los grandes no le pusieron en tanto cuidado como las sentencias de los Senadores, los consejos de las cosas hechas y ejecutadas, los principios y causas de los movimientos, los mandamientos severos, acusaciones continuas, falsas amistades, destrucciones de inocentes, y las artes necesarias para los tiempos de paz" (Herrera y Tordesillas, 1804, p. 46-47, 51).

como uma das mudanças essenciais na historiografia seiscentista. Herrera, baseando-se na tradição ciceroniana, apresenta com precisão essa concepção:

> [...] vemos que se consigue tanto fruto de la historia como de las leyes, porque estas dos cosas nos encaminan a la virtud: pero tanto mas aprovecha la historia que las leyes, cuanto que estas no tienen mas que los preceptos de bien vivir, pero la historia confirma la doctrina con ejemplos, que es de mayor fuerza para disponernos a abrazar y recibir lo justo y lo mayor; por lo cual se puede decir que es la historia un tribunal suficiente por si mismo, sin ejecutores ni alguaciles, que moviendo a los hombres a lo bueno los lleva a la felicidad civil [...].(Herrera y Tordesillas, 1804, p. 23).

O tipo de história legítima, ou perfeita, concebida pelo cronista tinha mais algumas características. Dentre os diversos tipos de história, Herrera declara que seu campo de labor é a história humana, que trata das coisas públicas, podendo ser composta por "los Comentarios, las Efemérides, los Diarios o Anales, las Cronologías, los Apotegmas, los Motes, los Estratagemas y modos de fortificar y otras cosas". O gênero adequado a esse tipo de história era passível de oscilação entre tópico "contiene la declaración de los lugares", pragmático que aborda "las costumbres de las naciones", crônico que "trata de las personas debajo de quien sucedieron las cosas", ou genealógico que a seu turno "declara la derivación de las naciones y gentes" (Herrera y Tordesillas, 1804, p. 4).

Herrera não apenas define as características que devem estar presentes nos textos de história, como igualmente elege as qualidades imprescindíveis ao bom historiador, compondo uma imagem muito semelhante àquela descrita por Luis Cabrera de Córdoba. Entre as virtudes do bom historiador, a primeira a ser elencada, não fortuitamente, é a prudência seguida de entendimento civil, palavra que se repete inúmeras vezes ao longo do discurso. Para bem desempenhar o ofício de historiador, era forçoso ter ânimo livre e não desejar receber nenhum tipo de benefício em troca daquilo que se escreve, uma adaptação da máxima de Tácito, *sine ira et studio*. Por fim, o historiador não deve ser um homem que nunca saiu de sua terra, muito menos alguém que crê facilmente em qualquer informação. Sua obrigação última era o bem público.

Quando trata da prudência, Herrera sentencia prontamente que de pouco auxílio servem os trabalhos dos historiadores se sua principal finalidade não for a obtenção da prudência. A concepção do autor a respeito da prudência reflete as interpretações vigentes em sua sociedade. A prudência era uma virtude intelectual, a filha da razão, o produto de uma operação que conjugava passado, presente e futuro em um mesmo campo de possibilidades. Assim, Herrera afirmava: "la primera la memoria de las cosas pasadas: la segunda el conocimiento de las presentes: la última el echar de ver las venideras" (Herrera y Tordesillas,1804, p. 22). Também em sua obra a prudência recobrava merecida importância na pauta política. A sentença abaixo é enunciada em uma passagem em que o autor não chega a contestar abertamente a concepção cíclica do tempo, porém adiciona uma dimensão mais profunda à reflexão que correspondia à grande variedade dos tempos:

> Y sí conocemos que la prudencia aumenta tanto sus fuerzas en las acciones particulares con la lección de la historia, cuanto mayor provecho se puede esperar que se seguirá de ellas para bien regir la república, adonde por la diversidad de los gobiernos, variedad de los tiempos, de las costumbres, y de tan diversos accidentes hay necesidad de muy larga experiencia, si un hombre quiere adquirir una verdadera prudencia para que ningún caso le parezca nuevo ni le perturbe ningún accidente, sino que se muestre tal, que con el conocimiento de los sucesos humanos, haya aprendido a proveer a todas las cosas que haya antevisto [...] y en suma, como la prudencia es principio de toda buena operación, así se puede decir que es la historia casi un principio de donde deriva la misma prudencia [...] (Herrera y Tordesillas, 1804, p. 24-25).

No tratado que aborda os historiadores espanhóis, Herrera traça panorama completo de obras e autores, e não se furta a fazer considerações pontuais, tecendo importantes comentários especialmente sobre a obra de Juan de Mariana. Assim, o cronista expunha suas opiniões acerca da história espanhola. O autor divide a história da Espanha em quatro fases, ou idades. A primeira representaria o período em que os indivíduos viviam em um estado mais ou menos primitivo. A segunda foi a época marcada pela dominação de romanos, cartagineses e godos. Todavia, as fases realmente emblemáticas são a terceira e a quarta. Isso porque nessas fases é possível identificar o projeto de construção de uma identidade coletiva, que pudesse congregar as vontades dos habitantes dos diversos territórios da península, em torno da ideia de Monarquia Espanhola, bem como notar a preponderância que os castelhanos assumiriam nesse projeto, intento igualmente perseguido por Herrera em outras obras. O trecho a seguir não deixa margem para dúvida:

> La tercera edad fue hasta que los españoles y particularmente los castellanos, con sus propias fuerzas, sin ayuda ni consejo de otra nación ni Príncipe, echaron de su tierra a estos Mahometanos, en que se gastaron muchos años; en los cuáles por la religión y por la patria pelearon valerosamente haciendo hechos maravillosos, cuáles en tanto discurso de tiempo no se hallan continuados en ninguna parte del mundo. La cuarta edad comenzó desde que echado de España el mahometismo, fue esta nación gloriosamente dilatando su Imperio en Europa, en África, y en las regiones occidentales y orientales con trabajos cuáles ninguna otra pudiera sufrir ni continuar con tanta constancia (Herrera y Tordesillas, 1804, p. 37-38).

As críticas dirigidas à obra de Juan de Mariana derivam, em certo sentido, das percepções esboçadas na citação anterior. A primeira menção feita à obra de Juan de Mariana é positiva. Nessa passagem, Herrera elogia à elegância e o *ingenio* do padre jesuíta, opinando que a leitura de sua obra deveria ser obrigatória, pois a mesma traria luz aos acontecimentos singulares da história da Espanha, que durante muito tempo estiveram obscurecidos. No entanto, Mariana é acusado de reproduzir excessivamente os juízos dos escritores antigos, quando deveria realizar uma operação de escrutínio nas obras a fim de averiguar a verdade. Em outras palavras, o padre jesuíta não teria adotado um procedimento crítico em relação a suas fontes, em um sentido mais contemporâneo. Mais grave, porém, é a denúncia de que Mariana seria pouco afeito à nobreza castelhana e que, em decorrência deste posicionamento, teria apreciado de maneira desigual a atuação desse segmento na história de Espanha.

A condenação à obra de Juan de Mariana abre espaço para supor que talvez essas críticas estivessem baseadas em uma percepção excessivamente castelhana do projeto de construção da identidade espanhola. E, não menos importante, que esses julgamentos estivessem direcionados à condenação do arranjo político constitucionalista[119] presente na obra de Mariana. Em outras palavras, nas polêmicas em voga entre os homens de letras do

---

[119] Inúmeros estudos enfocam o caráter constitucionalista do discurso político do padre Mariana. Vejamos algumas considerações: "Si salvamos la tesis de – entonces rupturistas de Juan de Mariana, sobre el tiranicidio, y la doctrina del Derecho natural y de gentes de la escuela española del siglo XVI, nuestra contribución al derecho constitucional ha sido mínima" (Peña González, 2006, p. 346). "Yet even the most recent discussions of Mariana's political thinking still tend to consider him as a humanist precursor to modern constitutionalism" (Braun, 2007, p. xii). E ainda "Juan de Mariana, el principal exponente del constitucionalismo de finales del siglo XVI [...]" (Jago, 2002, p. 95).

período estão subentendidas disputas pelo projeto político-governamental que deveria ser adotado pela Monarquia Hispânica. Essa pugna amplia o papel do discurso histórico não somente enquanto *locus* de aprendizado das virtudes necessárias aos políticos, mas também como instrumento legítimo de defesa das propostas políticas em aberto naquela sociedade.

Os discursos e tratados de Antonio Herrera y Tordesillas possibilitam um olhar privilegiado acerca de aspectos essenciais das preceptivas historiográficas seiscentistas. Nessa breve análise, tivemos oportunidade de perceber as mudanças em voga na escrita da história do período. Principalmente, aquelas que diziam respeito ao entendimento da história como um tipo de saber que buscava estabelecer regras e princípios gerais, em harmonia com as transformações mais amplas no horizonte de conhecimento europeu. Outrossim, foi uma constatação preciosa notar as associações entre história, política e prudência em uma moldura neoestoica, na qual o panegírico a Tácito e as constantes referências a Justo Lipsio conferiram o tom adequado. Daremos continuidade à análise dos repertórios sobre a escrita da história, colocando agora em evidência a obra de Luis Cabrera de Córdoba.

Luis Cabrera de Córdoba, desde muito cedo, vivenciou o ambiente da Corte madrilena, pois seu pai, Juan Cabrera de Córdoba, era criado da Casa Real por ocasião de seu nascimento.[120] Córdoba foi autor de duas obras de história, não se ocupando apenas das questões especulativas, mas também da prática historiográfica. As mais representativas de suas obras são: *Felipe II, Rey de España* e *Relaciones de las cosas sucedidas en la corte de España, desde 1599 hasta 1614*. Quando começou a se dedicar às obrigações imputadas pela monarquia, Cabrera de Córdoba contava com apenas 22 anos. A partir de então, dedicou-se ao exercício das atividades diplomáticas, sendo sua principal tarefa fornecer informações ao rei sobre os acontecimentos e os problemas que ocorriam nos domínios da Monarquia Hispânica. Dessa forma, Córdoba cumpriu missões diplomáticas em Portugal, na Itália e na tumultuada Flandres e, em outras ocasiões, foi responsável pela recepção de embaixadores estrangeiros em visita a Corte madrilena. O autor chegou, inclusive, a participar da organização da Invencível Armada. Cabrera de Córdoba exerceu durante um período o cargo de secretário do duque de Osuna quando ele ocupava o posto de vice-rei de Nápoles. Luis Cabrera de

---

[120] Para fornecer as informações relativas à trajetória pessoal de Cabrera de Córdoba, utilizamos o artigo: GARCÍA LÓPEZ, Aurélio. El Escorial, en Luis Cabrera de Córdoba. In: SIMPOSIUM LITERATURA E IMAGEN EN EL ESCORIAL, 1996, San Lorenzo del Escorial. *Actas* [...]. San Lorenzo del Escorial: Estudios Superiores del Escorial, 1996. p. 667-681.

Córdoba foi, portanto, um homem fartamente envolvido com as questões políticas de seu tempo, exercitado nas artimanhas do ambiente cortesão e conhecedor das práticas diplomáticas. E foi baseado em sua trajetória como participante ativo das questões do reino, que Cabrera de Córdoba cunhou a imagem do perfeito historiador.

De historia, para entenderla y escribirla foi dedicada a Francisco Sandoval, o duque de Lerma, na época privado de Felipe III. Cabrera de Córdoba inicia seu repertório tratando da importância da história para o oficio régio. Logo nas primeiras páginas, podemos verificar a articulação existente entre história e prudência, pois a primeira é apresentada como o instrumento mais efetivo para alcançar a virtude da prudência tão imprescindível ao príncipe e à arte de reinar. A justificativa apresentada pelo autor para explicar a relação entre história e prudência é a concepção cíclica do tempo. A qualidade exemplar da história é evocada para corroborar sua relevância no conjunto de saberes necessários ao monarca, uma vez que ela fornece modelo de insignes varões que o precederam. Fica logo explícita a inscrição da história na agenda política do período:

> Es noble la historia por su duración, que es la del mundo. Fenecen Reinos, mudase los Imperios, mueren grandes, y pequeños, ella permanece: vida de la memoria, maestra de la vida, anunciadora de la antigüedad, preparación importante para los actos políticos, que hace cautos con los peligros, y con los sucesos ajenos seguros (Cabrera de Córdoba, 1611, p. 5).

Posteriormente, Cabrera de Córdoba se ocupa da origem da história e da definição etimológica do termo, recorrendo a especificações de Platão, Políbio, Agostinho de Hipona e Antonio Possevino. Nessa parte da obra, são abordadas questões associadas à tradição oral, aos monumentos, às estátuas e aos quadros que são classificados como formas do discurso histórico, mesmo que tais formas sejam consideradas inferiores à história escrita. É igualmente mencionada a relação entre história, gênero poético e discurso mitológico. Marca presença na obra um grande número de autores gregos e romanos que Córdoba utiliza como forma de autorizar seu discurso ou como exemplo daquilo que não se deve reproduzir. Aqui, deve-se sublinhar uma dificuldade interpretativa do texto: a citação dos autores gregos e latinos é feita de forma ambígua, dado que o mesmo autor que é objeto de elogios, em um certo momento, pode ser alvo da pior condenação, em outro. O único nome que parece se isentar das críticas negativas, emergindo como o grande mestre da história é Tito Lívio. No entanto, Tácito, mesmo recebendo duras críticas ao longo do texto, surge como exemplo a seguir, caso o objetivo do historiador seja a história moral.

Cabrera de Córdoba compõe um complexo sistema de partição da história, que, de acordo com ele, possuía divisão, subdivisão e ainda uma segunda subdivisão, sem contar as diversas tipologias. A primeira divisão seria entre história divina e humana, que por sua vez se desdobram em sagrada e eclesiástica e em natural e moral, respectivamente. A história divina transmitiria preceitos religiosos, a natural[121] trataria dos conhecimentos científicos e, finalmente, a história humana seria a responsável pelo ensino da prudência. A segunda subdivisão traria as partes essenciais — verdade, explanação e juízo — e as integrantes: exórdio, descrição, digressão, orações, elogios, discursos, juízos, prognósticos e sentenças. O gênero do discurso histórico seria o narrativo e os tipos de história seriam: a universal, a crônica, a provincial e a genealógica. Segundo o autor, a história não teria relação imediata com a cronologia, tanto podendo se dedicar ao passado remoto, quanto ao presente imediato. Não seria esse o pressuposto que a qualificaria como gênero histórico, mas sim sua capacidade de ofertar um ensinamento útil à humanidade.

Segundo Cabrera de Córdoba, a história não poderia ser apenas um espaço para treinamento da elegância e boa escrita. Ela deveria ser escrita com base na observância de seus próprios métodos e leis. Nesse sentido, destaca-se o relevo concedido ao uso das fontes, primordialmente: as relações, os comentários, os diários e os anais. Outro fator fundamental seria o cuidado de inscrever os acontecimentos em seu recorte temporal preciso. O historiador também não deveria se desviar de seu objetivo narrando detalhes. De forma emblemática, o autor sublinhou igualmente a importância do silêncio. O ato de calar fazia parte da história em situações precisas, quando, por exemplo, falar a verdade pudesse conturbar a relação entre o rei e seus súditos. Uma última questão, relativa à problemática dos métodos e leis da história, diz respeito à distinção entre verdade e verossimilhança. Segue o trecho em que tal distinção é abordada:

> Advirtiendo que hay verdadero y verosímil, y más verdadero que verosímil. Qué sea lo verdadero y lo verosímil es notorio,

---

[121] Encontra-se uma divisão similar em Jean Bodin. De acordo com Koselleck (2006), a divisão feita por Bodin da história em sacra, humana e natural transforma a questão do fim dos tempos (outrora de ordem religiosa) em um problema para a astronomia e a matemática. Restaria a história humana, isenta de metas a cumprir, um campo aberto de possibilidades.

> pues lo verdadero es confirmación de lo cierto, negativa de lo incierto, que muestra las cosas como pasaron; verosímil es lo que con apariencia de verdad no niega ni afirma. Más verdadero que verosímil son los hechos de los españoles en Flandes, en el Esguazo de Zierkizee y en las Indias orientales y occidentales, que son tan prodigiosos que en los venideros tiempos parecerán fabulosos, porque son más verdaderos que verosímiles de poderse hacer. Más verosímil que verdadero es lo que se escribe de lo que se trata en un consejo o gabinete en lo que el rey propuso y las palabras, lo que dijeron los que votaron, los argumentos, las réplicas, cosa difícil de saberse. Y así se escribe lo verosímil, que se saca de los efectos y de algunas circunstancias y manera de hacer los negocios y ejecutar las jornadas (Cabrera de Córdoba, 1611, p. 24).

Córdoba afirma que nem todos sabem escrever história. Os chamados escritores vulgares, apesar de poderem descobrir alguma verdade, não produzem história porque não advertem para os ensinamentos éticos e políticos. Assim, a história era concebida como um veículo para a transmissão dos saberes éticos e políticos. Sua finalidade última seria a intervenção no tempo presente e não a construção de um discurso para celebrar o passado. Suas palavras são ilustrativas: "No es escribir las cosas, para que no se olviden [...] sino para que se enseñen a vivir con la experiencia, maestra muda que hacen los particulares que perfeccionan la prudencia. El fin de la historia es la utilidad pública" (Cabrera de Córdoba, 1611, p. 19).

Assim, o discurso histórico se convertia em literatura probatória e decisiva estratégia política, ao mesmo tempo, em que pretendia sustentar o projeto de criação de uma determinada identidade coletiva, ou contestá-lo a partir da recuperação dos relatos fundacionais dos reinos. Convém reproduzir a definição das qualidades necessárias ao bom historiador anunciadas por Luis Cabrera de Córdoba, pois, o trecho serve de síntese e comprovação de algumas das hipóteses explanadas até o momento:

> Hay de saber buenas letras, tener lección de las divinas, ser docto en las antigüedades, práctico en el mundo, y que le haya peregrinado, ejercitado en todas las materias, principalmente de estado, inteligente en las cosas de la guerra, hombre áulico, versado en los negocios públicos y gobiernos de los reinos, provincias e pueblos, inquiridor de los hechos ocultos, lleno de sentencias y dichos graves, instruido en ejemplos, erudito, elocuente, grave, entero, severo, urbano, diligente, medido, [...] varón realmente bueno, para que ni dé ni quite, mas de

> lo que conforme a razón toca a cada uno, ejercitado en el escribir con entera salud, ingenio acomodado, y inclinado de lo alto para historiar, hacienda con que vivir, que ni espere, ni tema, conocedor de lo bueno, y de lo malo que hay en los escritores, con perfecta prudencia, tanto en el decir, como en el callar, moderación en sus afectos, buena elección en todo, fortaleza en su ánimo para decir la verdad y su parecer, igualdad en el contar las cosas dignas de ser alabada, o reprehendidas (Cabrera de Córdoba, 1611, p. 15).

No trecho, é evidente a correspondência entre as virtudes necessárias ao historiador e aquelas recomendadas ao político: prudência e experiência, que aparecem na citação de forma não literal, mas sugestivamente em certas passagens como "práctico en el mundo" e "ejercitado en todas las materias, principalmente de estado". Aqueles que direcionaram seus esforços à escrita da história, na Monarquia Hispânica, conceberam tal discurso como meio apropriado para um acirrado debate sobre as questões políticas e identitárias fundamentais do período. Assim, a história transformou-se em espaço privilegiado para realizar as discussões pertinentes ao tempo de seus autores, dado um de seus maiores objetivos era a tentativa de organização do presente e do futuro dos reinos.

3.4 A INVENÇÃO DA ESPANHA

> [...] siendo los historiadores únicos testigos de la fama, y publicadores de la honra y universal estado de las gentes.
>
> Esteban Garibay y Zamalloa. Compendio historial de todos los reynos de España.

O processo necessário ao estabelecimento do sentimento comum de identidade entre os habitantes de uma determinada região não é um algo simples ou passível de ser concretizado em um curto período de tempo. Os símbolos e conceitos mais proeminentes e eficazes na construção da identidade espanhola, a partir do final do século XVI, passaram por constantes processos de ressignificação e suas transformações coadunaram-se com o projeto imperial em voga no reinado dos Habsburgos. Porém, não estamos tentando afirmar uma lógica inerente à tentativa de formação de uma identidade espanhola, como se os atores que dela porventura tivessem participado o fizessem com plena consciência e dotados de uma intenção deliberada para que suas ações produzissem certos resultados no futuro, longe disso. É precisamente nesse sentido que o discurso histórico alcança relevância, pois por meio dele os fatos do passado seriam organizados de maneira a forjar uma realidade que fosse funcional do ponto de vista dos projetos políticos do presente. A história se transformava, portanto, em um poderoso signo na construção da identidade nacional.

Quando o discurso histórico adota um coletivo cultural-territorial como personagem central da narração, converte-se em uma das peças centrais na construção da identidade. Tal discurso cria a sensação de coesão coletiva, gerando um sentimento de pertença ao grupo que conecta os indivíduos entre si, através da partilha do mesmo passado. As interpretações feitas de distintos períodos históricos, inclusive daqueles em que a identidade coletiva que se desejava afirmar não estava presente, a partir de uma ótica protonacionalista, possibilitam a geração de uma autopercepção[122] da comunidade como uma realidade sólida, permanente, até mesmo essencial. Não à toa, a escrita da história foi uma das preocupações constantes dos monarcas hispânicos e acabou adquirindo crescente importância que se viu concretizada na criação do cargo de cronista real, ainda no século XV.

As obras de cunho histórico que elegeram a entidade Espanha[123] como figura central da narração retrocedem a períodos anteriores ao moderno. Trataremos aqui de algumas delas, sem que haja nenhuma pretensão de exaustividade. Uma primeira produção que deve ser elencada não é propriamente um discurso histórico, mas sim um texto que adquiriu enorme relevância para a produção historiográfica posterior. Trata-se da obra *Laus Hispaniae*, um panegírico de Isidoro de Sevilha, que pode ser considerado como um prolongamento de sua obra *Historia Gothorum Vandalorum et Sueworum* (Ballester, 2010). *Laus Hispaniae* exerceu uma grande influência em três obras de grande notoriedade no século XIII: *Chronicon Mundi* (1236), do bispo Lucas de Tuy, *De Rebus Hispaniae o Historia gótica* (1243), de Rodrigo Jiménez de Rada, arcebispo de Toledo, e a *Primera cronica general de España* (c. 1270-1280) escrita por iniciativa de Afonso X, que também colaborou em sua redação.

Isidoro de Sevilha foi uma das figuras intelectuais mais proeminentes da Idade Média. Sua obra constituiu uma verdadeira enciclopédia de síntese da cultura greco-romana, que conheceu uma extraordinária irradiação. Foi

---

[122] Não somente a autopercepção de um determinado coletivo social enquanto comunidade é importante, mas também a projeção da imagem de comunidade no estrangeiro.

[123] Ressalvamos que estamos aludindo à entidade Espanha de forma abrangente e não ao conceito de Espanha como ele foi utilizado nas obras do período moderno.

considerada por Ernst Robert Curtius como o livro fundamental da Idade Media, determinante de toda uma modalidade de pensamento (Curtius, 1956 *apud* Senellart, 2006, p. 70-71). Em suas *Etimologias,* compostas até o ano de 610, Isidoro de Sevilha reuniu dados sobre: a etimologia do vocábulo *Hispania*, as cidades da Península Ibérica, os rios, os minerais, os armamentos, as vestimentas, etc. Enfim, foram compiladas uma série de informações que seriam amplamente utilizadas nos discursos históricos subsequentes.

Na história escrita por Isidoro de Sevilha, os visigodos ocupam papel de primazia entre os povos bárbaros que invadiram o Império Romano, inclusive entre os próprios romanos que teriam sucumbido à sua força. Configurava-se uma imagem de superioridade na qual a nobreza hispano-visigótica deveria se espelhar. Isidoro de Sevilha considerava a história um instrumento muito útil para o ensino e a aprendizagem, pois nela os sábios poderiam encontrar subsídios necessários à instrução no tempo presente. Assim, a história seria ainda um ingrediente de peso na construção da imagem do soberano ideal concebida por Isidoro de Sevilha.

Seis séculos separam a *Laus Hispaniae* de Isidoro de Sevilha da próxima obra em questão, considerada um marco da historiografia na Península Ibérica, a *Primera cronica general de España* (c. 1270-1280), redigida sob os auspícios de Afonso X. O século XIII assistiu a uma série de publicações de histórias que tinham como objetivo central narrar os grandes feitos de seus respectivos reinos e monarcas locais, por exemplo o *Chronica Lusitana*, em Portugal, e a *Chronica Silense*, em Leão. O projeto historiográfico de Afonso X,[124] consolidado na *Primera cronica general de España* (c. 1270-1280), obedeceu a um propósito de integração dos reinos. O tempo de Afonso X foi um período de florescimento cultural, marcado pelo reconhecimento de três poderes que deveriam coexistir em harmonia em prol do bem-estar da comunidade cristã: *sacerdotium, imperium* e *Studium* (Mitre Fernández, 1997). A efervescência cultural, vivenciada no reinado de Afonso X, não foi um fenômeno exclusivamente ibérico. Jacques Le Goff (2003) utiliza de maneira enfática o termo *século das Luzes* quando trata da centúria dos duzentos referindo-se ao avanço das universidades e às grandes sumas e enciclopédias redigidas nesse período.[125]

---

[124] Também integrou o projeto de escrita da história de Afonso X uma obra com pretensões muito mais ambiciosas e de caráter generalista que, entretanto, não alcançou a mesma repercussão da *Primera Cronica*. Trata-se de *General Estoria*, uma crônica sobre história universal.

[125] Le Goff refere-se igualmente a uma espécie de renascimento cultural que teria ocorrido no século XII. Ver: LE GOFF, Jacques. *Os intelectuais na Idade Média*. Rio de Janeiro: José Olympio, 2003.

Afonso X foi um personagem peculiar na longa linhagem dos monarcas hispânicos. Ele dirigiu e participou da elaboração e compilação de uma série de obras que deixaram marcas profundas na tradição intelectual espanhola, como: *Las Siete Partidas*, um dos mais influentes códigos jurídicos da história da Península Ibérica, as *Tablas Alfonsíes*, tratado de astronomia, e ainda o *Lapidário*, um escrito que abordava assuntos referentes à magia e à medicina, para citar três dos exemplos mais emblemáticos. Sem mencionar algumas produções menos ortodoxas, como o *Libro de los juegos* ou *Libro del axedrez, dados e tablas,* o tratado de xadrez mais antigo da Espanha, e as *Cantigas de Santa Maria*, que demonstram como era amplo o horizonte de interesses deste monarca que, não à toa, recebeu o epíteto de o Sábio.

Tal qual Afonso X foi um monarca peculiar, seu projeto historiográfico estava à sua altura e produziu uma mudança significativa na historiografia medieval. *Primera cronica general de España* foi redigida em língua vulgar e não em latim, coadunando com um projeto de valorização da língua nacional. A crônica de Afonso X era uma nova forma de produção da história, alicerçada em uma maneira diferente de utilizar as referências textuais, bem como em uma nova concepção do passado. Tais características tornaram a *Primera cronica* uma narrativa singular no panorama da historiografia medieval. Krzysztof Pomian (1993) sublinha que o historiador medieval apenas registrava os acontecimentos que lhe eram contemporâneos, devido à crença que focalizava no presente a única possibilidade de conhecimento. O tratamento dado ao passado era formulado a partir da perspectiva da compilação, através da repetição das fontes que teriam sido registradas por alguém na qualidade de testemunha ocular dos acontecimentos. Nesse sentido, o passado não era alvo de questionamentos. No projeto historiográfico afonsino, o método de composição possuiria ingredientes distintos. As técnicas utilizadas por seus predecessores foram ampliadas gerando uma nova metodologia que envolvia busca, reunião, seleção e tradução para língua vernácula de diversas fontes tanto sagradas, quanto profanas. As técnicas utilizadas envolviam, portanto, um uso diverso das referências que supunham um procedimento de eleição entre os variados textos históricos que serviriam de base ao relato e posteriores remodelações dos escritos, a fim de tornar compatíveis os materiais utilizados, transformando-os assim em um texto homogêneo. Tal problemática encontra-se abordada logo no prólogo da obra:

> [...] mandamos ayuntar quantos libros pudimos auer de istorias en que alguna cosa contassen de los fechos d'Espanna, et tomamos de la cronica del Arçobispo don Rodrigo que fizo por mandado del rey don Fernando nuestro padre, et de la de Maestre Luchas, Obispo de Tuy, et de Paulo Orosio, et de Lucano, et de sant Esidro el primero, et de Sant Alffonsso, et de sant Esidro el mancebo, et de Idacio Obispo de Gallizia, et de Sulpicio Obispo de Gasconna, et de los otros escriptos de los Concilios de Toledo et don Jordan, chanceller del sancto palacio, et de Claudio Tholomeo, que departio del cerco de la tierra meior que otro sabio fasta la su sazo, et de Dion, que escrivio verdadera la estoria de los godos, et de Pompeyo Trogo, et otras estorias de Roma las que pudiemos auer que contassen algunas cosas del fecho de España, et compusimos este libro de todos los fechos que fallar se pudieron della, desde el tiempo de Noe fasta este nuestro (Primera Crónica General de España *apud* Menéndez Pidal, 1906, p. 4).

No trecho destacado, são elencadas as fontes utilizadas e é perceptível a atuação de um procedimento de eleição e hierarquização entre as obras quando, por exemplo, o autor identifica na obra de Claudio Ptolomeu a melhor abordagem realizada entre os sábios do cerco da terra ou qualifica como verdadeira a história dos visigodos escrita por Dion. Entretanto, acreditamos que a característica mais importante da obra diz respeito ao estabelecimento de uma noção mais abrangente de Espanha que ultrapassa um simples recorte territorial para assumir a personificação histórica de uma região sem fronteiras bem delineadas, mas detentora de um coletivo, os espanhóis, em função do qual se criava uma história compartilhada em que imperava delimitar as raízes comuns desse povo. A passagem que segue é extremamente significativa:

> Et eso fiziemos por que fuesse sabudo el comienço de los espannoles, et de quales y entes fuera Espanna maltrecha; et que sopiessen las batallas que Hercoles de Grecia fizo contra los espannoles, et las mortandades que los romanos fizieron en ellos, et los destruymientos que les fizieron otrossi los vandalos et los silingos et los alanos et los sueuos que aduxieron a ser poços; et por mostrar la nobleza de los godos et como fueron uniendo de tierra en tierra, uenciendo muchas batallas et conquiriendo muchas tierras fasta que llegaron a Espanna, et echaron ende a todas las otras yentes, et fueron ellos sennores della; et como por el desacuerdo que ouieron los godos con so sennor el rey Rodrigo et por la traycion

> que urdio el conde do Yllan et ell arçobispo Oppa passaron los de Affrica et ganaron todo lo mas d'Espanna; et como fueron los cristianos despues cobrando la tierra; et el danno fue uino en Ella por partir los regnos por que se non pudo cobrar tan auyna; et despues cuemo la ayunto Dios, et por quales maneras et en qual tiempo, et quales reyes ganaron la tierra fasta en el mar meditarreneo, et que obras fizo cada uno, assi cuemo uinieron unos tiempos otros fasta el nuestro tiempo (Primera Crónica General de España *apud* Menéndez Pidal, 1906, p. 4).

Em uma única passagem, encontram-se reunidos alguns dos elementos mais centrais e que possuiriam maior fôlego, por meio de recorrentes ressignificações, como símbolos da criação de um discurso unificador acerca da identidade espanhola. Estão presentes a valorização e a exaltação dos godos como um povo vencedor de muitas batalhas e que conquistou a Espanha, fator que estabelece um dos marcos identitários espanhóis: a nobreza visigótica.[126] Demonstra também o fator de coalizão corporificado na imagem da "Reconquista" como a luta dos cristãos para reconquistar a terra que havia sido tomada pelos mulçumanos e, mais emblemático, a afirmação de que o maior dano causado pela invasão dos que vieram da África foi a divisão dos reinos, que, todavia, não se encontravam unidos por essa ocasião. Por fim, em uma chave providencialista, verifica-se a afirmação de que Deus foi o responsável pela reintegração do território espanhol. *Primera cronica general de España,* de Afonso X, é, dessa forma, peça-chave na tentativa de estabelecimento de alguns signos identitários que visavam a construção de uma memória comum para os hispânicos que superasse as idiossincrasias de cada reino. Contudo, a noção de Espanha ainda estava longe de ser formulada com clareza e ter uma dimensão política expressiva.

A partir de meados do século XV, assistiu-se a uma onda de publicações cuja personagem central era a entidade Espanha. Entretanto, o discurso histórico do século XV configurava-se em moldes muito distintos dos que até agora foram apresentados. Richard Kagan (2009) contrapõe o período medieval, quando as obras eram escritas em língua vernácula visando essencialmente a elaboração de uma narrativa acerca dos acontecimentos contemporâneos, ao início do século XV, quando entra em vigor uma

---

[126] Reforçar a herança visigótica como um dos elementos primordiais do passado espanhol é uma característica presente em muitas obras de história hispânica, como nos escritos de: Alfonso de Cartagena, Hernando el Pulgar, Pedro de Medina, Gregório López Madera, Florián de Ocampo, Esteban de Garibay y Zamalloa, Jaime Valdés, Álamos de Barrientos e Saavedra Fajardo.

historiografia humanista que iria inspirar-se nos modelos da Antiguidade Clássica e pautar-se em normas retóricas para oferecer instrução moral e conselhos políticos. No caso da Monarquia Hispânica, Ballester aponta que as obras produzidas nesse período tinham objetivos políticos concretos. Entre eles, conferir legitimidade às guerras de "Reconquista" baseando-se em teorias goticistas, elogiar as dinastias régias e documentar a antiguidade da entidade Espanha no inflamado debate sobre a precedência hierárquica entre os monarcas europeus (Ballester Rodríguez, 2010).

 A valorização da história e a possibilidade de criação de um discurso oficial e controlado sobre o passado entraram com vigor na agenda política das monarquias peninsulares com a criação do cargo de cronista real (Tate, 1995), já em meados do século XV. A simples criação dessa função testemunha o prestígio atingido pelo discurso histórico e a tentativa dos monarcas de monopolizar a produção da memória sobre seus reinados e suas próprias figuras. A confecção de uma história oficial não foi uma preocupação exclusiva dos reinos peninsulares e nem seus monarcas foram os únicos a perceber as finalidades políticas que poderiam ser dadas à história. Kagan afirma que monarquia e história sempre estiveram associadas. No fragmento a seguir, o autor não deixa margem para dúvidas: "Power has always expressed itself through narratives intended to offer rulers ways of justifying their actions, excoriating their enemies, and trumpeting their achievements for the benefit off future generations" (Kagan, 2009, p. 8).

 A primeira nomeação oficial na Espanha, da qual existe evidência documental, foi a de Juan de Mena em 1456, seguida pelas de Alonso de Palencia, também em 1456, Miguel de Ávila, em 1457, Diego Enríquez Del Castillo, em 1460 e, finalmente, pela de Diego de Valera, em 1482. Convém destacar que mais de uma pessoa poderia ocupar o posto de cronista real. Os Reis Católicos possivelmente estiveram conscientes das possibilidades oferecidas pelo discurso histórico para conferir legitimidade a sua recente união. De fato, em 1474, apenas alguns anos após sua ascensão ao trono, os monarcas impuseram o uso concomitante de latim e língua vernácula nas crônicas, aumentaram o número de cronistas e dispensaram e substituíram aqueles cronistas que haviam sido nomeados por seus predecessores por outros de sua própria escolha. Consolidaram as nomeações dos cronistas, estipulando protocolos oficiais mais precisos e detalhados, e aumentaram o prestígio inerente ao cargo, estabelecendo uma remuneração fixa por ano, tendo sido a soma posteriormente duplicada por Carlos V (Kagan, 2009).

Um detalhe importante é que os cronistas não estavam ligados à Casa Real, sua nomeação estava associada ao Conselho de Estado, levando-nos a crer que a história oficial era essencialmente assunto de Estado. Sintomático da não identificação imediata entre a memória do rei e do reino é o desdobramento, tanto em Castela como em Aragão e também em Navarra, do cargo de cronista oficial em cronista do rei, *Cronista de S. Majestad*, que deveria narrar as proezas do monarca, e cronista do reino, que futuramente receberia o título de *Cronista Mayor*, incumbido de redigir uma história que enaltecesse a trajetória de formação daquela comunidade política. As expressões *Historia pro patria* e *Historia pro persona* sintetizam muito bem essa cisão no cargo de cronista oficial. A crescente importância assumida pelos cronistas também estava relacionada ao aumento da capacidade de irradiação das obras oferecida pela imprensa.

Com a unificação territorial efetivada na união das coroas de Castela e Aragão, deflagrou-se um momento de intensa atividade historiográfica, não apenas por meio das mãos dos cronistas oficiais, mas sob variadas formas, incluindo versos, genealogias, biografias e histórias de campanhas particulares. Fernando II encarregou Gonzalo García de Santa María e Lucio Marineo Sículo da redação de duas biografias de seu pai, Juan II, e solicitou a Antonio de Nebrija que convertesse ao latim a história de seu reinado com a rainha Isabel escrita por Hernando El Pulgar. Ambos os monarcas responsabilizam Pedro Mártir de Anglería pela narração das fantásticas notícias das conquistas no "novo" continente, obra cujo título é *De orbe novo*. R. B. Tate compara esse momento de intenso florescimento da atividade historiográfica castelhana com aquele vivenciado em Florença e Nápoles nas primeiras décadas do *quattrocento* (Tate, 1995, p. 43).

É necessário, para compreender melhor a figura do cronista oficial, como sugere Guénée, associar o crescimento da burocracia oficial e a expansão das chancelarias ao novo vínculo estabelecido entre o secretário e o historiador ou entre o secretário real, o membro do conselho e o historiador (Guénée, 1980 *apud* Tate, 1995). Assim, podemos perceber como a criação do cargo do cronista oficial estava inserida em um quadro de transformações mais profundas que vinham ocorrendo na própria estrutura da administração das principais monarquias europeias no século XV, transformações que alguns pesquisadores caracterizam como uma burocratização das cortes. As funções desempenhadas por letrados e secretários eram cada vez mais requisitadas para dirigir os assuntos régios, as questões das cidades e os problemas dos duques. Paulatinamente, ocorria a substituição do clero em responsabilidades que, durante alguns séculos, foram delegadas quase exclusivamente a esse grupo. Tal substituição foi uma das mais importantes mudanças que acometeram o governo e as sociedades europeias no período moderno. Nessa época, vivenciou-se um acréscimo da diplomacia e do intercâmbio entre os reinos, estimulado pelas guerras exteriores, e também o fortalecimento de uma moderna noção de Corte entendida a partir de então como ativo centro administrativo da monarquia. Esses fenômenos estiveram alicerçados no gradativo crescimento da circulação de documentos entre os monarcas e seus representantes, tais quais: diplomatas, emissários, procuradores e embaixadores no exterior.

Refletir sobre a imagem do cronista, buscando responder alguns questionamentos acerca do tema, conduz a interessantes considerações a respeito da ligação da política com a história, bem como sobre o próprio significado assumido aos poucos pela história na época moderna. R. B. Tate (1995) dedicou-se à temática dos cronistas reais ao longo do século XV na Península Ibérica, na Inglaterra, na França e na Borgonha, e produziu um dos estudos mais frutíferos sobre o tema[127] ainda hoje. Sua descrição[128] dos cronistas é eloquente:

> Cuando estos burócratas, cuidadosos y competentes, escriben como historiadores, sus trabajos reflejan su experiencia, sus intereses profesionales y su sentido del deber hacia su superior. Son los técnicos de la palabra escrita, para ellos el documento escrito tiene mucho más peso que los rumores transmitidos oralmente. Están preparados para recopilar expedientes, para copiar documentos y para comprender su impacto. Conocen y usan el poder de la propaganda bajo la forma de un tratado, en una obra alegórica, en una hoja suelta o en el más amplio recorrido de la historia nacional. Se dan cuenta perfectamente de las luchas internas por el poder y a menudo sufren a causa de la lealtad escogida (Tate, 1995, p. 28).

O cronista oficial era, em essência, um homem de governo acostumado às tarefas administrativas, aos delicados trâmites burocráticos e

---

[127] A obra de Tate, inclusive, é recorrentemente citada por autores que tratam da história da historiografia espanhola, como Richard Kagan, Ricardo García Cárcel e Enrique García Hernán.

[128] Enrique García Hernán descreve o cronista oficial de outra forma: "El cronista era personalmente el centro rector del saber oficial, era la piedra angular del edificio de la historia oficial, no tanto por su historiografía mas por su biografía. Vienen a ser historiadores con una amplia red de relaciones y contactos dentro de la corte con los linajes en el poder" (García Hernán, 2006, p. 126).

às disputas pelo poder, em suma: um político. Por outro lado, o cronista oficial também era alguém que deveria ter acumulado instrução suficiente para compreender e se expressar em diversas línguas, ter um conhecimento satisfatório das obras clássicas, que lhe permitisse adequar sua escrita aos diversos gêneros do período através da hábil manipulação das normas retóricas e ainda discursar com propriedade sobre os mais variados temas, em outras palavras, um erudito. Acompanhar as biografias dos personagens que ocuparam tal posto é um passo significativo para compreender a dupla dimensão inerente ao ofício e às consequências que isso acarretava nos discursos históricos elaborados por essas emblemáticas figuras. Nesse sentido, são representativas as trajetórias de Thomas More, Robert Gaguin, Juan Margarit, Alonso de Palencia, Fernão Lopes, Juan de Mena, para citar apenas alguns nomes da centúria em que o cargo é oficializado.

De acordo com as informações apresentadas por Tate (1995), é coerente supor que os cronistas oficiais manipularam um volume de informações muito maior que seus predecessores, pois como secretários, estava entre suas atribuições preparar documentos e redigir correspondências oficiais. Além disso, tinham acesso, sancionado e estimulado pela realeza, aos mais diversos arquivos. Os deslocamentos ao exterior, no período em que empreendiam sua formação ou em momentos posteriores de suas vidas, foram uma constante nas biografias desses homens. A combinação desses fatores explica a recusa ao antigo modelo historiográfico produzido pelos eclesiásticos e confere elevado teor político às obras históricas que estavam amplamente comprometidas com os propósitos dinásticos e propagandísticos das monarquias. Tal aspecto publicístico das crônicas oficiais foi sublinhado por Richard Kagan (2009).

Nesses termos, os cronistas oficiais do século XV foram os grandes arautos do notável florescimento da historiografia oficial por toda Europa no século XVI (Tate, 1995), e isso se deve às múltiplas facetas apresentadas por esses personagens. As obras de história desse período, especialmente relevantes por eleger a entidade Espanha como objeto e sujeito principal de suas narrativas, são: *Anacephaleosis* (1456), de Alonso de Cartagena; *Compendiosa historia hispánica* (1470), de Rodrigo Sancho de Arévalo, *Crónica de España* (1482), de Diego de Valera, *Paralipomenon Hispaniae* (1484), de Juan Margarit, *De rebus Hispaniae memorabilibus* (escrito em 1496, mas publicado apenas em 1530,) de Lucio Marineo Sículo e, por fim, *Muestra de la Historia de las antigüedades de España* (1499), de Antonio de Nebrija.

Tate (1995) interpreta o período de reinado dos Habsburgos como a fase principal do compromisso hispânico com assuntos globais e afirma que essa projeção iria se refletir nos discursos históricos, conferindo-lhes novos problemas e objetivos. Ao projeto de consolidação e fortalecimento da identidade espanhola em pleno desenvolvimento no reinado de Felipe II,[129] segue uma grande virada na política de produção e publicação das obras de história, signo do papel central assumido pelo discurso histórico. Até agora, nenhuma das obras referenciadas neste capítulo pode ser considerada completa tanto do ponto de vista cronológico quanto do ponto de vista temático da história da Espanha. Afinal, não era uma empreitada simples escrever a história de um coletivo estruturado politicamente como uma monarquia composta. Em tal história, deveriam estar representadas as passagens mais significativas da trajetória de cada uma das comunidades que compunham a entidade Espanha, sem que isso comprometesse a confecção de uma identidade espanhola comum baseada na partilha do mesmo passado. Não se podia apenas narrar histórias separadas dos reinos, porque tal narrativa não alcançaria o propósito esperado para a história da Monarquia Espanhola, de acordo com as implicações simbólicas e ideológicas expressas no conceito. O testemunho de Esteban de Garibay,[130] que chegou a ser cronista oficial no reinado de Felipe II, ilustra muito bem a dificuldade inerente ao projeto:

> A mi parecer y al de muchos otros, esta Historia de España es más difícil y trabajosa de escribir de cuantas regiones y provincias hay en Europa [...] porque si de Francia, Inglaterra, Alemania, Hungría, y do otras muchas regiones y naciones diversas, quisieren escribir, solo hay que referir una línea de Reyes, sucedientes unos a otros, pero en lo de España, sin lo de más antiguo, que será historia harto notable, y llena de antigüedades, dignas de ser escritas y sabidas, hay que tratar después de la entrada de los moros, de tantas sucesiones de reyes, de reinos y provincias por si con reyes distintos y separados, que a cualquier cronista y escritor suyo, que

---

[129] Carlos V não possuía uma identidade claramente espanhola e expressava sua concepção monárquica em termos imperiais. Dessa forma, as obras históricas de seu reinado não serão abordadas detidamente. Contudo, algumas produções da época adotaram a "Espanha" como referente cultural central, entre elas: *Crónica General de España* (1546), de Pere Antoni Beuter; *Libro de grandezas y cosas memorables de España* (1548), de Pedro de Medina; *Crónica General de España* (1543), de Florián de Ocampo; *De origine ac rebus gestis regnum Hispaniae* (de 1553, mas traduzida para o espanhol só em 1562), de Francesc Tarafa, e *Cròniques d'Espanya* (1547), de Pere Miquel Carbonell.

[130] Em vários momentos da obra, Garibay alude à pluralidade da história da Espanha: "Para tan diversas historias de Reinos, tanto unos de otros diferentes, forzosamente habré de seguir diversos autores" (Garibay y Zamalloa, 1628, p. 15) e "porque en diversidad de historias de diferentes naciones" (Garibay y Zamalloa, 1628, p. 17).

universalmente quisiere como yo escribir de todos ellos, causará gravísimos trabajos, según del progreso de esta obra verá (Garibay y Zamalloa, 1628, p. 137).

Quase uma década antes do início do reinado de Felipe II, na cidade de Granada, em 1545, Sancho de Nebrija levou a cabo uma política editorial que primava pela publicação de textos inéditos da historiografia hispânica como as obras de Rodrigo Ximénez de Rada, Alonso de Cartagena, Juan Margarit e Antonio de Nebrija, todas endereçadas ao então príncipe, Felipe. Já no período de vigência do reinado de Felipe II, saem à luz obras com uma pretensão muito mais totalizadora em relação ao passado hispânico, entre elas: *Crónica General de España,* de Ambrosio de Morales, publicada entre 1574 e 1586, cujos três volumes pretendiam dar continuação à obra de Florián de Ocampo; *Historia de los Reyes Godos que vinieron de Scitia de Europa contra el Imperio Romano y a España y la sucesión dellos hasta el católico Philipe Segundo* (1582), de Julián del Castillo; *Los cuarenta libros del compendio historial de las cronicas y universal historia de todos los reynos de España,* de Esteban de Garibay, que teve sua primeira impressão na Antuérpia no ano de 1571, e *De rebus Hispaniae* (1592), do padre jesuíta Juan de Mariana. Todo esse empenho confluía no objetivo de homogeneização de uma memória hispânica, ao mesmo que tempo em se que pretendia singularizar a plural acepção da noção de Espanha. Existe uma perfeita pertinência no fato de que esse processo tenha alcançado seu ápice no reinado de Felipe II, pois, como nos diz Ricardo García Cárcel:

> Naturalmente, que fuese a fines del reinado de Felipe II cuando se construyeran estas historias de España tiene plena lógica histórica. Será en este reinado cuando se cargue de contenido nacional el antes estricto sentido territorial de España. Son los años del narcisismo lingüístico y cultural español y de la conciencia providencialista de la función religioso-imperial a desarrollar por la monarquía. La proyección misional en Europa y América sirvió de aglutinante al dotar de sentido funcionalista la propia identidad. [...] El excitante de la conciencia nacional española iba a ser la supuesta misión o función que cumplir. De las épicas obligaciones que la monarquía va contrayendo hacia las presuntas responsabilidades de España. Monarquía y nación serán conceptos vinculados simbióticamente muchas veces. (García Cárcel, 2004, p. 16).

Vemos, assim, que a escrita da história foi um ingrediente de peso no projeto de construção da identidade espanhola, mas o discurso historiográfico, de finais do século XVI e do início do XVII, apresentou conteúdo e roupagem bastante diferenciados do modelo anterior. Uma das grandes marcas distintivas do discurso historiográfico que vai tomando forma nesse período é a posse de um ambicioso projeto de intervenção sobre o presente. A assinalada preocupação com o presente previa alguns possíveis direcionamentos às formas de intervenção almejadas por aqueles que escreviam obras de história. Um desses caminhos pode ser identificado no olhar conduzido ao passado com o presumido desejo de construir uma memória coletiva espanhola. Outro provável direcionamento estaria relacionado ao lugar assumido pela história como fonte de ensinamentos políticos, ou seja, a história representava o território consagrado de aprendizagem da prudência, virtude máxima do político ibérico. Uma terceira possibilidade é a construção de relatos fundacionais que celebrassem a cultura política de um determinado território. As disputas acerca da memória das *Alteraciones de Aragón* demonstram as possibilidades abertas à utilização política da história e seus diversos desdobramentos.

José Antonio Maravall (1986), em *Antiguos e Modernos*, levanta uma interessante hipótese a respeito do princípio de emulação. Segundo o autor, a concepção renascentista de que a cultura da Antiguidade Clássica corresponderia ao parâmetro básico de comparação foi substituída por um olhar privilegiado para a tradição histórica do próprio coletivo cultural/territorial. A mudança no padrão de emulação estaria relacionada ao novo sentimento desenvolvido nas sociedades políticas europeias durante o século XVI (Maravall, 1996), tendo como desdobramento o gosto pela narração das origens de cada povo, percebida como a primeira imagem do grupo, e não a representação de um estado de barbárie. Em distintas localidades europeias, afirma-se a antiguidade própria, em que a falta de realizações concretas, em comparação ao legado da Antiguidade Clássica, é compensada pela exaltação dos mais extraordinários mitos de origem e pela posse das mais excelentes virtudes como características próprias daquele coletivo.

A percepção essencialista da comunidade converte em procedimento absolutamente central a narração do início da história de um povo, possibilitando a construção de uma genealogia comum a todos os membros, através da projeção de vínculos próprios das relações de parentesco e assim reforçando o sentimento de pertença e identidade (Ballester Rodríguez, 2010). Os mitos de origem têm a função adicional de proporcionar um sentimento de orgulho, às vezes mesmo de superioridade, ao coletivo. Nessa percepção, a natureza e as qualidades do povoador originário de uma região se projetariam por toda sua descendência, tornando fundamental, portanto, que aquele fosse da mais alta estirpe. Na Europa da época moderna, existia uma tendência, conectada a essa percepção da história, de reclamar a origem privilegiada de determinado povo através da busca por associações com personagens bíblicos ou com algum personagem ilustre do mundo clássico. Na Monarquia Hispânica, identifica-se a tradição que tomou forças com Isidoro de Sevilha, perpetuando-se com variações durante toda a Idade Média, praticamente até finais do século XVI, o chamado tubalismo, que pregava a ideia de que a Península Ibérica teria sido povoada por Tubal, filho de Jafé e neto de Noé.

Como mencionado anteriormente, até o século XVI, não havia uma história da Espanha que conseguisse conciliar as histórias particulares de cada reino em um todo unitário que conseguisse representar a história da Monarquia Espanhola, de acordo com a elaboração vigente no período dessa noção. A obra de Esteban de Garibay, *Compendio historial de las cronicas y universal historia de todos los reynos de España*, escrita no ano de 1556 e publicada em 1571, é apontada como o primeiro texto bem sucedido no propósito de abarcar a totalidade das histórias da Espanha desde seus primórdios míticos até um passado próximo. Como afirma o autor: "se escribieron muchas cosas notables en alabanza y loor, y así de los reinos de España, como de la nación española" (Garibay y Zamalloa, 1628, p. 22). No entanto, Garibay apresentava uma interpretação pluralista da história da Espanha que se projetava na própria organização da obra em que o tratamento da história dos distintos reinos peninsulares foi realizado em capítulos distintos, sendo, portanto, uma abordagem não coordenada em que era premente a ausência de uma visão de conjunto necessária à construção da história da Monarquia Espanhola. Essas características de sua obra são interpretadas por García Cárcel como uma tensão entre construção horizontal e construção vertical da noção de Espanha:

> Hay que esperare a fines del siglo XVI para que pudieran editarse, por fin, unas historias de España propiamente dichas, con un enfoque político-nacional, que abarcara la memoria histórica hasta la contemporaneidad del historiados y que se presentan al público en lengua castellana y no en latín. Estas condiciones no se cumplieron hasta las obras de Garibay y Mariana. Construcción más horizontal de España, la primera, construcción más vertical, la segunda. Criterio dual que, ciertamente, marcará no sólo la historiografía española sino la propia historia de España (García Cárcel, 2004, p. 15).

O êxito editorial da história de Garibay foi muito restrito, tendo sido reeditada apenas em 1628, 58 anos após sua primeira aparição. A obra apresentava enfoque excessivo na genealogia[131] das diversas casas nobres. Sua fórmula de composição — narrar uma após a outra a história dos reinos peninsulares — não correspondia propriamente a história unificada da Espanha. No escrito, Espanha foi conceituada como referencial de localização geográfica e simbólica e não como alegoria de unidade e identidade coletiva, os principais sujeitos do relato são as distintas territorialidades da monarquia.

A obra de Juan de Mariana surgiu para preencher essa lacuna e se transformou em um dos marcos da historiografia espanhola, como afirma um dos especialistas da temática, Cepeda Adan (1996). As razões da singularidade da obra de Juan de Mariana devem-se aos motivos que o autor declara para sua confecção e à recepção por parte de um amplo público leitor, causando causou grande impacto na sociedade hispânica. Em 1592, é lançada pela primeira vez *De rebus Hispaniae,* redigida em latim, para quase uma década depois, em 1601, ser publicada *Historia general de España*, momento em que a obra conheceria grande projeção por meio de notável êxito editorial comprovado por sete edições antes de 1623.

A trajetória de Juan de Mariana percorreu vários centros de difusão do conhecimento e foi marcada pelo encontro com figuras centrais do *Siglo de Oro*, entre as quais: Pedro de Ribadeneira, Francisco de Quevedo, Tomas Tamayo de Vargas e Francisco de Borja. Sua biografia foi igualmente influenciada por fortes conexões com a Monarquia Hispânica. Juan de Mariana ingressou na Companhia de Jesus em 1554 e, após seu noviciado em Simancas, sob a supervisão de Francisco de Borja, estudou filosofia, teologia e história na Universidade de Alcalá de Henares, antes de ser professor de teologia, grego e hebreu na Universidade de Paris e em Medina del Campo. Mariana circulou por Roma, onde lecionou teologia durante quatro anos no Colégio Romano, Sicília e Flandres, para, posteriormente, retornar aos territórios ibéricos em 1574, quando iria se instalar em Toledo, sua cidade natal, e viver na companhia de outros religiosos, como Ribadeneira, Dionisio Vázquez, Gaspar Sánchez e Miguel de Torres. Figura controversa, Mariana escreveu obras que geraram grandes polêmicas na Europa de seu tempo,

---

[131] Outras obras de Esteban de Garibay comprovam sua predileção pelos aspectos genealógicos como *Ilustraciones genealógicas de los Cathólicos Reyes de los Españas y de los Cristianíssimos de Francia y de los Emperadores de Constantinopla, hasta el Rey nuestro señor Don Philipe el II y sus sereníssimos hijos* e *Los siete libros de la progenie y parentela de los hijos de Esteban de Garibay*.

chegando inclusive a acarretar-lhe um ano de reclusão no convento de *San Francisco el Grande,* ordenada pelo duque de Lerma, naquela época privado de Felipe III (García Hernán, 2002). Das polêmicas em que Juan de Mariana se envolveu, possivelmente, a de maior notoriedade foi aquela produzida por seu manual de instrução de príncipe, *De rege et Regis institutione* (1599). No escrito, Mariana defende a legitimidade do tiranicídio, doutrina que defende o direito dos súditos de assassinar um monarca considerado tirano. A doutrina tem raiz na teoria, derivada da tradição aristotélico-tomista, que interpreta o poder como resultado de um pacto entre os membros de uma sociedade. Juan de Mariana levou a teoria pactista de concepção do poder às últimas consequências, admitindo que os súditos, de fato, pudessem eliminar os tiranos.[132] Suas palavras são expressivas:

> Ciertamente es una verdad que la república, donde tiene su origen la potestad, puede, exigiéndola las circunstancias, emplazar al Rey, y si desprecia la salud y los consejos del pueblo, hasta despojarle de la corona; porque aquella, al transferir sus derechos al príncipe, no se despojó del dominio supremo, pues vemos que siempre lo ha conservado para imponer los tributos y para constituir leyes generales; de suerte que sin su consentimiento de ningún modo se pueden variar por nadie, (qué consentimiento sea este no lo disputamos); pero queriendo y consintiéndolo los pueblos se imponen nuevos tributos, se establecen leyes, y lo que es más los derechos de reinar, aunque sean hereditarios, se confirman al sucesor con el juramento que presta el pueblo. Además de esto, vemos que en todos tiempos han sido celebrados con grandes alabanzas aquellos que han tenido valor suficiente para quitar la vida a los tiranos (Mariana, 1845, p. 73).

Tais sentenças afirmam claramente que o governante só detém o poder em virtude da concessão realizada pela comunidade, à qual inclusive competiria o direito de aprovação das leis e dos impostos, e, portanto, o exercício do poder deveria ser conduzido em benefício da mesma. O desvio desse caminho justificaria a eliminação do monarca convertido em tirano. O alarido provocado por tal doutrina na França foi grande, visto que a Monarquia Francesa já havia perdido um rei em 1589, Henrique III, assassinato por Jacques Clément, episódio que Mariana chega mesmo a comentar em

---

[132] Mariana afirma que os que assim procedessem quase poderiam ser considerados heróis: "Miserable vida ciertamente, cuya condición es tal, que cualquiera que atentare contra ella, conseguirá un nombre glorioso y gozará como de un triunfo" (Mariana, 1845, p. 81).

De rege e, alguns anos após a publicação dessa obra, sofreu outra perda em 1610, com o assassinato do monarca Henrique IV pelas mãos de François Ravillac. Descortinou-se, então, uma grande polêmica na França, que buscava associar o assassinato de Henrique IV a uma pretensa apologia ao regicídio da qual as páginas do *De rege et Regis institutione* estariam impregnadas. Em consequência disso, o parlamento francês ordenou a queima pública da obra de Mariana em junho de 1610, o que levou o Superior Geral da Companhia de Jesus, Claudio Acquaviva, a proibir os jesuítas de proferirem qualquer opinião sobre o tiranicídio, em julho de 1610.[133]

Outra controvérsia, gerada pela fervorosa pena de Juan de Mariana, foi a opinião expressa pelo jesuíta acerca da política monetária posta em prática no reinado de Felipe III. O *Tratado y discurso sobre la moneda de vellón que al presente se labra en Castilla y de algunos desórdenes y abusos*, assinado inicialmente sob o nome de *Joannis Marianae septem tractatus*, foi publicado, em 1609. No tratado, o autor explicava que o valor da moeda deveria essencialmente proceder da quantidade de metal utilizada, valor natural ou intrínseco, e do valor atribuído pelo rei por meio da legislação, valor legal ou extrínseco. A ausência de correspondência entre tais cifras seria uma adulteração realizada por pessoas imprudentes e mal-intencionadas, ocasionando a acusação de fraude por parte da administração régia. Com base nesse pressuposto, a desvalorização da moeda foi atacada, porque empobrecia o povo e desacreditava a nação em troca de um benefício momentâneo para o governo. A obra foi condenada pelos indivíduos do governo de Felipe III, especialmente pelo duque de Lerma, por conter alegações consideradas agravos à Majestade. O escrito foi retirado de circulação nos territórios da Monarquia Hispânica e em Roma. Seu autor foi condenado pela Inquisição e teve que permanecer em reclusão no convento de *San Francisco el Grande*, por um ano. O processo acabou por exonerar Mariana das acusações, por se considerar que a obra não chegava a constituir um delito, apesar de algumas proposições imprudentes. Assim, foi restituída a liberdade de Mariana (Hansen Roses, 1959).

---

[133] Harro Höplf, um estudioso do pensamento político jesuíta, afirmou que a polêmica aberta pela obra de Marina gerou consequências para a Companhia de Jesus como um todo: "The Oath of Allegiance controversy established internationally, and anti-Jesuit polemics after Henri IV's assassination consolidated, the canard that tyrannicide was a specifically Jesuit doctrine, and that it was one (perhaps the preferred) instrument for implementing papal depositions of rulers, an instrument regularly employed and advocated by Jesuits, long with conspiracies and Machiavellian methods generally. The legend both fed and was fed by the stream of increasingly lurid anti-Jesuit libels and conspiracy theories popular in the Holy Roman Empire, and other suspect sources, such as parliamentarians and the Sorbonne backtracking on an embarrassing past" (Höplf, 2004, p. 322).

As opiniões de Juan de Mariana geravam polêmicas, não somente nas questões referentes à política e ao governo. Igualmente em matérias religiosas, Mariana fez valer sua personalidade controversa. Ao longo da trajetória, teve problemas com a Companhia de Jesus e, uma vez mais, não poupou palavras na crítica expressa em seu tratado *Discurso de los grandes defectos que hay en la forma del gobierno de los Jesuitas*. Mariana também tomou parte no debate acerca da edição poliglota da bíblia de Arias Montano, que estava sendo acusado de judaísmo, saindo em defesa do autor por meio do escrito *Pro editione vulgata disputatio*. Por outro lado, fez uma advertência aos costumes da sociedade em *De spectaculis liber singularis*, no qual censura os espetáculos públicos e jogos da época.

Não deixa de ser curioso que um personagem tão polêmico como Juan de Mariana tenha sido o responsável pela obra que estabeleceu a pedra angular da historiografia espanhola moderna, ainda que a obra em si tenha gerado acalorados debates. Homem culto e totalmente inserido nos acontecimentos do período, Mariana tinha grande interesse pela escrita da história, uma vez que seus esforços nessa área são anteriores à redação de *Historia general de España*. Quando lecionava teologia no colégio de Clermont, em Paris, na companhia de Juan Maldonado, Juan de Mariana entrou em contato com o manuscrito de Isidoro de Sevilha sobre a história dos godos e pôde conhecer a obra de Paolo Emilio. O humanista italiano, contratado por Luis XII para escrever a história da Monarquia Francesa, *De rebus gestis Francorum*, rejeitava alguns fantasiosos mitos de origem e apresentava a defesa do galicanismo frente à Igreja de Roma. Outras referências do modelo historiográfico francês que influenciaram Mariana foram os escritos de Robert Gaguin, *Compendium de Origine et gestis Francorum*, e Du Tillet, *Chronicon de regibus Francorum*.

Alguns laços foram estabelecidos entre Juan de Mariana e os monarcas da dinastia Habsburgo com a intenção de produzir conhecimento sobre o passado hispânico. A primeira tarefa de Juan de Mariana, designada por Felipe II em 1580, correspondeu à edição dos textos de Isidoro de Sevilha publicados em 1597. No entanto, Mariana buscou apoio financeiro do rei para escrever sua própria obra sobre a história da Espanha e foi bem-sucedido. Posteriormente, a obra *De rebus Hispaniae* obteve autorização do Conselho Real para ser impressa no ano de 1592. Em 1598, ano de falecimento do então rei Felipe II, o padre jesuíta buscou estabelecer novos vínculos com o sucessor régio, Felipe III, no que foi novamente bem-sucedido, tendo conseguido angariar incentivo financeiro para publicar *De rebus Hispaniae*, agora em versão vernácula.

A edição da obra de Mariana que aqui nos interessa, devido à irradiação e ao impacto provocado pelo texto, é precisamente o fruto dessa versão vernácula, que receberia o título de *Historia General de España*. No prólogo, Mariana manifesta que, na operação de conversão do idioma original da escrita para o castelhano, procedeu não como intérprete, mas: "En la traducción no procedí como interprete, sino como autor" (Mariana, 1864a, t. 1, p. ll). Admitia-se, dessa forma, a possibilidade de alterar nomes e inclusive mudar opiniões expressas no texto. No trecho a seguir, o autor desvenda também as razões que o motivaram a escrever:

> Lo que me movió a escribir la historia latina fue la falta que de ella tenía nuestra España (mengua sin duda notable), más abundante en hazañas que en escritores, en especial de este jaez. Juntamente me convidó a tomar la pluma el deseo que conocí, los años que peregriné fuera de España, en las naciones extrañas, de entender las cosas de la nuestra; los principios y medios por donde se encaminó a la grandeza que hoy tiene. Volvía en romance, muy fuera de lo que al principio pensé, por la instancia continua que de diversas partes me hicieron sobre ello y por el poco conocimiento que de ordinario hoy tienen en España de la lengua latina, aun los que en otras ciencias y profesiones se aventajan. Mas ¿qué maravilla, pues ninguno por este camino se adelanta, ningún premio hay en el reino para estas letras, ninguna honra, que es la madre de las artes? que pocos estudian solamente por saber (Mariana, 1864a, t. 1, p. L-I).

O desejo de conhecer melhor a Espanha foi o impulso propulsor de Juan de Mariana e, imbuído por essa necessidade, o autor voltou seu olhar para o passado. Podemos inferir que o autor, após peregrinar pela Europa, não identificou nenhuma obra que narrasse a história da Espanha de maneira a dar conta dessa nova entidade que se desejava construir, a Monarquia Hispânica. Em outras palavras, não havia uma narrativa do passado que integrasse as histórias dos reinos peninsulares de forma coesa, tal qual objetivava o projeto político governamental vigente no reinado de Felipe II, e, pode-se dizer mais, que conferisse uma identidade espanhola frente aos outros territórios europeus. No trecho acima, existe uma crítica implícita aos cronistas oficiais responsáveis por essas tarefas e que, entretanto, ainda não as tinham concluído. Por fim, há uma censura expressa a respeito do desconhecimento da língua latina em território hispânico, nos mesmos moldes da acusação feita por Bernardino de Mendoza, em sua tradução de Justo Lipsio, à nobreza espanhola que não era versada em latim (Lipsio, 1997).

Historia General de España foi elaborada para preencher essa lacuna e uma das principais explicações do êxito de Mariana reside na capacidade de narrar, ao mesmo tempo: a história dos reinos peninsulares, os principais eventos civis e eclesiásticos, e a biografia dos monarcas. Em certo sentido, todos os habitantes da Península Ibérica, incluindo, sob muitas ressalvas, os portugueses, poderiam se conectar com a história de Mariana. Para isso, o autor adotou um caráter essencialmente cronológico como princípio ordenador do texto, narrando paralelamente o que ocorria em cada um dos reinos. Contudo, a atenção dada aos reinos encontrava-se emoldurada no quadro simbólico mais amplo da unidade espanhola, que estaria sempre presente como referencial último. No entender do padre jesuíta, a União Ibérica, finalizada com a anexação de Portugal em 1580, era uma necessidade histórica e o ponto de chegada natural de um processo interrompido na queda do reino visigodo, atravessado pelos esforços de reconquista do território e retomado na união das coroas de Castela e Aragão. O relato histórico de Juan de Mariana abarcava a todos como partes integrantes de uma única Espanha:

> Finalmente no nos contentamos con relatar los hechos de un reino solo, sino los de **todas las partes de España**: más largo, o más breve, según que las memorias hallamos. Ni solo referimos las cosas seglares de los Reyes, sino que tocamos así mismo las eclesiásticas, que pertenecen a la religión (Mariana, 1864a, t. 1, p. L-I, grifo próprio).

Nesse sentido, seu conceito de Espanha era unitarista, apesar do fio condutor do discurso ser Castela. Contudo, não uma Castela para os castelhanos, mas para todos, uma Castela que pudesse simbolizar a Espanha. *Historia General de España* foi a primeira obra do gênero a conseguir atingir um extenso público leitor (Ballester Rodríguez, 2010). Juan de Mariana pretendia oferecer uma biografia coletiva dos hispânicos, reforçando a criação de um coletivo político e cultural por meio da exaltação das noções de antiguidade, constância e orgulho.

Ao longo da obra, mais especialmente no capítulo VI do livro primeiro, *De los costumbres de los españoles*, o padre jesuíta desenha características coletivas adornadas por qualidades e virtudes que, todavia, como seria de se esperar da postura crítica do padre jesuíta, contemplavam igualmente defeitos e vícios. Mariana empregava o discurso histórico para desferir censuras e acusações à sociedade de seu tempo, inclusive aos príncipes e aos governantes, ao mesmo tempo em que, apontando os erros, esperava evitar a situação crítica que se avizinhava. Os vícios eram apontados como resultado do trato com outras nações que, com mercadorias desnecessárias e costumes estrangeiros, corrompiam os espanhóis. Vejamos o que nos dizia Mariana sobre os espanhóis:

> Groseras sin policía ni crianza fueron antiguamente las costumbres de los españoles. Sus ingenios más de fieras que de hombres. En guardar secreto se señalaron extraordinariamente; [...] aborrecedores del estudio de las ciencias, bien que de grandes ingenios [...] Esto fue antiguamente, porque en este tiempo mucho se han acrecentado, así los vicios como las virtudes. Los estudios de la sabiduría florecen cuanto en cualquiera parte del mundo; en ninguna provincia hay mayores ni más ciertos premios para la virtud; en ninguna nación tiene la carrera más abierta y patente el valor de la doctrina para adelantarse. Desease el ornato de las letras humanas, a tal empeño que sea sin daño a las otras ciencias. Son muy amigos los españoles de la justicia. [...] En lo que más se señalan es la constancia de la religión y creencia antigua, con tanta mayor gloria, que en las naciones comarcanas en el mismo tiempo todos los ritos y ceremonias se alteran con opiniones nuevas y extravagantes. Dentro del España florece el consejo, fuera las armas [...] han peregrinado por gran parte del mundo con fortaleza increíble. [...] Verdad es que en nuestra edad se ablandan los naturales y enflaquecen con la abundancia de deleites [...] El trato y conocimiento de las otras naciones que acuden a la fama de nuestras riquezas, y traen mercaderías que son a propósito para enflaquecer los naturales con su regalo y blandura, son ocasión de este daño. Con esto, debilitadas las fuerzas y estragadas con las costumbres extranjeras, demás esto por la disimulación de los príncipes y por la licencia y libertad del vulgo, muchos viven desenfrenados, sin poner fin ni tasa a la lujuria ni a los gastos ni a los arreos y galas. Por donde, como dando vuelta la fortuna desde el lugar más alto donde estaba, parece a los prudentes y avisados que, mal pecado, nos amenazan graves daños y desventuras, principalmente por el gran odio que nos tienen las demás naciones; cierto compañero sin duda de la grandeza de los grandes imperios, pero ocasionado en parte de la aspereza de las condiciones de los nuestros, de la severidad y arrogancia de algunos de los que mandan y gobiernan (Mariana, 1864a, t. 1, p. 6-7).

A história de Juan de Mariana foi além da narrativa dos feitos exemplares dos príncipes ou de um simples relato das conquistas das monarquias.

De certo modo, é possível afirmar que *Historia General de España* elegeu um protagonista distinto: a própria ideia de Espanha, o que não significa em momento algum que o elemento dinástico fosse menosprezado. Certamente, o elemento dinástico era grande importância, o que podemos verificar, de maneira bem trivial, na organização da narrativa que quase sempre adota como marcos temporais eventos relacionados à monarquia, tais quais: bodas reais, mortes, sucessões, entre outros. Entretanto, a possibilidade de dirigir duras críticas aos governantes é, em si mesma, enfraquecedora do protagonismo desses personagens. Existe também a anexação de episódios da história eclesiástica que institui mais um foco narrativo. Acrescenta-se a isso a repetida utilização de expressões como *nuestros* e *nosotros*, as quais indicam que Mariana se dirigia a um grupo maior. Ele falava para uma comunidade imaginada com o intento de incutir-lhe uma identidade coletiva, baseada na partilha de características culturais e de um passado comum.

Na obra de Juan de Mariana existe a tendência para interpretar as vitórias militares, as conquistas territoriais e a preeminência da Monarquia Hispânica, no cenário político europeu do período, como um prêmio atribuído pela Divina Providência. A causa da Espanha era a causa de Deus, logo, os sucessos espanhóis não eram apenas uma recompensa à imaculada religiosidade e à moral de governados e governantes, mas sim a comprovação de que os espanhóis seriam o povo escolhido por Deus para defesa da religião católica. Essas são as linhas básicas da teoria providencialista que explica como a fé pode se transformar em um dos pilares da identidade espanhola. Juan de Mariana deixa bastante claro o componente celestial em sua história em diferentes momentos da obra, por exemplo: na conquista da América, "[...] con las flotas que cada año van y vienen y con el favor del cielo, se ha traído tanto oro y plata y piedras preciosas [...]" (Mariana, 1864a, t. 1, p. 2), na união das coroas de Castela e Aragão, "a los demás pretensores [...] se la gano finalmente el rey don Fernando, no sin voluntat y providencia del cielo" (Mariana, 1864b, t. 1, p. 169), e, mesmo porque nem só de bênçãos vivia a relação com o Senhor, na derrota da Invencível Armada também se fazia sentir a presença divina, "castigo Dios muchos y muy graves pecados de nuestra gente" (Mariana, 1864b, t. 1, p. 240). Outra noção basilar a serviço da construção da identidade espanhola, que marca presença indelével na escrita da história de Juan de Mariana é a ideia de Império: "todas sus partes y como todos sus miembros termina su muy ancho imperio, y le extiende como hoy vemos hasta los fines de Levante y Poniente" (Mariana, 1864a, t. 1, p. 405).

O impacto provocado por *Historia General de Espana* foi significativo. Diversos personagens do círculo intelectual da Monarquia Hispânica manifestaram opinião, positiva ou negativa, sobre o escrito, mostrando que a obra não só havia alçando grande irradiação, bem como havia suscitado acalorados debates acerca do passado e do presente da monarquia. Entre os defensores mais proeminentes de Mariana estiveram Francisco de Quevedo y Villegas, Tomás Tamayo de Vargas e Lope de Vega. O primeiro chegou a participar de uma série de encontros com Juan de Mariana e Tamayo de Vargas, em Toledo, e a trocar uma série de correspondências com o jesuíta sobre a história da Espanha, como conta seu biógrafo, Pablo Jauralde Pou (1998). Quevedo sentenciou, em tom elogioso, em sua *España Defendida*: "¿Quien de todas las naciones en lengua propia y latina osa competir el nombre a Juan de Mariana?" (Quevedo, 1941a). Já Tomás Tamayo de Vargas participou mais diretamente da contenda, redigindo a obra *Historia General de España del padre Juan de Mariana defendida por el Doctor Don Thomas Tamayo de Vargas contra las advertencias de Pedro Mantuano*. Tamayo de Vargas foi cronista real de Castela, em 1626, e cronista maior das Índias, em 1636. Finalmente, o teatrólogo Lope de Vega, árduo defensor da monarquia, produziria uma defesa ambígua de Juan de Mariana, pois, apesar de se referir a ele como "doctíssimo Mariana", não deixou de sublinhar seu elevado potencial de crítica, "Mariana, que la patria, si yerra, no perdona" (Lope de Vega, 1950 *apud* Ballester Rodríguez, 2010, p. 221).

Nas fileiras dos detratores de Juan de Mariana, encontraremos personagens não menos emblemáticos. A principal acusação feita ao padre correspondia a sua suposta falta de patriotismo devido às duras críticas desferidas contra governados e governantes, contrastando sensivelmente com a matriz laudatória que caracterizava outras obras de história. Pedro Mantuano foi um dos primeiros a escrever abertamente contra o padre Juan de Mariana, supostamente motivado por razões pessoais, já que Mariana censurara dois discursos do Condestável de Castela, Juan de Velasco, de quem Mantuano era secretário. Em *Advertencias a la Historia de Juan de Mariana de la Compania de Iesus*, Mantuano questiona alguns conteúdos de *Historia General* e acusa Mariana de *antiespañolismo*. As controvérsias adentraram o século, um indício da notoriedade da obra, e o teor das críticas, que continuavam a insistir no lado antipatriótico de Mariana, demonstrava a intensificação do sentimento de lealdade à Monarquia Hispânica. Saavedra Fajardo, em *República Literaria*, ecoa, de certa forma, o julgamento de Lope e afirma que Mariana: "por acreditarse de verdadero y desapasionado con las demás naciones no perdona a la suya y la condena en lo dudoso" (Saavedra Fajardo, 1944, p. 38).[134]

Um último aspecto, que merece revelo acerca de *Historia General de España*, diz respeito à concepção de história expressa na obra. Na perspectiva de Mariana, a história era o *locus* privilegiado para ministrar advertências e expor reflexões morais destinadas ao tempo presente, mediante a construção de exemplos louváveis, os quais deveriam ser emulados, ou comportamentos censuráveis que deveriam ser evitados. Todavia, a potência da história não se encerrava nesses termos. Isso porque a história deveria ser entendida como filosofia moral posta em prática, um instrumento a serviço do melhoramento das pessoas, uma enciclopédia de saber para o presente, cuja matéria de maior importância era a política. Sem sombra de dúvida, essa concepção é perceptível na obra de Juan de Mariana, não apenas em *Historia General*, mas também na dedicatória do *De rege et Regis institutione*, endereçada ao futuro soberano Felipe III, o jesuíta deixava claro a intrínseca ligação da história com a política:

> Habiendo vuelto hace años de mi viaje a Francia e Italia, y fijado mi residencia en Toledo, trabajé en algunos años una historia en latín de los sucesos de España, cuya historia carecía de unidad y concierto. En ella presenté muchos e insignes ejemplos de esclarecidos varones, que reuní en un cuerpo mientras se daba a luz toda mi obra, juzgando bien empleado mi trabajo, si conseguía inspirar afición a los sucesos de nuestra historia, y de esta manera agradar a mis lectores. También me proponía con aquellos ejemplos, y con los preceptos que los acompañan, contribuir a formar el ánimo del príncipe Felipe, obedeciendo a las insinuaciones de su maestro, que por medio de cartas me había pedido que por mi parte contribuyese a este objeto en el trabajo en que me ocupaba (Mariana, 1845, p. 17).

Há muitas informações relevantes em uma só passagem. Primeiro, o autor declara que estava escrevendo os sucessos de Espanha, posto que era necessário conferir unidade à história desse conglomerado de reinos que formavam a Monarquia Hispânica. E ainda colocava uma questão importante na passagem anterior: não bastava somente apresentar bons exemplos para emulação, era premente anexar aos exemplos os preceitos

---

[134] A primeira edição da obra citada - *República literária* - foi impressa em Madri, no ano de 1655.

que os justificassem e explicassem, compondo uma operação basilar dos escritos filosóficos. Já no trecho a seguir, igualmente emblemático, Juan de Mariana não nos deixa duvidar da dupla dimensão da história como filosofia política e, o reverso da moeda, da dimensão histórica dos ensinamentos políticos. Os assuntos que no *De rege* eram tratados do ponto de vista teórico figuravam em *Historia General* a partir de uma abordagem prática, pois a história tratava prioritariamente do mundo contingente:

> Ninguno se atreve a decir a los Reyes la verdad: todos ponen la mira en sus particulares: miseria grande, y que de ninguna cosa se padece mayor mengua en las cosas Reales. Aquí la hallará V.M. por sí mismo: reprendidas en otros las tachas, que todos los hombres las tienen: alabadas las virtudes en los antepasados: avisos y ejemplos para los casos particulares que se pueden ofrecer; que los tiempos pasados y los presentes semejables son; ¿y como dice la Escritura? Lo que fue eso será. Por las mismas pisadas y huella se encaminan ya los alegres, ya los tropezaron, y á guisa de buen piloto tener todas las rocas ciegas, y los bajíos peligrosos de un piélago tan grande como es el gobierno, y más de tantos reinos, en la carta de marear bien demarcados. El año pasado presenté a V.M. un libro que compuse, de las virtudes que debe tener un buen rey, que deseo lean y entiendan los príncipes con cuidado. Lo que en él se trata especulativamente, los preceptos, avisos y las reglas de la vida real aquí se ven puestas en práctica, y con sus vivos esmaltados (Mariana, 1864, t. 1, p. 05).

A partir do final do século XVI até meados do século XVII, a história estava longe de ser uma disciplina com finalidade de conservar e perpetuar as recordações do passado. Na Monarquia Hispânica desse período, a escrita da história atingiria a função máxima de preceptora política. Uma das possibilidades de intervenção mais citadas é a estipulação dos modelos que deveriam ser emulados. Outra forma possível era a utilização da história como vetor de disseminação da *opinión*, conceito extremamente basilar nas sociedades modernas estruturado na dialética entre substância e aparência. O uso correto da *opinión* possibilitava tanto fortalecer quanto destruir a imagem de uma figura pública, bem como conseguir aquiescência ou rejeição a algum projeto ou empreitada coletiva. Presente, passado e futuro conjugavam-se no horizonte de possibilidades abertas ao fazer historiográfico.

A BATALHA DAS LETRAS OU A MEMÓRIA POLÍTICA DAS *ALTERACIONES DE ARAGÓN*

> *Toda la república está aún tan movida, que se pondrá a cualquier peligro por la defensa de la libertad.*
>
> Felipe II

Liberdade, fidelidade, obediência são noções fundamentais no discurso político da época moderna, ainda sem significados fixos ou homogêneos. Longe disso, essas noções eram alvo de acirradas disputas. Adotar determinado sentido para definir qualquer uma delas era também fazer uma escolha política. No vocabulário e na terminologia empregados na redação acerca das *Alteraciones de Aragón*, esses serão conceitos centrais, pois auxiliarim cronistas e tratadistas na complicada operação de criar uma memória política acerca do ocorrido, manejando, mesmo que indiretamente, alguns dos elementos mais controvertidos da teoria política do período.[135]

As acepções extraídas do léxico de Covarrubias fornecem alguns indícios iniciais, que, pela própria função da obra em questão, ilustravam os registros gerais acerca da definição de um vocábulo. *Leal*, segundo Covarrubias, é o oposto do traidor, aquele que guarda fidelidade e tem reconhecimento e amor ao seu senhor, configurava uma relação de cima para baixo, um atributo próprio de vassalos aos senhores, sem que fosse expressa uma contrapartida válida. A definição de fiel e fidelidade remete ao significado de leal e lealdade, confirmando a aparente não paridade entre os envolvidos nessa relação assimétrica e ainda estabelecendo uma vinculação entre os termos. *Libertad*, partindo de uma precisão antitética, é a qualidade contrária à servidão e ao cativeiro. *Obedecer*, outra acepção pautada na assimetria, é o ato de reconhecer alguém que seja maior e superior de quem se deve acatar ordens. Por fim, sedição é definida como o alvoroço

---

[135] De acordo com Gil Pujol, outras forças atuantes na construção desses discursos apologéticos seriam convenções retóricas, exageros e dissimulações: "Rhetorical conventions, spontaneous or studied exaggerations, dissimulation, all where at work in shaping official correspondence and apologetically writings of this short, not to mention the underlying impact of the changing fortunes of war and politics" (Gil Pujol, 2009, p. 103).

que acomete um povo quando ele se divide em bandos de particulares (Covarrubias Orozco, 1611). No léxico em questão, não figuram entradas correlatas como alteração, revolução ou movimentos.

Na complexa heterogeneidade que permeava os territórios que compunham a Monarquia Hispânica, conviviam contiguamente múltiplos vínculos de fidelidade que poderiam entrar em conflito em certas contingências. A tarefa de assegurar a fidelidade dos súditos ao monarca era um atributo fundamental para manter a vitalidade do governo. Contudo, uma vigorosa apelação seria feita a esse mesmo sentimento de fidelidade, direcionado a outros móveis, sem dúvida, quando chegada a hora de organizar uma revolta contra medidas políticas consideradas abusivas em termos de ingerências jurídicas, militares ou tributárias. Paradoxalmente, entendia-se que, em ambos os casos, um pacto havia sido quebrado, fosse o juramento dos súditos de prestar fidelidade ao monarca, fossem os sagrados e invioláveis votos prestados pelo rei de velar pelos interesses de seus subordinados, resguardando o sistema político e protegendo as leis.

Em Aragão, a palavra *libertades* detinha uma acepção positiva, relacionada às regulações que limitavam a autoridade real, direta ou indiretamente. Já em outras partes da monarquia, a questão era um pouco mais complexa, caracterizando-se, inclusive, por inúmeras ambiguidades relativas ao uso do termo liberdade, resultantes de apropriações distintas e amórficas. Algumas noções gerais acerca dessa temática podem ajudar a compreender melhor o problema, especialmente no que tange às noções de liberdade, fidelidade e obediência.

No vocabulário e na prática política da época moderna, aliança, lealdade, fidelidade e outros termos derivados são os elementos principais de uma realidade política e social baseada em uma densa teia de relacionamentos interpessoais, na qual a importância dada ao estabelecimento de vínculos era essencial, como nos recorda Gil Pujol (2009). Após a cisão que atingiu a cristandade com o estalar das Reformas Religiosas do século XVI, a preocupação com o problema da fidelidade reforçou sua pertinência para protestantes e católicos, levando Hugo Grotius a afirmar que, quando a fidelidade é suprimida, as pessoas se transformam em bestas.[136] Ao contrário do que sugere a definição partidária e polarizada de Covarrubias, o

---

[136] As palavras utilizadas são: "It is fidelity that sustains not only any commonwealth, as Cicero says, but also that larger society of peoples; if fidelity is missing, so relationship among men disappears as Aristotle truly says (...) Wherever fidelity is suppressed, men became beasts" (Grocio, 1625 apud Gil Pujol, 2009, p. 85).

problema da fidelidade repousava na noção de reciprocidade que, por sua vez, sustentava-se em conexões variadas, como: amor cristão, laços reminiscentes das organizações sociais baseadas nos vínculos imediatos da posse de terra e obrigações contratuais. Esses mecanismos associativos, baseados no princípio de reciprocidade, ainda que assimétrica, uniam governados e governantes na busca pelo bem comum de uma dada sociedade política. Esse era um aspecto fundamental da teoria política hispânica do período, conforme pudemos analisar ao abordar as teorias pactistas em sua acepção filosófica, historicista e jurídica.

Pautada no mesmo princípio lógico de associação da fidelidade à reciprocidade, estava organizada a noção de obrigação. As obrigações não eram correlatas, nem simétricas, mas havia designações específicas para cada uma das partes envolvidas em um pacto. Laços invisíveis de obrigação e dever eram poderosas forças, que atuavam na conformação das sociedades modernas (Casey, 2007). Instituídos a princípio nas células familiares, os laços de obrigação alcançavam a relação com os outros membros da comunidade[137] até chegar ao monarca, entendido como cume da organização social. Tais forças perpassavam também a formação das redes clientelares e as ligações estabelecidas através do patronato. Reciprocidade contratual era um dos pilares do relacionamento entre rei e reino. A consequência dos parâmetros estabelecidos pelas relações contratuais é o paroxismo da obediência[138] como fator estruturante da cultura política do período,[139] ainda que, em múltiplos sentidos, seu terreno estivesse muito mais associado ao mundo dos discursos do que ao mundo das práticas.

Não se deve esquecer que, nos tratados políticos, o rei não escapava da cadeia de obediência que conformava as sociedades modernas, perdendo inclusive sua própria legitimidade, caso deixasse de agir de acordo com suas obrigações e deveres. Francisco de Quevedo observava que a primeira

---

[137] Lembremos dos deveres do cidadão para com a pátria já afirmados em Cícero e repetidos em vários tratados da época moderna a partir de procedimentos de emulação.

[138] Todavia, a valoração acerca da obediência nem sempre seria positiva, levando, por exemplo, um escritor, com a notoriedade alcançada por Saavedra Fajardo, a afirmar que: "Para mandar es menester sciencia, para obedecer basta una discreción natural, y a veces la ignorancia sola. En la planta de un edificio trabaja el ingenio, en la fábrica la mano. El mando es estudioso y perspicaz; la obediencia casi siempre ruda y ciega" (Saavedra Fajardo, 1999, p. 221-222).

[139] A ilustração mais precisa desse fator pode ser constatada nas defesas formuladas em favor dos aragoneses, após os movimentos da última década do século XVI. Os envolvidos nos acontecimentos não renunciaram, em hipótese alguma, a afirmar que suas ações foram norteadas por sentimentos inegáveis de fidelidade e obediência ao rei. Um exemplo bastante elucidativo dessa postura pode ser verificado na obra de Francisco de Gurrea y Aragón (1888), o Conde de Luna.

virtude dos monarcas é a obediência que ainda seria o contraponto decisivo que diferenciava o rei do tirano, este entendido como aquele que só presta vassalagem às próprias vontades e desejos. O fragmento de *Politica de Dios, Gobierno de Cristo* não abre margem para dúvida: "Obedecer deben los reyes a las obligaciones de su oficio, a la razón, a las leyes, a los consejos; y han de ser inobedientes a la maña, a la ambición, a la ira, a los vicios" (Quevedo, 1941c, p. 476). Nesse quesito, outro fragmento interessante, ancorado em uma racionalidade um pouco mais apurada e em acordo com as principais teorias pactistas do período, é a interpretação de Saavedra Fajardo, em suas empresas ao príncipe cristão, sobre os compromissos do monarca: "No nacieron los súbditos para el rey, sino el rey para los súbditos. Costoso les saldría el haberle rendido la libertad, si no hallasen en él la justicia y la defensa que les movió al vasallaje" (Saavedra Fajardo, 1999, p. 352).[140]

A questão da liberdade seria de difícil acomodação em um universo delineado por essa gama de valores, pois não era uma operação trivial definir as fronteiras entre obrigação, obediência, liberdade e servidão. Álamos de Barrientos, em seus aforismos sobre os episódios da história romana narrados por Tácito — plena de sedições, empreitadas militares e mudanças bruscas de governo e por conseguinte repleta de reflexões sobre a dicotomia liberdade e obediência —, expressa bem seu pragmatismo político na abordagem da questão. Contudo, mesmo partindo deste pressuposto, o autor não consegue abandonar certo apreço positivo pelo tema da liberdade, justo Álamos que soube empiricamente o que é ser privado desse bem, nos anos em que esteve preso por seu envolvimento com o polêmico secretário de Estado, Antonio Pérez. O autor percebe o problema da liberdade/obediência em dois níveis distintos. O primeiro acerca-se do plano primário, dado que é relativo ao indivíduo. Já o segundo, muito mais abrangente, concerne às nações entendidas como sujeitos com personalidades políticas bem delimitadas, o que indicaria o porquê de determinados povos possuí-

---

[140] Também, em uma outra passagem, Saavedra ratifica o mesmo princípio do ofício real entendido enquanto árdua tarefa: "Con él pudiéramos significar también (si permitieron figuras humanas las empresas) al que nace para ser rey'; porque ¿qué espinas de cuidados no rodean a quien ha de mantener sus Estados en justicia, en paz y en abundancia? ¿A qué dificultades y peligros no está sujeto el que ha de gobernar a todos? Sus fatigas han de ser el descanso del pueblo; su peligro, seguridad, y su desvelo, sueño" (Saavedra Fajardo, 1999, p. 349).

rem maior ou menor apreço pela liberdade.[141] O bom governante deveria saber manejar muito bem as motivações em torno da ideia de liberdade e conseguir combinar os extremos entre liberdade e servidão para ser bem sucedido, como explica o autor: "Para gobernar bien una nación, hace de imaginar, que se mandan, y gobernar personas, que ni pueden sufrir absoluta servidumbre, ni pasar por entera libertad, conforme a la costumbre en que están" (Álamos de Barrientos, 1987, v. 2, p. 651).

Em nível pessoal, a liberdade é concebida como um valor positivo, posto que seu contrário imediato é a servidão. Álamos Barrientos chega a afirmar que aqueles que não podem conservar sua liberdade preferem morrer a viver em servidão considerada "cosa tan fea y torpe". Esse era o preço pago por quem aceita prêmio de tiranos, vendendo assim sua própria liberdade que, todavia, não poderia ter preço, segundo o autor. Em nível celular, portanto, o contrário imediato da liberdade é a deformação natural da servidão (Álamos de Barrientos, 1987). Em se tratando de regiões e nações, haveria sérios obstáculos em torno da interpretação de que a obediência seria um elemento fundamental ao governo de uma população, transformando o tema da liberdade em um problema. A solução encontrada seria harmonizar a convivência de senhorio e liberdade, inserida em uma racionalidade baseada na lei natural, que tentaria estabelecer o senhorio como um dado orgânico com limites pré-estabelecidos. Logo, a obediência aos senhores encontraria sua finalidade na razão e não na servidão, contanto que estes não extrapolassem os limites previamente delimitados. Barrientos declara esse princípio no seguinte aforismo: "No es una misma cosa, estar sin señor, y estar en libertad; que el segundo es buen estado gobernado por las leyes; y el primero incierto, y disoluto" (Álamos de Barrientos, 1987, v. 1, p. 135). Uma disposição semelhante pode também ser observada em Saavedra Fajardo, que diferenciava obediência de servidão, ao sustentar que: "Que la dominación es gobierno, y no poder absoluto, y los vasallos súbditos, y no esclavos" (Saavedra Fajardo, 1999, p. 351).

---

[141] Recordamos o juízo expresso por Álamos, em *Discurso político al Rey Felipe III, al comienzo de su reinado*, sobre o reino de Aragão ser muito afeito as suas liberdades. Além disso, o autor entendia que as nações acostumadas às liberdades deveriam receber um tratamento especial devido à arraigada defesa de seus valores fundamentais. Dessa forma, o autor sugere que: "En las Repúblicas libres, para que dure el Imperio, suele irse introduciendo poco a poco, y no quitándoles de golpe todas las apariencias de libertad" (Álamos de Barrientos, 1990, p. 52). E ainda: "Nunca el ejército en tierra conquistada, y amiga de libertad, ha de estar desproveído, y sin recato; aunque sea un medio de una gran paz, de manera que pueda ser acometido, y desbaratado fácilmente" (Álamos de Barrientos, 1987, v. 1, p. 533).

Em um procedimento parecido ao utilizado no primeiro capítulo, no qual se considerou a relevância de optar pelas figuras de Álamos de Barrientos e Saavedra Fajardo para ilustrar princípios seminais da teoria política hispânica da época moderna, voltou-se a recorrer à dupla. Considerando agora a vantagem de ambos concederem grande importância à obra do historiador romano, Cornélio Tácito, como indicativo expressivo de seu enquadramento na corrente de reativação filosófica, amplamente disseminada na Monarquia Hispânica, durante o século XVII, o neoestoicismo. Ressalva-se que a identificação com a corrente filosófica neoestoica alimenta uma rica matriz de análise que funde parâmetros interpretativos fundamentais no estabelecimento do diálogo entre os autores. É o caso de incluir as reflexões dos cronistas que se dedicaram aos eventos aragoneses das *Alteraciones*: Antonio Herrera y Tordesillas e Lupercio Leonardo de Argensola, que, a seu turno, também evidenciaram as linhas de diálogo abertas com a corrente neoestoica. Nessa direção, resgatamos a notável concepção esboçada por Saavedra sobre as tensões existentes entre liberdade e obediência:

> La libertad en los hombres es natural; la obediencia, forzada. Aquélla sigue al albedrío; está se deja reducir de la razón. Ambas son opuestas y siempre batallan entre sí, de donde nacen las rebeldías y traiciones al Señor natural. Y como no es posible que sustenten las repúblicas sin que haya quien mande y quien obedezca, cada uno quisiera para sí la suprema potestad y pender de sí mismo, y no pudiendo, le parece que consiste su libertad en mudar las formas de gobierno. Esto es el peligro de los reinos y de las repúblicas, y la causa principal de su cálida, conversiones y mudanzas. Por lo cual conviene mucho usar de talles artes, que el apetito de libertad y la ambición humana estén lejos del cetro, y vivan sujetas a la fuerza de la razón y la obligación del dominio [...] (Saavedra Fajardo, 1999, p. 636-637).

A pugna entre liberdade e obediência está, portanto, na raiz das rebeldias e traições que afetavam o mando do senhor natural, de acordo com o Saavedra. No entender desses autores, poderíamos supor que a obediência era entendida como um mal necessário, sem o qual não seria possível o sustento da República. Alinhavando essas noções elementares, infere-se que obediência e obrigação são valores tributários do estabelecimento prévio de um pacto ou acordo entre as partes, do qual derivam as noções afins de fidelidade e lealdade. O conceito de liberdade constrói-se, de forma sutil, nos fundamentos estabelecidos pelo próprio pacto do qual surgiram as noções anteriores, ou seja, só é livre aquele que reconhece e respeita os limites da autoridade exercida através do senhorio, em outras palavras, aquele que conhece seu lugar na hierarquia social. As revoltas, sedições e movimentos que convulsionaram a Monarquia Hispânica ocorreram nos interstícios desses valores. Ao fim e ao cabo, a fidelidade estava pautada por escolhas políticas e provou ser um atributo suficientemente flexível para legitimar as ações dos dois lados de uma mesma contenda.

4.1 A VISÃO DE CASTELA

> *[...] con color de la ofensa de fueros y de su rompimiento, que en Aragón conmueve hasta las piedras [...]*
>
> Antonio de Herrera y Tordesillas.
> *Tratado, relacion y discurso histórico de los movimentos de Aragon.*

Era o ano de 1612, quando foi publicada pela primeira vez a versão do polêmico cronista das Índias e cronista oficial de sua Majestade no reino de Castela, Antonio Herrera y Tordesillas, a respeito dos complicados eventos que haviam ocorrido há pouco mais de duas décadas em Aragão. Herrera dirigiu atenção ao conturbado episódio aragonês em duas obras distintas publicadas em 1612: *Tercera parte de la Historia General*, de forma sucinta e ligeira, conforme os princípios estruturais daquela obra, e *Tratado, relación y discurso histórico de los movimentos de Aragón*, de forma mais aprofundada. Analisaremos aqui o segundo texto mencionado, pois, além de oferecer uma versão mais extensa sobre o caso aragonês, dando margem aos vários comentários de Herrera acerca das questões abordadas, entende-se que o próprio formato, um tratado razoavelmente pequeno, objetivava uma circulação mais ampla e um acesso mais facilitado aos possíveis leitores da obra. Em ambas as versões, a argumentação central de Herrera se construiu, essencialmente, com base no mesmo propósito: legitimar a atuação da Monarquia Hispânica e de seu soberano enquanto representante político principal daquele heterogêneo complexo territorial.

Tratado, relacion y discurso historico de los movimientos de Aragón coadunava plenamente com a postura adotada por Herrera como cronista e com sua concepção teórica sobre a função da história e o papel do historiador na comunidade política, desenvolvidas anteriormente em outras obras e já bastante maduras por ocasião da confecção desse tratado. Herrera entendia a história como um guia de ação, devendo ser elaborada com vistas ao bem público que, no seu entender, estava profundamente vinculado ao fortalecimento da monarquia e da autoridade régia.[142] Como podemos inferir da análise sobre preceptiva historiográfica esboçada pelo autor nos escritos analisados no terceiro capítulo, Herrera distanciava-se de alguns pressupostos basilares que caracterizavam a escrita da história renascentista. O cronista rechaçava o uso das complicadas figuras retóricas que adornavam as obras renascentistas, afirmando que a linguagem apropriada à história é um estilo liso e sem floreios.[143] Seguindo a mesma disposição lógica, o cronista real negava igualmente a ideia defendida por alguns historiadores renascentistas acerca da necessidade do ócio filosófico[144] para a produção dos escritos históricos e para a formulação de juízos relativos ao homem e às contingências do mundo.

Antonio Herrera y Tordesillas entendia que a história deveria ser escrita por indivíduos que vivem no calor da vida política e testemunham os arriscados movimentos do jogo de xadrez cortesão, assim, poderiam adquirir experiência nas práticas governamentais e compreender o complicado funcionamento da máquina estatal. Ao longo de toda sua vida, Herrera objetivou a participação efetiva nos assuntos do governo e da política monárquica, não apenas utilizando como veículo a história e sua posição como cronista, mas também redigindo conselhos políticos endereçados ao rei sobre os mais variados assuntos, incluindo fortificações e outras formas

---

[142] A opinião de Kagan a respeito de Antonio Herrera Y Tordesillas é bastante esclarecedora: "En conjunto, la carrera de Herrera puede describirse como la de un activista. Como historiador no fue un autor particularmente innovador o original, y leer su prosa desnuda de adorno es algo definitivamente pesado. Con todo, una prosa llana era parte de la estrategia retórica de Herrera; su objetivo era imprimir en la mente de los lectores la esencial verdad de su narración. Herrera estaba decidido, asimismo a lograr una amplia audiencia, lo cual explica su decisión de escribir en lengua vernácula. Y dado que esta audiencia era en primer lugar de su propio país, escribía sus historias para convencer a los lectores en castellano de que su futuro como nación dependía de la voluntad de la Monarquía Hispánica de mantener su sagrada misión de promover el buen gobierno y defender la fe católica. Más aún, Herrera se tomó el trabajo seriamente, considerando un honor y un deber escribir historia en apoyo de su patria y su príncipe. Sus contemporáneos Francis Bacon y Paolo Sarpi tenían ideas parecidas a las suyas a este respecto, pero, a la vista de la profundidad de su compromiso con la historia oficial, Herrera hizo más que ellos por transformar a Clío, la afamada musa de la historia, en servidora del Estado" (Kagan, 2010, p. 282).

[143] Sobre esse tema, são elucidativas as considerações de Moris Croll, que associa as mudanças do estilo e o questionamento de algumas disposições retóricas, vinculadas ao paradigma precedente, com a adoção de novos pressupostos filosóficos afinados com a proposta neoestoica (Croll, 1921).

[144] No terceiro capítulo de sua tese de doutorado, Teixeira aborda as questões relativas ao ócio e à reflexão filosófica, desde textos consagrados da Antiguidade Clássica até os escritos de Guicciardini e Maquiavel. *Cf.* TEIXEIRA, Felipe Charbel. *Timoneiros*: retórica, prudência e história em Maquiavel e Guicciardini. 2008. Tese (Doutorado em História) – Pontifícia Universidade Católica do Rio de Janeiro, Rio de Janeiro, 2008. Disponível em: https://www.maxwell.vrac.puc-rio.br/12124/12124_1.PDF. Acesso em: 4 dez. 2023.

de defesa do reino. Ao que parece, Herrera seguia seus próprios conselhos sobre a profissão de fé que deveria abraçar o historiador. Esse trecho do tratado sobre Aragão é bastante elucidativo acerca de suas crenças relativas às qualidades que deveriam possuir os indivíduos que desejavam dedicar-se à escrita da história. Nele também aparece ilustrada a centralidade dos conceitos de prudência e experiência, bem como a necessária relação da história com a política:

> Porque aquel será buen escritor de los hechos de guerra, que habrá probado muchos peligros, y potentísimo en el decir, el que habrá pasado muchos trabajos e intervenciones en muchos negocios y casos civiles. Y proponiendo el Poeta la persona de Ulises, dice: Muéstrame, o Musa, al hombre lleno de universal prudencia, el cual por largo tiempo anduvo por el mundo, y vio muchos pueblos y ciudades, y tuvo conocimiento de sus costumbres, y padeció muchos trabajos. Lo cual dijo, porque tales han de ser hombres que pide el intento de la historia. Y de la misma manera pasan bien las cosas del mundo, cuando los que gobiernan son curiosos de saber. Y si los que se dan a escribir historia, fuesen experimentados en las cosas civiles, y las de más de que se consigue cierta y necesaria experiencia, y no se confiasen en haber oído en Escuelas, y estudiar en aposentos abrigados, y recogidas celdas, no harían tantos yerros (Herrera y Tordesillas, 1612, p. 37-38).

No tempo em que suas obras sobre Aragão foram publicadas, Herrera acabava de finalizar um tumultuado ciclo de sua vida. Nomeado como cronista maior em 1596, Antonio de Herrera y Tordesillas havia se convertido em um dos mais influentes cronistas a serviço da Monarquia Hispânica. O cronista, então, gozava da confiança de alguns dos conselheiros mais influentes no governo de Felipe II e, futuramente, do próprio monarca (Kagan, 2010, p.263). Ele, que já era cronista maior das Índias,[145] em 1598, foi nomeado como cronista real de Castela e, a partir de 1621, empossado no cargo de secretário real, posição que dava acesso à ampla documentação governamental. Contudo, a posição privilegiada desfrutada ao longo do reinado de Felipe II e no início do reinado de Felipe III, foi colocada em

---

[145] Herrera, no entanto, nunca conheceu as possessões americanas da Monarquia Hispânica, e vários de seus opositores serviam-se desse fato para desautorizar seus escritos sobre as Índias. Em tais situações, o cronista recorria ao exemplo de Tácito para legitimar sua obra, afirmando que aquele historiador nunca precisou sair de Roma para escrever sobre a África e a Alemanha, logo, ele também não tinha necessidade de conhecer pessoalmente as terras americanas para que pudesse escrever sobre elas (Kagan, 2010, p. 246).

risco pela oposição velada assumida por Herrera diante do cada vez mais poderoso novo privado do rei, o duque de Lerma. Outro agravante foi sua polêmica atuação como censor, o que não lhe granjeou boa fama nos círculos intelectuais da corte. Contudo, sua oposição a Lerma não foi velada o suficiente para impedir a identificação de possíveis ecos dessa atitude em alguns trechos da obra do cronista.[146] Inclusive, no próprio tratado sobre Aragão, Herrera fez advertências sobre as condutas adequadas e inadequadas ao ocupante do destacado posto de favorito real, apontando até mesmo as nefastas consequências que a má conduta dos privados poderia atrair para toda a monarquia.

A principal fonte de atritos entre o privado e o cronista era gerada pela política desenvolvida por Lerma de distribuição de cargos e postos no governo para seus protegidos e familiares. Herrera posicionou-se de forma contrária a algumas indicações do duque para o preenchimento de postos de cronistas, especialmente nos casos de Anastacio de Lobrera e Juan de la Puente, agravando a animosidade entre ambos. Lerma atuava de maneira a desgastar a influência e o posicionamento de Herrera, chegando a sugerir que Felipe III estabelecesse um novo cargo, um cronista-mor que fosse responsável pelo controle e pela aprovação de todas as obras que guardassem alguma relação com a criação da memória da monarquia. A sugestão baseava-se em uma proposta que já havia sido feita pelo conde de Gondomar, à época corregedor do rei em Valadollid, que entendia que a história deveria ser uma disciplina a serviço do Estado. Todavia, Lerma realizou os preparativos para que Pedro de Valencia assumisse o ofício de cronista geral dos reinos e das Índias, encarregando o novo cronista de escrever a história do atual monarca, Felipe III. O privado tentava, com essas manobras, colocar Herrera em uma posição secundária e dar a entender que seus serviços de cronista não eram mais necessários. Acossado pelas novas circunstâncias, Herrera estreitou os vínculos com a facção contrária ao duque. No entanto, na constante oscilação entre os círculos de poder da Corte, a queda de um dos principais aliados de Herrera no período, fez

---

[146] Um exemplo disso pode ser visto no seguinte trecho: "Otros dijeron que Antonio Pérez usaba mal de la privanza del Rey, y que se había ensordecido, por la mucha mano que se le daba en los negocios. Cosa que suele ofender mucho a los Príncipes, y que ha hecho perder la gracia a muy grandes privados. Y este propósito aconsejan los cuerdos que los tales deben moderar su favor cuando está más encumbrado, porque no todos los hombres siguen a las personas, sino a la potencia; y cuando un privado hace mucho de tal, y no se gobierna con modestia, es cierta su caída" (Herrera, 1612, p. 13-14).

com que esse se encontrasse em uma situação ainda mais delicada de prisão domiciliar, com guardas armados na entrada de sua residência.[147]

Em 1609, abre-se um processo contra Herrera acusando-o de haver insultado o rei e seus ministros e, mais grave ainda, de haver revelado segredos de Estado a pessoas de outros reinos. Curiosamente, fora imputado a ele, mesmo que em um grau muito inferior, o mesmo tipo de acusação feita alguns anos antes ao então secretário Antonio Pérez. A acusação feita a Pérez seria mencionada repetidamente por Herrera em seu tratado sobre Aragão e interpretada como um dos piores delitos que alguém poderia cometer. Mesmo que tal insistência significasse deixar em segundo plano o outro processo relativo ao assassinato de Juan de Escobedo, pelo qual Pérez também foi considerado culpado. Ainda em 1609, Herrera foi condenado por alguns itens do processo. Como punição, ele foi suspenso do cargo e teve seu salário retido, bem como foi decretado exilado da Corte e da cidade de Madri. No exílio, mas decidido a recuperar sua situação e boa reputação, o cronista, como muitos outros homens de letras de seu tempo, recorreu a sua melhor ferramenta, a pena, com deliberada intenção de modificar sua fortuna pessoal. Nesse ínterim, algumas obras vieram à luz, dentre elas os dois escritos mencionados nos quais o cronista aborda o tema de Aragão dentro do contexto do conflito com Felipe II.

Na época da escrita dos tratados, a situação do autor é bastante sugestiva e permite inferir que a manifesta lealdade à Monarquia Hispânica e a aprovação praticamente irrestrita às ações perpetradas pelo governo em Aragão, fizessem parte do intento de recuperar seu prestígio e posto. Outra característica relevante diz respeito à falta de acesso de Herrera aos documentos de Estado e aos arquivos oficiais que geralmente lhe eram facultados. Esse empecilho gerava uma contradição com a opinião do autor, expressa em suas reflexões acerca da prática historiográfica, de que o historiador deveria se basear em papéis e documentos de Estado como estratégia fundamental para validação de sua narrativa. Dessa forma, Herrera usava seu acesso privilegiado aos arquivos e documentos como argumento de autoridade para defender a veracidade de suas histórias. Na hora de narrar os movimentos aragoneses envolvendo as *Alteraciones*, todavia, o cronista teve que se valer de outras fontes que, no entanto, não são informadas aos leitores. Através da intercessão de alguns poderosos no círculo cortesão,

---

[147] A respeito da polêmica aberta entre Herrera e Lerma, ver: Kagan, 2010. E acerca da dinâmica estabelecida na Corte pelo Duque de Lerma, ver: Feros, Antonio. *El duque de Lerma*: realeza y privanza en la España de Felipe III. Madrid: Marcial Pons, 2002.

especificamente Juan de Idiáquez, o conde de Miranda e o conde de Gondomar, Herrera consegue convencer Felipe III de que era merecedor do perdão real que lhe foi concedido em 1614. Em síntese, Antonio Herrera y Tordesillas conheceu uma longa carreira como cronista na Corte madrilenha, tendo permanecido no cargo durante o governo dos três Felipes, descontando seus anos de exílio.

Em hipótese alguma o tratado de Herrera sobre o conflito entre Felipe II e o reino de Aragão pode ser descrito como neutro, ingênuo, ou destituído de intenção. A rigor, a maioria dos tratados desse período, que abordavam conflitos de natureza semelhante ao de Aragão, tinha propósitos específicos, incluindo o alinhamento a favor de um dos lados participantes da polêmica, fosse de maneira declarada ou não. Neste sentido, a possibilidade de manipular estratégias narrativas e organizar o relato dos eventos, intentando construir uma sólida argumentação em defesa de um dos envolvidos, não era uma oportunidade ignorada por nenhum cronista dessa época. A reivindicação da história como um discurso neutro que objetiva a verdade, de acordo com uma recomendação de Tácito, repetida infinitas vezes nos tratados do período, *sine ira et studio*,[148] fazia-se letra morta no momento efetivo em que os cronistas, principalmente aqueles associados diretamente a algum tipo de poder político, concretizavam suas tarefas. Ganhar a opinião dos leitores, convencer o público era uma empreitada fundamental a partir da qual deflagravam-se verdadeiras batalhas de letras.

Tratado, relacion y discurso histórico de los movimentos de Aragon é um escrito que busca defender a imagem da Monarquia Hispânica, imagem essa que em alguns momentos se confunde com a própria Coroa de Castela que foi utilizada como contraponto e referência para julgar os eventos sucedidos em Aragão. Visto que acontecimentos como aqueles, em que a autoridade dos ministros reais foi abertamente questionada, colocavam em risco a imagem da monarquia, interna e externamente. Aragão não poderia servir de incentivo para que outros territórios da monarquia resolvessem questionar abertamente sua submissão ao centro político, o que acabaria ocorrendo algumas décadas mais tarde em outras conjunturas, como em Portugal ou na Catalunha.

---

[148] Herrera menciona tangencialmente o conselho de Tácito e sublinha a questão da verdade como pressuposto fundamental à história em diversas partes de seu tratado.

Externamente, os inimigos da Monarquia Hispânica, que não eram poucos, não poderiam interpretar aquela situação conflitiva como um sinal de enfraquecimento do poder e da autoridade de Felipe II sobre seus vassalos, sob pena de incentivar possíveis invasões ou tomadas de territórios anteriormente conquistados pela monarquia. Por outro lado, não se poderia entender que o rei agiu de forma contrária às leis aragonesas, pois, dessa forma, ele estaria quebrando seu sagrado juramento de proteger e guardar os foros e privilégios do reino. Uma ruptura do pacto, por parte do monarca, oferecia a legitimação necessária para o questionamento direto da autoridade real ou, na pior das hipóteses, para gerar o seu total repúdio. Fidelidade e obediência, duas noções centrais do discurso político moderno, estavam em suspensão e a mácula de infiel não poderia resvalar na *persona* pública do rei. Caberia, portanto, ao reino de Aragão assumir esse fardo, ainda que amortizado mediante o uso de diversas estratégias retóricas, a fim de resguardar a harmonia política da Monarquia Hispânica. Assim, havia grandes riscos na tarefa de narrar e explicar os acontecimentos das *Alteraciones*.

Herrera estruturou seu tratado em três partes, estrutura sintomática para que o leitor advertido possa perceber, logo a princípio, algumas das intenções do cronista. A primeira parte do tratado elege como foco principal o caso Pérez, começando desde as primeiras desventuras do secretário em Madri, sua prisão, processos e outros eixos relativos à controversa figura. A organização da narrativa que se inicia com Pérez — e, em certo sentido, o toma como eixo central de toda a problemática conjuntura que se desenvolveu no reino de Aragão — tem como objetivo demonstrar que a chegada do secretário foi o móvel propulsor de todos os tumultos e da desobediência civil que até então não havia acometido o fiel, porém com um ordenamento jurídico ineficiente, reino aragonês. Iniciar a narrativa já tratando dos assuntos referentes a Pérez é igualmente uma tentativa de obscurecer os problemas prévios entre a coroa e o reino. Seguindo essa lógica, Herrera menciona, de forma apressada, ao longo do tratado, como se fossem assuntos de menor importância, alguns dos temas que atribulavam o reino aragonês antes da chegada de Pérez, como o problema dos mouriscos e montanheses, as questões dirimidas nas Cortes de Monzón, em 1585, e o complicado pleito do vice-rei estrangeiro. Em relação ao citado pleito, Herrera se colocava decisivamente a favor do monarca em sua potencialidade de apontar quem fosse de sua vontade para preencher tão importante cargo, sem que isso significasse um desrespeito às leis aragonesas.

No segundo parte do escrito, Herrera aborda mais detidamente os eventos mais emblemáticos das *Alteraciones,* sintetizados em torno dos desacatos perpetrados contra a justiça e a Inquisição "por la instancia de la ciudad de Zaragoza" (Herrera y Tordesillas, 1612, sem página), deslocando, assim, o foco do reino e centralizando a narrativa na cidade de Zaragoza. Nesse segmento, Herrera tratou dos episódios relativos às tentativas de translado de Antonio Pérez do cárcere dos manifestados para a prisão da Inquisição e, consequentemente, dos tumultos iniciados em Zaragoza nessas datas. Ao delito da cidade, segue-se o castigo real, no qual o monarca, como pai amoroso e preocupado em restabelecer a ordem e a justiça, age pelo bem de seus súditos, na visão do cronista. O autor, então, narra a entrada do exército real no reino aragonês e como Zaragoza organizou a resistência a esse exército do rei, percebido como uma força estrangeira que ameaçava o reino. Herrera relata também nesse trecho a repressão feita pela Coroa a seus vassalos sublevados. Já na terceira parte do tratado, são abordadas, essencialmente, as tentativas de restituir a harmonia e a paz entre Felipe II e o reino de Aragão. Nesse sentido, o rei decreta um perdão geral, mas com diversas exceções, e celebra Cortes na cidade de Tarazona, em 1592, modificando vários dispositivos jurídicos da legislação aragonesa.

Um dos objetivos estruturais do tratado é refletir a respeito dos limites de poder régio, definindo quais as ações poderiam ou não ser efetuadas pelo monarca, em prol de reivindicar a legitimidade da atuação realizada em Aragão. Nesse âmbito especialmente, Herrera advoga abertamente a favor de uma concepção que confere amplos poderes decisórios ao monarca, que parece em alguns momentos estar acima da lei, mesmo que o cronista se esforce para criar uma versão dos fatos em que todas as ações de Felipe II estariam amparadas pela jurisdição. A questão da justiça e das leis é um ponto nevrálgico do tratado de Herrera, pois nos permite perceber suas possíveis inclinações acerca da aceitação das doutrinas da razão de Estado. Não nos esqueçamos que o autor em questão traduziu a obra de Botero, *Della ragion di Stato*, e também os anais de Tácito, ilustrados com pequenos comentários às margens do texto. Por outro ângulo, o mesmo tópico discute o problema dos conflitos jurisdicionais, um dos pontos de maior atrito nas associações políticas modernas.

A questão da justiça, na forma como é examinada por Herrera, oscila entre um tratamento mais genérico, em que justiça é entendida como virtude capital ou valor absoluto, e uma abordagem mais específica, na qual os ordenamentos jurídicos e os temas relativos aos foros jurisdicionais recebem atenção do autor. Por meio desse eixo, podemos inferir que o autor concebia a existência de distintas personalidades políticas organizadas em torno de diferentes sistemas jurídicos. No entanto, Herrera, diferentemente dos cronistas aragoneses, não tem conhecimento aprofundado, ou ao menos não deixa tal conhecimento transparecer em seu texto, sobre as leis em vigor no reino de Aragão na época do conflito. O autor refere-se sempre de forma genérica e superficial aos foros e privilégios do reino, apesar das grandes críticas feitas a esse ordenamento jurídico. Podemos deduzir, então, que tais críticas e condenações estavam de fato dirigidas ao que aquelas leis representavam para a gestão da Monarquia Hispânica, dado que, na prática, elas criavam empecilhos concretos para o exercício da soberania régia de uma forma mais livre e absoluta, tal e qual advogava Herrera para os reis da dinastia Habsburgo. Dessa forma, esse breve tratado se constrói em torno de um problema capital presente no discurso político hispânico do período moderno: a questão dos limites da soberania régia.

Antes de adentrar no conteúdo do tratado, convém atentar para a dedicatória da obra endereçada ao então monarca Felipe III. Nessa parte do escrito, Herrera afirma que a motivação para redigir o tratado estava relacionada ao combate dos murmúrios e falsas versões que foram construídas acerca do caso aragonês a partir do relato publicado pelo próprio António Pérez. As *relaciones* nas quais Pérez narra sua versão sobre o ocorrido, desde o início do processo em Madri até a série de eventos em Aragão, com destaque para atuação polêmica de Felipe II, deram início a uma das emblemáticas lendas negras[149] associadas ao monarca e à Monarquia Hispânica. Herrera afirmou que já havia finalizado a terceira parte da *Historia general del mundo*, em 1608, obra em que os eventos aragoneses e o caso Pérez também são abordados. Contudo, o *Tratado, relacion y discurso histórico de los movimientos de Aragon* somente foi publicado em 1612, um ano depois da morte de Antonio Pérez. Assim, o autor se resguardava das possíveis acusações de que a publicação, um ano após a morte de Pérez, seria uma manobra para evitar que um dos principais envolvidos no evento tivesse direito de defesa, afirmando que: "[...] porque no se dijese, que se habla después de muerto: pues con cualquiera respuesta que pretendiera hacer, quedara convencido, y descubierta la industria y artificio, con que supo mezclar y confundir lo verdadero con lo inventado" (Herrera y Tordesillas, 1612, p. 2).

---

[149] Outra fonte que inspirou diversas versões difamatórias relativas à história da Espanha foi a conduta dos espanhóis na conquista das terras americanas. Ver: GARCÍA CÁRCEL, Ricardo. *La leyenda negra*: historia y opinión. Madrid: Alianza Editorial, 1992; KAMEN, Henry; PÉREZ, Joseph. *La imagen internacional de la España de Felipe II*: "leyenda negra" o conflicto de intereses. Valladolid: Universidad de Valladolid, 1980.

O autor prossegue afirmando que o intento de Pérez era dissipar uma falsa versão sobre os acontecimentos que ludibriava aqueles que se deixavam conduzir por palavras ambíguas, dissimuladas e cheias de *colores retóricos*. Na sequência, ele informa que sua intenção ao publicar a narrativa acerca do caso aragonês, em um volume destacado de sua *Historia General*, foi trazer à tona uma versão mais comum, sob forma de manual, dos eventos, para dar a conhecer o *propio, verdadero y essencial* do caso, devido à sua importância como ensinamento político da mais alta qualidade. Tal intento ilustra com perfeição um dos maiores propósitos da escrita da história na época moderna: advertir e instruir os homens de Estado a partir dos exemplos oferecidos pelo passado. A leitura das obras de história era uma forma consagrada para que os indivíduos e, destacadamente, os políticos, pudessem adquirir a virtude da prudência. Nesses termos, justificava-se Herrera, solicitando que o rei dedicasse um pedaço de seu precioso tempo à leitura do tratado: "[...] tanta variedad de suceso y ejemplos, casos raros y notables, sea servido de verlo; y con su prudentísimo juicio considéralo, pues es digno de ser entendido de cualquier Príncipe, por el fruto que se consigue de tales experiencias [...]" (Herrera y Tordesillas, 1612, p. 4).

Contudo, o ponto mais digno de nota, da dedicatória a Felipe III, é a parte final, quando Herrera expõe um aspecto decisivo de sua interpretação dos fatos e desvenda a finalidade política do tratado. Isto ocorre quando o autor aponta a suposta violação da jurisdição real que teria ocorrido em Aragão, o que seria razão suficiente para validar quaisquer decisões que fossem tomadas pelo monarca para defender seu domínio. Usando como argumento principal a defesa da justiça, do bem público e, mais veladamente, o resguardo dos interesses do Estado — esteio principal da concepção pragmática da política, bem como das doutrinas acerca da razão de Estado — para avaliar o caso aragonês, Herrera adiciona uma dimensão mais profunda à obra:

> [...] que cuando los vasallos violentan la jurisdicción a su Príncipe, puede de justicia defenderla de la manera que la podría defender libre y absoluta [...] y que como soberano señor, puede con las personas que le parecieren sin sospecha defenderla por medio de los Ministros Forales, dándoles con la gente que quisiere, el favor y calor necesario; y que solo el Príncipe toca el conocimiento de las causas de los culpados, y darles la pena que merecieren sus delitos: y como Rey y señor, para defensa de su jurisdicción Foral, y dar calor a sus

justicias, Foralmente puede valerse de sus vasallos, aunque sean extranjeros, pues no lo prohíben las leyes (Herrera y Tordesillas, 1612, p. 4-5).

Nas primeiras páginas, Herrera reveste seu objeto de análise de grande importância, admitindo uma dramaticidade, um tom levemente exagerado e construindo dessa forma um clima no qual os leitores deveriam submergir para que a narrativa tivesse o impacto desejado. Assim, o cronista afirma que irá tratar de um acontecimento repleto de acidentes, crueldades, sedições e calamidades. Aquela terra — não é possível aferir com precisão se ele se referia à cidade de Zaragoza ou ao reino como um todo — estaria repleta de sediciosos e agitadores movidos por ódio e ambição e ávidos por revoltas e novidades (Herrera y Tordesillas, 1612, p. 09). Esse é um ponto merecedor de destaque, pois é um procedimento ao qual Herrera recorre diversas vezes, que corresponde à personalização das culpas, utilizada como uma manobra para obscurecer quaisquer problemas estruturais que pudessem suscitar insatisfação e revolta nos habitantes do reino de Aragão contra as práticas políticas intervencionistas conduzidas pela Monarquia Hispânica, que estavam minando os princípios de organização mais fundamentais do sistema político daquele território.

A partir dessa lógica, Herrera realiza um duplo movimento. Ao mesmo tempo em que desenha o perfil pessoal de Antonio Pérez como um homem ambicioso e ardiloso, o autor opera no sentido de configurar os delitos de Pérez como atentados contra o governo e que, portanto, deveriam ser entendidos em todo seu potencial destrutivo, necessitando de um tratamento especial, justificando, assim, a obtenção das mais amplas facilidades processuais. Afinal, o objetivo principal era enquadrar a conduta do secretário no crime de lesa-majestade. Apesar de não utilizar essas palavras, de acordo com Herrera, Pérez havia cometido "[...] el mayor delito que se puede imaginar contra la Republica [...]" (Herrera y Tordesillas, 1612, p. 88). O cronista sustenta então que dentre as muitas acusações imputadas contra Pérez estaria a revelação de segredos de seu ofício, a adulteração das cartas e papéis que passavam por suas mãos, "[...] añadía y quitaba de las cartas de cifra [...]" (Herrera y Tordesillas, 1612, p. 16), e a retenção de alguns papéis de Estado que estavam sob sua guarda. É importante ressaltar que esse trâmite de informações, a cargo dos secretários, entre o rei e os Conselhos, era absolutamente decisivo. Em síntese, entre as principais acusações contra Pérez, compiladas por Herrera, estavam: o assassinato de Juan de Escobedo, decifrar códigos em falso, revelar segredos do Conselho de Estado,[150] haver escondido papéis importantes, além de outras culpas (Herrera y Tordesillas, 1612, p. 21). Em sua opinião, a excepcionalidade das faltas justificava a livre atuação na condução do processo, não fosse o complicado e rigoroso ordenamento jurídico aragonês. As justificativas defendidas por Herrera esclarecem sua postura política diante do caso:

> Y hallándose, que como las defensas que daba, con algunos papeles de los que había escondido, eran públicas, y no lo podían ser las réplicas, que a ellas se podían hacer, siendo más graves de lo que se sufría en procesos públicos, por ser negocios muy importantes y secretos, que convenia estimarlos en mucho más el castigo de Antonio Pérez, y que si lo permitiera la calidad de ellos, no había duda en la gravedad de sus delitos, ni dificultad en la pena de ellos; se dejó de proseguir su causa.
>
> Con esta determinación se hizo apartamiento y separación del negocio, declarándose que los delitos de Antonio Pérez eran tan graves, cuanto nunca vasallo los hizo contra su Rey y señor, así en las circunstancias de ellos, como en la coyuntura, tiempo, y forma de cometerlos (Herrera y Tordesillas, 1612, p. 21-22).

O cronista, então, destaca a sagacidade de Pérez que, como homem vivaz e de feroz engenho, soube interpretar a situação em Aragão, dado que a voz de *contrafuero* havia se levantado já na primeira passagem do secretário pelo reino, quando ele chegou em Catalayud, e reivindicou o privilégio da *manifestación*, sendo transportado até Zaragoza, agora sob a jurisdição da Corte do *Justicia*. Após ter constatado o clima de sensibilização foral, Antonio Pérez teria aproveitado de sua hábil percepção do momento político para associar sua causa com a defesa dos foros e privilégios aragoneses. O que o cronista aparentemente esqueceu de mencionar, ou o fez de forma muito superficial, foi o motivo pelo qual havia se instaurado tal clima. Segundo Herrera, Zaragoza andava favorecida por muitos estados que desejavam novidades, palavra que, recorrentemente, figura com uma acepção negativa nos tratados do período. Futuramente, por ocasião da polêmica acerca da fidelidade do reino, os aragoneses criticariam, de forma

---

[150] A apreciação de Herrera sobre o conselho de Estado — o conselho no qual Pérez atuava como secretário — era a seguinte: "[...] porque este Consejo es la ancora de donde depende perderse, o salvarse toda ella [a República]; y es el que mira por su salud, y el anima de la misma Republica; porque como la prudencia del hombre mira por todo el cuerpo, con lo que este Consejo se determina, se han de conformar todos los otros concejos [...]" (Herrera y Tordesillas, 1612, p. 188).

recorrente e incisiva, esse tipo de referência genérica à cidade de Zaragoza, ao invés de apontar grupos de particulares que estavam se posicionando de forma contrária ao governo de Madri.

De acordo com Herrera, a confluência entre instrumento, lugar e ocasião resultaria no momento propício para que Pérez criasse perturbação e tumultos por meio da manipulação de vários grupos de pessoas. Nesse capítulo, por duas vezes, o autor ainda sublinha que Pérez possuía muitos aliados, "[...] muchos amigos e personas de calidad [...]" ou, ainda, "[...] los solicitadores eran muchos, muy diligentes y personas de autoridad, con eficacia representaban la inocencia de Pérez [...]" (Herrera y Tordesillas, 1612, p. 23). Assim, mais uma vez, fazendo uso deliberado de uma estratégia política, Herrera associa os atritos prévios, que o reino possuía com a Coroa, às invenções de Pérez e seus sequazes. Dessa maneira, entre os mouriscos seriam semeadas provocações para que esses se mobilizassem contra os cristãos montanheses.[151] Aos de maior estado, seriam oferecidos mais grandeza e poder. Importa sublinhar que a palavra *libertad* aparece como forma de cooptação dos interesses das categorias e tática de convencimento tanto no grupo dos montanheses quanto em relação aos membros da nobreza.[152] Talvez isso fosse uma primeira tentativa de explicar por que nos momentos de maior tensão em Aragão as ruas foram tomadas aos brados de *libertad*. O que o cronista parecia esquecer, ou planejava dissimular, é o significado dessa palavra em Aragão que, como já observado, tem relação direta com os foros e privilégios locais. Podemos, assim, interpretar os gritos de *libertad* durante as *Alteraciones* na chave interpretativa da preservação da cultura política do reino e da identidade coletiva de seus habitantes tão umbilicalmente associadas ao peculiar sistema jurídico aragonês.

Em relação ao pleito do vice-rei estrangeiro, o grupo ligado a Pérez seria responsável por disseminar a opinião de que aquele era o verdadeiro instrumento para sujeitar o reino de Aragão ao governo de Madri. O cronista alude também ao problemático tribunal zaragozano do *Privilegio de los Veinte*, que seria mobilizado pelo rei como forma de levantar discórdias entre a cidade e o reino. Por fim, Herrera aponta o tema da Inquisição

---

[151] Sobre o atrito entre mouriscos e montanheses, ver: ENCISO RECIO, Luiz Miguel; DOMÍNGUEZ ORTIZ, Antonio; PRADA VALLEJO, Valentín Vázquez de; DE ROSA, Luigi; RUIZ MARTÍN, Felipe; PARKER, Geoffrey. *Revueltas y alzamientos en la España de Felipe II*. Valladolid: Universidad de Valladolid, 1992.

[152] Em relação aos mouriscos: "[...] que era tiempo de salir de la dura servidumbre que padecían, para servir en descanso y libertad, mostrándoles modos y caminos, para poderlo conseguir" (Herrera y Tordesillas, 1612, p. 24); já, em relação à nobreza: "[...] de que todas las maneras convenian conservar la libertad que decian y afirmaban que el Rey procuraba de oprimir por muchas vías [...]" (Herrera y Tordesillas, 1612, p. 24).

como mais um elemento de discórdia entre os aragoneses. Todavia, na condição de familiar do Santo Ofício, Herrera demonstra apreço especial pela defesa desta instituição. Uma vez mais, o grupo favorável a Pérez teria atuado no sentido de consolidar a ideia de que, a princípio, a Inquisição apenas havia instituído a vigência de seus tribunais por um período de cem anos, no reino de Aragão. O prazo já teria expirado no momento em questão, logo a Inquisição deveria abandonar as terras do reino, pois ela seria "otra terrible forma de oprimirlos". No entanto, entre as acusações desferidas contra o grupo de Pérez, a mais grave diz respeito à pretensão de transformar o reino em República, com a ajuda de forças estrangeiras, permitindo a deflagração da guerra no território da Monarquia Hispânica:

> Y que el mejor y más verdadero remedio de todo era, reducir al Reino en República; para lo cual hallarían favor en el Príncipe de Bearne, si le daban paso para entrar en España a conquistar el Reino de Navarra, con que venía a divertir al Rey de la guerra que le hacía, trayendo sus banderas en Francia en favor de la unión Católica, impidiéndole aquella Corona (Herrera y Tordesillas, 1612, p. 25-26).

Aplicando um viés teleológico à sua narrativa, Herrera afirma que os alvoroços nas ruas e a contestação aberta da autoridade dos ministros reais, incluindo a contestação da autoridade régia, grave acusação para os parâmetros da época, estava fadada a acontecer após a chegada de Pérez ao reino. Partindo dessa lógica, o cronista inicia o relato dos eventos do dia 24 de maio de 1591, quando foi realizada a primeira tentativa de transferência de Antonio Pérez do cárcere dos manifestados à prisão do Santo Ofício. Nessa situação, Herrera dá por tão certa a autoridade e a competência do Tribunal da Inquisição — ou simplesmente se esquiva de entrar em detalhes em um trâmite processual que, na verdade, encobria uma manobra política de Madri, para que o caso Pérez retornasse à jurisdição da monarquia — que se satisfaz simplesmente em afirmar: "[...] había dicho y cometido otros delitos, cuyo pertenecimiento pertenecía al santo Oficio de la Inquisición [...]", (Herrera y Tordesillas, 1612, p. 29) sem se importar em averiguar quais seriam esses delitos.

Regressando ao clima que estaria instalado no reino, o cronista reforça seu argumento e repete que a cidade de Zaragoza estava muito comovida, perturbada e que muitos amigos de novidades agiam abalando a todos. A repetição, nesse caso, não deixa de ser uma técnica argumentativa utilizada diversas vezes pelo autor como estratégia de convencimento. Realizando um procedimento de inversão de princípios, o autor interpreta que aquele grupo, desejoso de gerar turbação e confusão, manipulava o restante da população "[...] que estando ciegos no conocían el veneno: y generalmente so color de la defensa de Fueros, entraban en la demanda [...]" (Herrera y Tordesillas, 1612, p. 27). Ao lançar mão desse procedimento, Herrera buscava desautorizar o componente foral do levante aragonês sugerindo que a questão da defesa dos foros e privilégios era apenas um disfarce para encobrir os nefastos propósitos do grupo partidário a Pérez. A descaracterização do movimento em seu aspecto foral, que começa a ser desenhada logo no começo do tratado e segue como aspecto essencial ao longo do escrito, opera no sentido de anular as justificavas dos aragoneses envolvidos nos acontecimentos que argumentavam afirmando que agiram de acordo com os parâmetros estabelecidos pelo ordenamento jurídico de sua pátria. Ordenamento esse que era motivo de grande orgulho para os aragoneses, influenciava enormemente a cultura política local e o desenvolvimento dos vínculos identitários entre os habitantes do reino.

Herrera então descreve os acontecimentos do dia 24 de maio, não sem antes incorrer em uma falha grave, repetida duas vezes na obra: confundir o mês em que ocorreu o primeiro episódio da jornada zaragozana, que afirma se tratar do mês de março, não maio, como de fato fora. Vejamos o relato do cronista de Castela:

> Y en esto entraron los Inquisidores, y con el despacho que dio el supremo Consejo de Aragón, y con el que a ellos se había enviado. Viernes a veinticuatro de Marzo del año de mil y quinientos y noventa y uno, a las siete de la mañana, enviaron un secretario a notificar sus letras (que dicen en Castilla mandamiento) para que el justicia, y sus cinco Lugartenientes les remitiesen las personas de Antonio Pérez, y Juan Francisco Mayorini cómplice. [...]
>
> Luego bolló la fama de la remisión de Antonio Pérez a don Diego de Heredia, don Juan de Luna, Martin de Lanuza, Manuel don Lope y los demás principales fautores de Antonio Pérez de la sedición y con gran alboroto comenzaron a mover el pueblo, con aquella voz, contra Fuero, con que tanto se altera, apellidando a voces: Libertad, libertad: y con las espaldas desnudas, y otras armas, corriendo por la ciudad decían gritando, que se había quebrado el privilegio de la manifestación, la mejor y más saludable cosa que tenían, por haber sacado de la cárcel del Justicia a los dos presos, dando

> a entender, que ellos habían entregado a la Inquisición, para llevarlos a Castilla. Con que el pueblo que es feroz, cuando está lejos del peligro, y porque con las astucias y mañas referidas le tenían bien dispuesto, fácilmente se escandalizó, alteró, movió, y tomó las armas.
>
> Con esta conmoción, guiado del pueblo de los referidos escandalosos, fue a cercar la casa de Marqués de Almenara don Iñigo de Mendoza, que se hallaba en Zaragoza, solicitando en nombre del Rey, la antigua pretensión de poner en aquel Reino Virrey extranjero [...] (Herrera y Tordesillas, 1612, p. 30-33).

Sua descrição acerca das passagens do dia 24 de maio é bastante sugestiva em relação ao que temos afirmado sobre os propósitos e as estratégias empregados pelo cronista, de acordo com os quais os eventos fatalmente se resumem a uma manipulação deliberada do grupo de Pérez para desestabilizar a conjuntura política do reino. Contudo, no segmento imediatamente posterior, Herrera narra um caso que poderia significar um deslize em sua própria tática de convencimento, quando menciona que o povo cercou a casa do Marquês de Almenara, responsável pela negociação a favor do pleito do vice-rei estrangeiro. Se a raiz dos motivos responsáveis pela agitação popular era a manipulação do grupo de Pérez a favor da causa do secretário, por que então o povo iria buscar confrontar o enviado real encarregado do polêmico pleito? Esse é mais um tema que o cronista se esquiva de analisar e mais uma evidência de que as razões que motivaram o caso aragonês estavam muito além dos eixos relacionados ao caso Pérez. O pleito do vice-rei estrangeiro demonstra com precisão que uma das causas da comoção aragonesa nesse período era a ingerência, cada vez maior, da Monarquia Hispânica na vida política do reino.

Herrera aproveita o episódio do cerco ao marquês de Almenara para justificar e legitimar, de acordo com os foros, a intenção de Felipe II de garantir permanentemente que em Aragão pudesse ser nomeado um vice-rei estrangeiro, dispositivo que, no entanto, iria totalmente de encontro ao ordenamento jurídico do reino. O autor indica que a causa da reivindicação régia no pleito do vice-rei estrangeiro era uma necessidade inerente ao próprio reino, pois o ódio que havia se criado entre montanheses e mouriscos era tão profundo e rigoroso que ameaçava levar à ruína todo o reino de Aragão, uma situação que o vice-rei atual havia se mostrado totalmente incapaz de solucionar. A incapacidade do então vice-rei é ampliada a qualquer natural do território, que não poderia solucionar o delicado conflito devido a interesses pessoais oriundos de vínculos de vassalagem. Todavia, Herrera acaba finalmente admitindo que o tema do vice-rei estrangeiro também poderia ter influenciado no estalar do conflito, quando menciona que aquele era um pleito muito mal recebido em Aragão e que, após a chegada de Pérez, transformou-se em uma demanda para alguns homens de maus afetos que abraçaram a causa como simples pretexto para causar agitações: "[...] so color de pretender que se guardasen las leyes" (Herrera y Tordesillas, 1612, p. 35), fórmula novamente repetida. A interpretação de Herrera a respeito dos foros e privilégios de Aragão é muito negativa. Diversas vezes, o autor se refere de forma depreciativa às leis do reino, por exemplo, quando afirma que "[...] como aquellos que tienen abundancia de Médicos, y medicinas, abundan de enfermedades: así adonde ay muchas leyes, suele haber muchas injusticias [...]" (Herrera y Tordesillas, 1612, p. 35) ou, ainda, quando denomina a prisão dos manifestados de "carcel de los delinquentes" (Herrera y Tordesillas, 1612, p. 41), alegando que aquela era uma prisão arbitrária.

O cronista dá continuidade à sua história, tratando dos fatos ocorridos na segunda jornada na cidade de Zaragoza, quando tem lugar mais uma tentativa de realizar a transferência de Pérez da prisão dos manifestados, e da jurisdição do *Justicia*, para a jurisdição dos tribunais da Inquisição. Neste trecho, mais uma vez, ele confunde os fatos quando afirma que os sediciosos haviam conseguido fechar as portas da cidade, "[...] los autores de la sedición (como de atrás la tenían maquinada y pensada) para que fuese mayor, hicieron cerrar las puertas de la ciudad" (Herrera y Tordesillas, 1612, p. 50), quando, na verdade, essa foi uma providência tomada pelo governador da cidade que acabou surtindo efeito contrário ao desejado, acirrando ainda mais os ânimos dos que estavam presentes. Esse incidente é interpretado pelo autor como grave ofensa à majestade real, acusação firmemente negada pelos aragoneses, e à Inquisição. Uma ofensa antes inimaginável em um reino tão fiel e obediente, na alegação do próprio Herrera. O cronista insiste na magnitude do crime e da ofensa que teriam tido lugar na cidade de Zaragoza, em uma hábil manobra em que já se elaborava a justificativa das ações reais subsequentes ao delito. Nesses termos, Herrera informa sobre os crimes praticados em Zaragoza:

> El Rey ponderando las ofensas y desacatos, hechos a su Real dignidad, y no ignorando, que Reinos que gozan poco de la preferencia de sus Príncipes, padecen, y que se ha de padecer

> con ellos, y disimular siempre que fuere posible: considerando ya que sus ministros no tenían reputación, y que la Justicia hallaba muy oprimida y ofendida, y no menos el sacrosanto Tribunal de la Inquisición [...] (Herrera y Tordesillas, 1612, p. 55-56).

Na narrativa das tomadas de decisões em que se viu envolvido o monarca para solucionar a problemática situação instaurada no reino de Aragão, Herrera deixa transparecer sua opinião a respeito da figura de Felipe II. Assim, o cronista menciona que muitas pessoas sugeriram que o rei não deveria perder mais tempo em coisas e negócios de menor importância e que, para sossegar o reino sublevado, a autoridade de sua real presença seria suficiente. Tal atitude, se houvesse sido tomada desde o princípio, poderia já ter solucionado o caso, de acordo com algumas opiniões que circulavam na Corte. Felipe II, no entanto, teria mantido seu ânimo constante e sossegado, ou pela grandeza de seu espírito, ou porque sabia que não havia perigo. O monarca teria afirmado que não seria "[...] conveniente a la grandeza de la Monarquía, que por una ciudad se moviese el Príncipe de su silla desde donde todo se gobernaba" (Herrera y Tordesillas, 1612, p. 78). O trecho ratifica uma imagem comumente associada ao rei, que teria angariado fama de um grande burocrata que mantinha os dois pés firmemente fincados em seu palácio.

O tema da relevância da presença régia é abordado em outras partes do tratado, nas quais a ausência do monarca chega a ser considerada um castigo e uma ofensa. Herrera insinua que talvez Aragão não fosse um dos reinos de maior preferência de sua Majestade, que o reino não possuía grande receita fiscal e ainda afirma, por ocasião da convocação das Cortes em Tarazona no ano de 1592, que o rei não compareceu desde o princípio ao evento, onde foram sancionadas as leis e decididos outros assuntos da maior importância para a vida política do reino, simplesmente porque não desejava comparecer àquela cidade.[153] Quando, na verdade, o rei havia sofrido um ataque de gota. Tais afirmativas, somadas a outros elementos já citados, justificam o enorme repúdio gerado pelo tratado de Herrera no reino de Aragão, bem como o grande esforço da *Diputación* do reino que elegeu cronista após cronista para combater a péssima visão da pátria cons-

---

[153] Segue o trecho em questão: "Y a este propósito dijeron muchos lo que arriba queda tocado, que no la enfermedad que tuvo en la Estrella le impidió, para no ir antes a Tarragona, sino que su ánimo tan Real y generoso no le permitió estar más en aquella ciudad, y asistir en aquellas Cortes, por no ver sus ojos, ni que gozasen de su Real humanidad, vista, y conspecto, muchos que le habían deservido, que por ser incluidos, y comprendidos en el perdón, habían de asistir en aquellas Cortes" (Herrera y Tordesillas, 1612, p. 107).

truída por Herrera. Contudo, a *Diputación* encontrou enorme dificuldade em obter uma versão dos fatos satisfatória, na qual a reputação e a imagem do rei e do reino pudessem emergir ilesas do conturbado acontecimento.

Herrera fundamenta a narrativa a respeito das resoluções tomadas por Felipe II, para dar fim aos atribulados episódios que vinham ocorrendo em Aragão, em consonância com a representação do rei, ainda em grande vigência na tratadística política do período,[154] como pastor da comunidade e pai amoroso que zela por seus súditos. A partir dessa lógica, foi somente após muita reflexão e consultas aos seus Conselhos, que o rei decidiu remanejar o trajeto do exército que se dirigia à França para atuar em prol da União Católica. Em seguida a deliberação real, o exército tomaria o rumo do território aragonês. Nesse contexto, o monarca teria percebido que a força seria o único remédio eficaz para solucionar a situação, uma resolução que ainda teria sido ratificada pelos membros do Conselho de Aragão. O cronista se esforça ao extremo para demonstrar que, em hipótese alguma, a decisão real poderia ser considerada *contrafuero*. Muito pelo contrário, a decisão estava totalmente de acordo com a legalidade, sendo, portanto, determinação justa e desejável.[155] Mencionando brevemente o foro aragonês, *Privilégio General*, que grosso modo sancionava que o reino poderia se defender e levantar armas contra quaisquer forças estrangeiras, o cronista afirma que tal disposição não poderia ser utilizada contra Felipe II. No entanto, o próprio Herrera alude ao exército que adentrou o reino aragonês e que, ademais, possuía um capitão castelhano, como *ejército extranjero*.[156]

Ao defender a legalidade dos atos do Felipe II e o que estava implícito na contrapartida desse posicionamento — a ilegalidade das resoluções tomadas em Zaragoza de organizar um exército para impedir a entrada das forças estrangeiras — Herrera apontava a principal questão subjacente ao

---

[154] Herrera chega a afirmar que Felipe II estaria, inclusive, disposto a arriscar sua própria coroa em ordem de restaurar os danos provocados por tão grave delito. Em suas palavras: "Y fue así, que en sabiendo que se había turbado e impedido la satisfacción que daba a las ofensas hechas al Santo Oficio de la Inquisición, envió a decir al Cardenal Quiroga, y al Consejo supremo de la Santa Inquisición, que del poco respecto que se había tenido al Santo Oficio, y del desacato que se había cometido, tenía el debido sentimiento, y que se viese con qué modos se podría restaurar tan gran delito, porque de muy buena gana emplearía en eso su persona Real, y su Corona" (Herrera y Tordesillas, 1612, p. 53).

[155] Este trecho é bastante esclarecedor: "Que el Rey por su obligación, conforme a las leyes, lo había de remediar por mano de los ministros Aragoneses, y que no se podía decir que rompía los fueros, si para poner remedio conforme a fuero, y volver por su jurisdicción Foral y autoridad, se quería valer de sus vasallos, para que asistiesen y diesen calor con su presencia a la justicia Foral, porque tales y tan extraordinarios excesos, pedían remedios violentos [...]" (Herrera y Tordesillas, 1612, p. 68).

[156] Tal menção é feita nas páginas 62, 66 e 73 do tratado de Herrera (1612).

tratado: a peculiaridades dos confrontos jurisdicionais nas monarquias compostas da época moderna. Assim, as ações realizadas pelo monarca objetivavam a restauração de sua jurisdição que teria sido usurpada pelos aragoneses, que, no entanto, atuavam a partir da interpretação oposta de que estariam agindo em defesa de suas leis e de seu sistema político. Tratava-se do choque de dois sistemas políticos distintos com compreensões bem diferenciadas acerca do funcionamento da justiça, da criação das leis e, fundamentalmente, dos limites do poder régio que em Aragão possuía um constrangimento real e efetivo, diferentemente do que ocorria na Coroa de Castela, a qual a entidade política suprarregional da Monarquia Hispânica parecia querer emular para efetivar a condução de seus díspares territórios. Não que em Castela não existissem outras formas de limitar a ação real, todavia elas não se encontravam corporificadas no ordenamento jurídico do reino e na atuação das Cortes (Albaladejo Fernández, 1992).

Antonio Herrera y Tordesillas interpretava que o rei era o senhor e a fonte de onde emanava toda jurisdição. O grande problema era que, em Aragão, a fonte da jurisdição não era apenas o monarca, mas, sim, rei e reino reunidos em Corte. Em síntese, o tratado em questão apresenta um discurso apologético em prol da atuação régia mais livre e absoluta, bem como uma proposta de extinção das barreiras jurídicas existentes no interior da Monarquia Hispânica, sobrepondo o regime político do centro a todos os territórios. As seguintes palavras dispensam comentários:

> [...] y que naturalmente era el Príncipe quien daba las leyes y órdenes al Reino, y no el Reino al Príncipe; y que las mercedes, las gracias, la guerra y la paz, el premio, y el castigo, del Rey procedían, porque a la Majestad Real pertenece solamente el mandar, y al Reino obedecer [...] (Herrera y Tordesillas, 1612, p. 56).

4.2 A VISÃO DE ARAGÃO

> *Porque la infamia y nota de rebelión y sedición de un tal Reino y Ciudad que pasando, de los límites de España, se ha extendido y divulgado por otras naciones, impuesta y levantada por la malicia o ignorancia de algunos escritores modernos españoles y extranjeros, no se debe disimular ni pasar por silencio, porque sería aprobar sus testimonios y darlo por verdadero, no siéndolo; y lo peor que entre ellos hay algunos que más parece que lo han hecho por adulación y lisonja [...].*
>
> *Francisco de Gurrea y Aragón, Conde de Luna. Comentarios de los Sucesos de Aragón en los años de 1591 y 1592.*

Lupercio Leonardo de Argensola e seu irmão Bartolomé Leonardo de Argensola passaram para a história como grandes poetas do *Siglo de Oro* espanhol e como excelsos membros da fina flor da intelectualidade aragonesa do período moderno. Já em sua época, os irmãos ficaram famoso por suas criações literárias, recebendo elogios de diversos autores, entre eles Lope de Vega, que, no texto de aprovação à obra *Rimas* dos Argensola, sentenciou: "parece que vinieron de Aragón a reformar en nuestros poetas la lengua castellana, que padece por novedad frasis horribles, con que más se confunde que se ilustra" (Vega, 1634 apud Gil Pujol, 1991b, p. ix). Da mesma forma, devido à sua reputação como afamados literatos, em 1610, os Argensola foram convocados para integrar a Corte formada em Nápoles pelo conde de Lemos, no exercício da função de vice-rei, ao lado de escritores da altura de Miguel de Cervantes e Luis de Góngora. Em Nápoles, Lupercio chegou a ocupar a função de secretário de Estado e teve oportunidade de frequentar as reuniões da célebre Academia dos Ociosos, demonstrando que sua atividade literária e sua carreira política sempre caminharam lado a lado (Green, 1945). Uma pequena amostra das qualidades inerentes à produção literária de Lupercio pode ser vista na composição abaixo:

> No fueron tus divinos ojos, Ana,
> los que al yugo amoroso me han rendido:
> no los rosados labios, dulce nido
> del ciego niño, donde Néctar mana.
> Ni las mejillas de color de grana:
> ni el cabello, que al oro es preferido:
> ni las manos, que a tantos han vencido:
> ni la voz, que está en duda si es humana.
> Tu Alma, que en tus obras se transluce,

> es la que sujetar pudo la mía:
> porque fuese inmortal su cautiverio.
> Así todo lo dicho se reduce
> a solo su poder, porque tenía
> por ella cada cual su ministerio
> (Leonardo de Argensola, 1634, p. 25).

Conhecidos por sua produção poética que foi objeto de inúmeros estudos e deu margem à publicação de diversas reimpressões de suas obras, o labor historiográfico dos irmãos, bem como o envolvimento nas atividades políticas, parece ter ficado à margem de um interesse mais aprofundado dos pesquisadores, mormente entre os historiadores, salvo destacadas exceções.[157] Processo similar, ainda que em menor grau, ocorreu também com outro grande nome da literatura espanhola, Francisco de Quevedo, especialmente na historiografia brasileira. Todavia, esse desinteresse não se justificaria se devotássemos maior atenção ao conjunto da produção letrada desses homens, permitindo-nos descobrir que além de poetas, esses autores também foram historiadores. Destaca-se que os irmãos Argensola chegaram a ocupar postos oficiais de cronistas, bem como atuaram intensamente na conjuntura política de seu tempo.

Diferentemente de Antonio Herrera, que redigiu discursos específicos acerca da escrita da história, tratando dos proveitos que dela poderiam obter as pessoas e abordando as qualidades que deveria possuir um bom historiador, Lupercio não sistematizou suas opiniões e conjecturas acerca do discurso histórico em um tratado específico. No entanto, é possível organizar e estabelecer uma breve visão de conjunto sobre o entendimento do Argensola mais velho[158] a respeito da finalidade da história e de como deveria ser sua escrita, por meio de opiniões pontuais registradas em textos de distinta natureza.

De cunho mais generalista, o discurso de Lupercio em uma Academia de Letras zaragozana é um dos principais registros sobre esse tema. Não foi possível precisar, no entanto, em que academia específica esse discurso foi pronunciado. Repetindo alguns lugares comuns sobre a importância do discurso histórico, Lupercio sanciona o princípio de que, sem o conheci-

---

[157] Otis Green, seu biógrafo, Gregorio Cólas Latorre e Gil Pujol são alguns dos estudiosos que prestaram atenção às outras produções dos Argensola.
[158] Bartolomé, sim, o fez, em um escrito endereçado à *Diputación* Aragonesa, por ocasião de sua solicitação para se tornar cronista do reino.

mento da história, os homens são como crianças, e reproduz também a concepção de que a história, diferente de outras disciplinas, ensina com afabilidade e doçura, sendo um repositório de todas as ciências e artes no qual se poderia aprender, em pouco tempo, a sabedoria de muitos séculos. De acordo com o autor: "[…] hace que en pocos años vivamos muchos años, vistamos de todos los trajes y usemos de todos los instrumentos de guerra y de paz que ha sabido" (Leonardo de Argensola, 1889, t. 1, p. 319). Inclusive a religião teria um caráter essencialmente histórico para o autor. Lupercio demonstra consciência de que estava expressando uma opinião generalizada em seu tempo, dado que tais assertivas são um conjunto de tópicas sobre a história oriundas de cânones da antiguidade clássica, fartamente repetidas nos tratados da época moderna, portanto não crê ser necessário se alongar demasiadamente no assunto. Com base nessa razão, declara que: "No hay cosa en el mundo tan necesaria y tan alabada, y así no me detengo en esto" (Leonardo de Argensola, 1889, t. 1, p. 319).

Lupercio prossegue a preleção sobre a história, explicitando sua preocupação com a leitura dos tratados históricos. Para o autor, apenas uma versão dos fatos não seria suficiente para que os leitores pudessem fazer verdadeiramente um bom juízo a respeito dos acontecimentos. Em conformidade com essa acepção, as histórias necessitavam de leitura vagarosa e os autores precisavam ser comparados uns aos outros. Embutia-se nessas considerações um alerta acerca dos possíveis equívocos nos discursos históricos e uma medida recomendável para evitá-los. Em contraste com as opiniões expostas por Herrera acerca da escrita da história, Lupercio ressaltava a importância da elegância como componente essencial dos escritos históricos e afirmava a relevância das artes retóricas e dialéticas para o bom desenvolvimento do ofício. O aragonês inseria assim seu modelo historiográfico nos parâmetros estabelecidos pelos cânones humanistas: "Entre las partes necesarias y que deben concurrir en un historiador y cronista, son las más esenciales y importantes la verdad en sus relaciones, la prudencia y doctrina en sus discursos, y la elegancia de la historia, para que así se informe, enseñe y deleite el que la leyere" (Leonardo de Argensola, 1889, t. 1, p. 318).

Dentre os autores consagrados da Antiguidade Clássica que normalmente eram indicados para a emulação, como Cícero, Tito Lívio e Tácito, Lupercio operava uma distinção sensível e enaltecia o humanista flamenco que foi seu contemporâneo, Justo Lipsio, sentenciando que: "[...] muchos podría referir, más sólo quiero nombrar lo de Justo Lipsio, por honrar su memoria y honrarme diciendo que, sin haberme visto, fue familiar amigo [...]" (Leonardo de Argensola, 1889, t. 1, p. 319-320). Definindo como pressuposto básico que os livros do divulgador das doutrinas neoestoicas, nada mais eram que "¿qué otra cosa son sino hijos de la historia?" (Leonardo de Argensola, 1889, t. 1, p. 320), Lupercio recomendava a imitação de Lipsio e não perdia oportunidade para mencionar a troca de correspondência que manteve com o consagrado autor, afirmando que, apesar de não terem se conhecido pessoalmente, eram grandes amigos.

Contudo, talvez o trecho mais interessante do discurso, proferido por Lupercio em uma academia de Zaragoza, seja a passagem na qual o autor correlaciona o conhecimento da história de um território com o conhecimento que possuem de si mesmos os naturais de uma localidade. Tal correlação é importante porque demonstra que, no universo mental das pessoas da época, a associação entre história e formação dos vínculos das identitárias locais já havia sido feita, ainda que os termos utilizados não fossem os mesmos. Vejamos o trecho em questão: "Es ignorar uno las historias de su tierra y de sus mayores es ignorancia tan culpable como no haberse visto jamás al espejo, ni saber en su imaginación qué manera de rostro tiene, y aún peor, porque es como ignorar los dedos sus manos y los miembros de que consta su cuerpo" (Leonardo de Argensola, 1889, t. 1, p. 318).

Outro discurso com informações essenciais sobre as concepções de Lupercio acerca da escrita da história é o texto que, à maneira de introdução, precede o mapa ilustrado do reino de Aragão pelo cosmógrafo português João Batista Lavanhas, realizado a cargo da *Diputación* aragonesa. A princípio, parece que a ideia da elaboração do mapa procedeu do próprio Lupercio, que recebeu a confirmação de sua intenção pelos *diputados* do reino no ano de 1607.[159] Sob o título de *Declaracion sumaria de la Historia de Aragon para inteligencia de su mapa*, Lupercio relata alguns indicativos sobre suas interpretações acerca da história do reino, de forma menos panegírica e generalista que no discurso anterior. Logo de início, o reino de Aragão aparece associado a uma província denominada *Celtiberia,* na qual a qualidade indômita dos habitantes locais teria causado muitos transtornos aos conquistadores romanos. A segunda qualidade proeminente dos naturais de *Celtiberia* era a fidelidade e, tirando proveito desse atributo inato, a

---

[159] *Cf.* LEONARDO DE ARGENSOLA, Lupercio. *Obras sueltas de Lupercio y Bartolomé Leonardo de Argensola*: coleccionadas e ilustradas por el Conde de la Viñaza: tomo I: obras de Lupercio Leonardo. Madrid: Imprenta y Fundición de M. Tello, 1889.

guarda responsável pela segurança real era composta apenas pelos *celtíberos*. Importante notar que, no período em que Lupercio escreveu o texto, ainda não havia completado uma década do desfecho das *Alteraciones* de Aragão. Esse dado permite supor que também esse escrito estava alinhado à ofensiva propagandística aragonesa em prol da recuperação da imagem do reino. Não era fortuitamente que a fidelidade figurava entre as primeiras qualidades dos habitantes da região, antes mesmo que o território viesse a se tornar o reino de Aragão. Ainda que destacar a fidelidade do reino fosse prática comum nos tratados do período.

Posteriormente, Lupercio comparou a trajetória histórica do surgimento das dinastias em Aragão e em Castela, o que constitui um forte indicativo do esforço para demarcar nitidamente as diferentes origens dos dois territórios. Dessa forma, o cronista evitava que a história de sua pátria fosse incorporada como um simples anexo da formação da Monarquia Hispânica, que, por sua vez, era dona de um projeto historiográfico bem delineado que elencava Castela como o foco principal da narrativa. Lupercio pontuava que, apesar da união das duas Coroas, essa associação foi feita "[...] con leyes diversas y sin confundir el nombre de la Corona de Aragón" (Leonardo de Argensola, 1889, t. 1, p. 293). Outrossim, um elemento marcante que opera no sentido de utilizar o discurso histórico para reivindicar um determinado posicionamento político no presente é o alerta, sublinhado em mais de uma ocasião por Lupercio, para recordar que as possessões italianas, então sob domínio da Monarquia Hispânica, foram fruto de conquistas aragonesas, como nos disse o cronista: "[...] fué el primer reino de España que pasó sus banderas a Italia, como hoy reina, en ella" (Leonardo Argensola, 1889, t. 1, p. 300) Constam também nesse escrito elogios pontuais a algumas das principais cidades do reino, especialmente à Zaragoza, sua capital. O autor também não perdeu a chance de incorporar no texto palavras elogiosas ao sistema político e ao ordenamento jurídico aragonês:

> A las cuales leyes o fueros llaman también libertades, porque contienen aquella templanza moral y política con que, siendo el Gobierno monárquico, se modera el rigor absoluto de tal modo que dijo Otomano, jurisconsulto, que sólo Aragón acertó a establecer la monarquía. Eligió sus principios el Gran Prefecto, llamado Justicia de Aragón, el cual cuida de las leyes, y con el compás de ellas ajusta las acciones judiciales del Rey. De todo esto resulta la libertad, no licenciosa ni

> descompuesta, sino legal y obediente. Y lo mismo que hace el Justicia en este reino hacían los Éforos en Lacedemonia y los Tribunos en Roma (Leonardo Argensola, 1889, t. 1, p. 292-293).

Esse trecho é fortemente significativo dos princípios abraçados por Lupercio Leonardo de Argensola na orientação que permeou a feitura do tratado acerca das *Alteraciones de Aragón*. Nele já estavam registrados alguns dos traços idiossincráticos mais importantes da cultura política aragonesa. Embora seu tratado como um todo ilustrasse com mais precisão o sistema político aragonês e seus principais símbolos. Apesar de alguns pesquisadores atribuírem imparcialidade à obra, Lupercio se dedicou de forma inaudita à defesa dos foros e privilégios do reino e também de seu particular sistema político que, na designação do autor, era uma monarquia moderada pelo rigor das leis e pela atuação da *Justicia* para frear as ações do monarca, como teremos oportunidade de verificar.

Do labor historiográfico de Lupercio, apenas o tratado sobre o conturbado biênio aragonês foi conservado. No entanto, nas informações registradas a partir de sua ativa troca de correspondências com outras destacadas personalidades da época e nas cartas endereçadas aos *Diputados* do reino de Aragão, reportando suas atividades como cronista, tem-se notícias de algumas de suas realizações, bem como de outros tantos projetos que o autor não chegou a concretizar. Otis Green, seu biógrafo, informa que, entre as principais obras de Lupercio que não foram concluídas, ou não sobreviveram à passagem do tempo, estão: a tradução dos *Anais de Tácito*, a História de Aragão no reinado de Carlos V, e, finalmente a *Historia de la Espanha Tarraconense*, que se ocuparia da história política e eclesiástica do reino, desde a fundação de Zaragoza, passando o período da invasão muçulmana, até o início da "Reconquista", período que Jeronimo Zurita, um grande cronista aragonês, teria elegido como marco inicial de seus anais. Decerto, podemos perceber que a produção de Lupercio estava marcada por seu interesse pela trajetória histórica do reino de Aragão e, ainda assim, notar a influência do historiador romano Cornélio Tácito que chegou inclusive a ser traduzido pelo próprio rei Felipe V.

Algumas informações biográficas sugestivas para compreensão de certos traços da atividade literária de Lupercio dizem respeito à sua formação intelectual e ao desempenho de suas funções como secretário inicialmente junto à nobreza aragonesa e posteriormente junto à Corte madrilenha e a mais alta nobreza. Lupercio Leonardo de Argensola realizou seus estudos na Universidade de Zaragoza, onde foi aluno de Andrea Schott, com quem adquiriu conhecimentos sobre retórica, grego e história romana (Green, 1945, p. 16). Além de elaborar algumas edições da obra de Sêneca, Andrea Schott tinha vínculos pessoais com Justo Lipsio, tornando-se, assim, uma figura importante na difusão do neoestoicismo na Monarquia Hispânica e exercendo grande influência sobre os Argensola (Blüher, 1983). Em relação ao papel exercido pelos textos da Antiguidade Clássica em sua formação intelectual, é seguro afirmar que Lupercio foi um bom conhecedor dos textos de Sêneca, Terêncio, Suetônio e César (Gil Pujol, 1991b, p. xxxiii). O autor também traduziu algumas obras de Tácito e de Horácio e recomendou aos nobres, que estavam presentes na reunião da academia de letras de Zaragoza, que se dedicassem à leitura dos versos de Marcial e dos emblemas de Alciato, já entre os modernos. Esses traços são indicativos suficientes para identificar a influência da doutrina neoestoica nas obras do autor. Todavia, a evidência principal desse vínculo com o neoestoicismo é correspondência breve, porém intensa, mantida entre Lupercio e Justo Lipsio (1966).

Em 1584, Lupercio começou a servir, na condição de secretário, o duque de Villahermosa, Fernando de Aragón, que futuramente se envolveria de modo profundo nos eventos das *Alteraciones*. Uma das proposições colaterais, integrada no tratado de Lupercio sobre os movimentos em Aragão, aborda exatamente a defesa da atuação do duque nos eventos. No final da obra, o autor chegou inclusive a reproduzir a sentença que foi promulgada contra o duque. Lupercio começou a frequentar a Corte madrilenha ainda sob os serviços de Villahermosa, tendo ocasião de assistir às reuniões de uma academia de letras da Corte quando já tinha alcançado alguma reputação como poeta trágico e lírico. Novamente, não existem registros precisos para indicar qual foi essa academia. Ainda no exercício de suas funções junto à casa dos Villahermosa, Lupercio participou das celebrações das Cortes em Monzón, no ano de 1585.

Após a morte do duque de Villahermosa, que faleceu misteriosamente na prisão de Miranda de Ebro, em novembro de 1592, após ter sido encarcerado por envolvimento nas jornadas zaragozanas, Lupercio foi nomeado secretário da imperatriz Maria, viúva do imperador Maximiliano e irmã de Felipe II. No mesmo período, em que seu irmão Bartolomé assumiu o posto de capelão em serviço à imperatriz. No período madrilenho de suas vidas, os Argensola estabeleceram contato com alguns dos nobres mais proeminentes do círculo político real, como o conde de Lemos e o duque de Osuna. Lupercio chegou inclusive a ser nomeado com *gentilhombre* do arquiduque Alberto, filho da imperatriz, e o acompanhou na viagem de Lisboa a Flandres, onde o arquiduque assumiu o posto de governador.

O período de mudança dinástica, do reinado de Felipe II para o reinado de Felipe III, assinalaria uma mudança na fortuna pessoal do homem que até então só havia ocupado a função de secretário. Assim, em 1598, Lupercio dirige um memorial aos membros do Conselho de Aragão, chamando atenção para o fato de que em outros Conselhos, como o de Castela e o das Índias, havia cronistas, mas que isso não se aplicava ao Conselho de Aragão, que estava isento desse privilégio desde o tempo do Rei Católico. Após apontar essa falha, Lupercio se autoindicava para o preenchimento do posto (Green, 1945, p. 63). O Conselho apresentou ao rei o conteúdo do memorial, expressando sua confiança no potencial de Lupercio para o bom exercício do posto e Felipe III assentiu na nomeação do Argensola mais velho para o cargo pleiteado. Importa registrar uma singular diferença: existia o cargo de cronista real para a Coroa de Aragão e também o cargo de cronista do reino de Aragão, criado nas Cortes que foram celebradas na cidade de Monzón, em 1547. O posto de cronista do reino de Aragão foi ocupado, em ordem sucessória, por Jerónimo Zurita, Jerónimo Blancas, Juan Costa, Jerónimo Martel e o pelo próprio Lupercio Leonardo de Argensola, em 1608.

A diferença capital entre esses postos residia na autoridade máxima a qual o cronista deveria prestar contas. Obviamente, no caso do cronista real para a Coroa aragonesa, a autoridade era o monarca, possivelmente mediatizada pela instância do Conselho de Aragão. Já no caso do cronista da Coroa de Aragão, a competência máxima cabia a *Diputácion* do reino. Apesar dessa considerável diferença, especialmente nos casos das narrativas históricas que abordavam momentos conflitivos entre rei e reino, a possibilidade de acumular cargos era potencialmente viável e, simbolicamente, ambos os Argensola exerceram os dois postos. Na qualidade de cronista real da Coroa de Aragão, Lupercio ocupou um lugar entre os membros do Conselho, recebendo como incumbência a tarefa de revisar as obras que fossem publicadas a respeito dos reinos da Coroa de Aragão. Igualmente, foi designado para redigir uma obra sobre os serviços que os aragoneses prestaram aos reis e uma história acerca do reinado de Felipe II, que abarcaria desde o nascimento do rei até o período em que ocorreram as *Alteraciones*. No entanto, existem apenas notícias sobre esses projetos.

Já no exercício do cargo de cronista do reino de Aragão, Lupercio fornece evidências de um olhar crítico sobre a escrita da história que podem ser examinadas por meio da correspondência com a *Diputación*, na qual o autor relatava suas atividades. Nesse contexto, o cronista justificava sua permanência junto à Corte napolitana, explicando que havia encontrado farta documentação que auxiliaria potencialmente a escrever a história de Aragão, sob o reinado de Carlos V. Tal explicação era necessária, pois fixar residência no reino e não se afastar dele por longos períodos era uma das obrigações do cronista de Aragão. Em uma dessas missivas, Lupercio relatava aos *diputados* sua satisfação ao encontrar tratados, relações, cartas de vice-reis e outros documentos de suma relevância para a narrativa da trajetória histórica de Aragão. Esse é um dado que indica a preocupação do autor de não deixar que a história do reino fosse obscurecida pela memória que era tecida para a Monarquia Hispânica, concentrada excessivamente em Castela e na trajetória dos habsburgos. A carta em questão apresenta dados notáveis sobre a concepção de Lupercio acerca das tarefas de cronista:

> No hay quien pueda que para escribir una historia no sea importantísima cosa ver el historiador los lugares a donde sucedieron las cosas que ha de escribir. Tratando con las personas que intervinieron en ellas, o conocieron a las que le ejecutaron, pues para solo esto sabemos que muy grandes historiadores latinos hicieron peregrinaciones muy largas y costosas, y sin traer ejemplos antiguos, está fresco el de Jerónimo Zurita cronista de este Reino que fue a Sicilia, de donde demás de las grandes noticias que leemos en sus Anales, trujo aquellos antiguos libros que están impresos en sus índices latinos. Tampoco se puede negar que las mejores y más importantes acciones del Emperador, cuya historia se me manda escribir, no sucederán en Italia [...] porque en ello, dijeron [...] se han defendido o dilatando con las armas, derechos antiguos de la Corona de Aragón, o, dependientes de ella, que es en que su cronista debe tener mayor cuidado, mayormente en estos tiempos, en que apenas se distinguen los reinos de España, y hay tantos que ignoran que Nápoles y Sicilia sean de esa corona. [...]
>
> Fácilmente pues se deja entender que ninguno podrá encargarse mejor de estas cosas que quien tuviese el lugar que yo he de tener, así por la comunicación de los más grandes personajes de Italia, por el manejo de los papeles, y que las ocasiones y comodidades que para otros fueren difíciles se

> me han de venir a las manos, y en cierta, [...] o utilidad del reino se puede decir que estando su cronista en Nápoles está dentro de los límites de su corona [...] (Leonardo de Argensola, 1610, H-25, f. 106. n. 33902).

Nas conjecturas teóricas, Lupercio e Herrera afirmavam princípios muito semelhantes sobre os caminhos que deveriam ser percorridos pelo historiador com o propósito de elaborar um relato consistente. Contudo, Lupercio, no caso da narrativa dos acontecimentos aragoneses, aplicou suas concepções teóricas na prática. Visitar os lugares que foram palco dos eventos, travar conhecimento com destacadas personalidades locais e manejar de livros antigos e documentos úteis eram passos fundamentais para que se pudesse construir um sólido arcabouço de sustentação do relato histórico. Decerto, Lupercio acatou seus próprios conselhos no momento em que redigiu a história a respeito das *Alteraciones*, fazendo uso ostensivo de cartas públicas, atas de Cortes e letras das leis. O cronista intercalava seu próprio discurso com a reprodução integral desses documentos, gerando, com tal procedimento, forte credibilidade para sua versão dos fatos.

Um último aspecto a ser destacado, antes de iniciar a análise mais detida do escrito de Lupercio sobre o caso aragonês, é a presença do cronista como testemunha ocular do episódio e seu envolvimento pessoal com algumas personalidades em evidência durante os eventos. Nesse sentido, Lupercio, que prestava serviços como secretário à poderosa casa da dos Villahermosa, aconselhou o duque e também o conde de Aranda sobre como deveriam se posicionar perante os acontecimentos. O cronista também redigiu diversas cartas e memoriais enviadas pelo duque, e, ainda, atuou como intermediário na comunicação realizada entre Villahermosa e Alonso de Vargas, o capitão do exército castelhano que entrou em Aragão. Em diversas passagens, o próprio Lupercio atesta sua presença como testemunha dos acontecimentos, muito embora tentasse camuflar seu envolvimento. No entanto, isso não foi motivo para que o autor se esquivasse de proferir sua opinião sobre o caso, ainda que de forma habilidosamente indireta, procurando sempre manter aparência de imparcialidade diante dos dos eventos relatados.

Informacion de los sucessos del Reino de Aragon en los años de 1590 y 1591 é uma obra que se inscreve em um contexto político bastante peculiar. Na época do falecimento de Felipe II e dos primeiros anos de vigência do governo do novo monarca, Felipe III, o debate acerca das responsabilidades dos envolvidos nos eventos e a repercussão da crise política deflagrada pelas jornadas zaragozanas ainda não haviam sido resolvidas e, como sentencia Xavier Gil Pujol: "Ello dio ocasión a uno de los debates historiográficos más notables en la Europa de inicios del siglo XVII, en cuyo seno Lupercio Leonardo de Argensola [...] ocupa una posición de primer plano" (Gil Pujol, 1991b, p. vii). A repercussão alcançada pelo desfecho das jornadas zaragozanas com a entrada do exército no reino, o castigo real que se inicia na cidade, seguido de um perdão geral, embora com uma série de limitações, e finalmente a celebração das Cortes na cidade de Tarazona, que colocou fim a um conjunto de privilégios aragoneses, modificando alguns dos dispositivos jurídicos mais importantes do reino, deram margem, já no retorno de Felipe II à Madri, em 1592, à difusão de uma imagem bastante prejudicial vinculada ao reino de Aragão. De forma geral, os eventos foram apresentados como uma rebelião dos súditos contra seu rei legítimo, sufocada pelo uso da força, tendo como resultado a derrogação dos foros do reino.

Em uma correspondência privada redigida no ano de 1616, Bartolomé Leonardo de Argensola anunciava que, segundo opinião generalizada, não havia restado em Aragão nem fé e nem leis favoráveis. O conde de Luna, Francisco de Gurrea y Aragón, irmão do desafortunado duque de Villahermosa, advertia que, de acordo com a crença corrente na Corte madrilena, um reino de inimigos havia sido conquistado (Gurrea y Aragón, 1888, p. 320-321). Talvez com base em uma antiga sentença da rainha Isabel de Castela, que certa vez teria afirmado que Aragão não lhe pertencia propriamente, portanto deveria ser conquistado novamente. Até mesmo a população geral de Castela estaria falando com orgulho sobre o desfecho dos eventos ocorridos em Aragão, de acordo com Gurrea y Aragón. A propagação dessa imagem negativa fazia com que o conde lamentasse a "miserable caída que en estos tiempos ha dado este reino, perdiendo su reputación tan estimada y poniendo a riesgo de tratarse de su fidelidad tan inviolablemente guardada y felizmente conservada" (Gurrea y Aragón, 1888, p. 13).

Antes que as obras de cunho histórico fossem redigidas, escritos de outras naturezas circularam, contribuindo para a construção do renome corrompido do reino. Tais escritos atacavam os aragoneses em dois pontos considerados fundamentais: sua fidelidade e seu ordenamento jurídico. Nesse sentido, tratados como *De iustitia et iure,* de Luis de Molina, publicado em 1593, e *Consilia* de Jacopo Menocchio, que conheceu o formato impresso em 1609, expunham considerações desfavoráveis aos acontecimentos. Opiniões de natureza similar eram reproduzidas nas relações dos embaixadores venezianos, nos sermões fúnebres pronunciados em homenagem a Felipe II e também nas gazetas da época.

A *Diputación* do reino sentiu então necessidade de organizar uma ofensiva publicística contrária à campanha difamatória que se espalhava na Monarquia Hispânica contra Aragão. Além dos esforços para censurar algumas obras consideradas ofensivas, a *Diputación* considerou que seria preciso redigir uma obra que pudesse narrar os conturbados acontecimentos a partir de uma perspectiva que permitisse ao reino recuperar sua abalada reputação e, fundamentalmente, defender a crença na fidelidade dos aragoneses, restituindo assim seu prestígio. É nesse esforço de defesa da fidelidade aragonesa, conduzido pelas autoridades políticas do reino, que está inserida a obra *Información de los sucessos del Reino de Aragon en los años de 1590 y 1591*, de Lupercio Leonardo de Argensola, redigida no ano de 1604. *Información* é o título escolhido pelo autor, em consonância com a tradição humanística que estabelecia critérios distintivos entre os diversos formatos de discursos históricos e aconselhava que o título da obra correspondesse ao seu conteúdo. Nesse contexto, Lupercio considerou que seu escrito não poderia ser considerado propriamente uma História, que era o mais alto de todos os gêneros historiográficos, pois a temática não correspondia a um acontecimento grandioso que atingisse finalidades pedagógicas moralmente enaltecedoras.

Outros autores também foram incumbidos pelas autoridades do reino da tarefa de defender a reputação aragonesa, entre os quais Lorenzo Ibáñez de Aoiz, Vicente Blasco de Lanuza e Bartolomé Leonardo de Argensola. Contudo, a narrativa dos eventos pela perspectiva aragonesa era uma empreitada delicadíssima, dado que obedecia a óbvias razões políticas e porque muitos dos personagens envolvidos nos eventos permaneciam vivos e eram sensíveis à memória que se estava criando acerca do ocorrido. Assim, em ambos os lados da disputa, muitas das obras a respeito das *Alteraciones Aragonesas* não chegaram a conhecer o formato impresso, no princípio do século XVII. O tratado de Lupercio foi uma dessas obras, apesar de ter tido considerável circulação manuscrita, como declarava o neto do cronista, Miguel Leonardo de Argensola, em 1651: "no por esto ha dejado de correr en papel entre los curiosos, ni él perdió la gloria que se trabajó en aquel trabajo" (Leonardo de Argensola *apud* Gil Pujol, 1991b, p. xviii). Gil Pujol opinou sobre a polêmica historiográfica deflagrada pelas *Alteraciones* de Aragão, nos seguintes termos:

> Durante los veinte años largos que duro, la polémica historiográfica dio pie a una profunda reflexión colectiva sobre el significado de los hechos de 1591 y 1592 en la secular

> trayectoria foral autóctona. La reiteradísima máxima de que la historia – en realidad, la interpretación sobre la historia – era un auxiliar y una guía para la política tuvo, en el Aragón de inicios del siglo XVII, una acentuada aplicación en la práctica. Y lo fue gracias a la intensidad del debate desarrollado, una intensidad poco común en la historiografía de la Europa de la Contrarreforma (Gil Pujol, 1991b, p. XXI).

Já no subtítulo do escrito, Lupercio Leonardo de Argensola confirma os propósitos de elaboração da obra, pois, proclama: "en que se advierte los yerros de algunos autores". Lupercio alegava que o silêncio dos aragoneses e sua modéstia natural permitiram que diversos autores escrevessem contra a verdade dos acontecimentos de 1591. No entanto, o cronista se esquiva de nomear esses autores, pois, segundo ele, o motivo que os levou a escrever dessa forma sobre o reino de Aragão foi ignorância ou malícia. Dessa forma, os autores que erraram por ignorância não deveriam ser nomeados, para que não fossem envergonhados, já aos maliciosos não caberia advertência, porque continuariam persistentes no erro. A partir de uma narrativa menos apaixonada e declaradamente partidária do que aquela conduzida por Herrera y Tordesillas, Lupercio adotava um afastamento providencial em relação ao objeto de análise, que lhe permitiria extrair uma interpretação mais fidedigna dos acontecimentos, ainda que a suposta imparcialidade advinda desse distanciamento possa também ser considerada como uma estratégia retórica. Sobre a imparcialidade em relação ao narrado, Lupercio afirmava que: "[...] á mi intento, que es escribir para que otros juzguen, sin mover los afectos, como si esta causa se tratara delante los lacedemonios o atenienses" (Leonardo de Argensola, 1808, p. 1).

Assim como o tratado de Herrera, a *Información*, de Lupercio, também utilizava estratégias narrativas bem delineadas que fornecem subsídio para que o leitor possa desvendar o posicionamento do cronista acerca dos fatos narrados. Em vez de iniciar a obra narrando o caso Pérez e as desditas trazidas para o reino pela presença do controverso secretário, Lupercio abre seu escrito, ficando no tema ao longo dos primeiros 26 capítulos da obra, tratando das especificidades da legislação aragonesa, do seu sistema político e dos problemas que convulsionavam o reino muito antes da chegada de Pérez, apontando obliquamente os possíveis erros da Coroa na gestão dos negócios do reino. Aliás, cabe destacar que, no escrito de Lupercio, Pérez não mereceu nem metade da atenção da qual foi alvo no tratado de Herrera, e isso, em si, já é um sinal bastante significativo.

Nesse ponto, a estratégia de Lupercio era expor as peculiaridades aragonesas, de forma elogiosa, para que futuramente o leitor, em posse do conhecimento necessário à compreensão do tema, pudesse tirar suas próprias conclusões, decidindo assim se caberia, ou não, ao reino a mácula da infidelidade. Veremos que o cronista deixava pouco espaço para uma conclusão negativa. A partir dessa escolha narrativa, podemos inferir que ali estava embutida uma advertência acerca da heterogeneidade inerente aos domínios da Monarquia Hispânica que, todavia, estava ameaçada pela política de Felipe II, mesmo que o autor não tenha feito essa associação logo de início. Vejamos o seguinte trecho:

> [...] será forzoso discurrir por algunas cosas del reino, que se han de tomar por presupuesto; porque en una república es pecado lo mismo que en otra es buen celo: ignorancia es juzgar cada cual por su casa la ajena; y como las leyes de ese reino no se parecen a las de otros, es menester mucha experiencia para hacerse capaces delas (Leonardo de Argensola, 1808, p. 2).

Quanto ao relato fundacional do reino, assunto delicado e de extrema importância, Lupercio tergiversa acerca dos *fueros* de Sobrarbe e afirma que a monarquia era sucessória, apesar de ter sido eletiva nos primórdios da fundação do reino. Apoiando-se na autoridade de um importante personagem na tradição foral aragonesa, Juan Ximénez Cerdán, que ocupou o posto de *Justicia*, Lupercio assegurava que os aragoneses escolheram a monarquia por ser a melhor forma de governo, contudo, não esqueciam do aviso bíblico: "[...] el haberla Dios reprobado cuando los judíos le pidieron rey [...]" (Leonardo de Argensola, 1808, p. 4). Assim, os aragoneses tomaram medidas para se proteger do poder absoluto dos reis e dos possíveis danos provocados por seu exercício, apenas elegendo rei mediante a fixação de certas condições e leis. Nessa parte da obra, é possível perceber a presença de argumentos muito semelhantes aqueles empregados por Jeronimo Blancas,[160] apesar de Lupercio não remeter diretamente ao texto do autor. Nessa direção, Lupercio alude ao exemplo de Teopompo, rei de Esparta, à consulta que os aragoneses teriam feito ao pontífice e à comparação com o regime político adotado pelos *longobardos* identificados como um povo muito prudente e piedoso. Destaca-se que as alusões a Juan Jiménez Cerdán

---

[160] Lupercio Leonardo de Argensola (1808) mencionou nominalmente a obra de Jerónimo Blancas no capítulo 26 de seu tratado.

e Jeronimo Blancas, dois grandes defensores do foralismo aragonês, são indicativos eloquente do alinhamento político de Lupercio Leonardo de Argensola.

A figura do *Justicia* é associada diretamente ao relato fundacional do reino, posto que sua tarefa seria atuar contiguamente às leis como forma de limitar a autoridade régia. Lupercio sublinha que o magistrado teria sido eleito antes mesmo que o rei, realçando a centralidade *Justicia* no funcionamento do sistema político aragonês. Todavia, o cronista nega o paralelo anterior que ele mesmo havia desenhado em *Declaracion sumaria de la Historia de Aragon para inteligencia de su mapa*, no qual compara a função do *Justicia* a dos éforos na Lacedônia ou a dos tribunos da plebe romana. Tal negativa é realizada com a intenção de moderar a ideia geral acerca dos poderes exercidos pelo *Justicia*. Contudo, sem privar a instituição da importância e da notoriedade com as quais estava investida. Era essencial reconhecer que o rei era a cabeça do corpo político, e não o *Justicia,* uma insinuação feita em outros tratados com o propósito de minar a imagem da fidelidade aragonesa. Vale salientar que a representação do *Justicia* como cabeça do corpo político nunca foi proposta em Aragão, nem mesmo pelo mais exaltado defensor dos foros.

Na concepção de Lupercio, o propósito da instituição do *Justicia* era recordar ao monarca sua tarefa principal de atuar como guardião das leis: "[...] que es rey para guardar las leyes, y no hombre para seguir sus afectos [...]" (Leonardo de Argensola, 1808, p. 5). Ao apontar a manutenção das leis como obrigação fundamental do monarca, Lupercio expressava uma possível condenação das atuações de Felipe II que foram de encontro aos foros e privilégios aragoneses. A concepção da função régia defendida por Lupercio, em contraste com a de Herrera, não possuía potência livre e absoluta e, em nenhuma circunstância, deveria estar autorizada a agir acima das leis. Lupercio também fez questão de advertir que o *Justicia* atuava investido da autoridade real como todos os outros magistrados. O cronista sublinha ainda que o exercício do cargo era vitalício e que as possíveis faltas, cometidas por seus ocupantes, só poderiam ser julgadas pelas Cortes Gerais do reino. Com tal procedimento, Lupercio apontava sutilmente a futura ilegalidade da condenação levada a cabo por Felipe II do jovem *Justicia de Aragon*, que ousou levantar bandeiras contra o exército de sua majestade.

Ao relatar o episódio da prisão e decapitação do *Justicia*, totalmente diferente da versão de Herrera, Lupercio tinge com cores sombrias as circunstâncias e ressalta a comoção da cidade de Zaragoza que se negou a assistir o triste espetáculo da execução do inexperiente *Justicia*. Nessa chave, o cronista nos conta que o *Justicia* foi preso quando saía, junto aos *lugartenientes* de sua Corte, para ouvir missa na igreja de San Juan. Sua prisão teria surpreendido a todos, principalmente ao próprio *Justicia,* que recorda aos algozes que ele só poderia ser preso pelo rei e pela Corte, ressaltando a ilegalidade do ato. O *Justicia*, então, é detido, sem nenhuma informação sobre o motivo daquela ação, e, posteriormente, conduzido à casa de Alonso de Vargas. Ato que correspondia à outra ilegalidade, de acordo com o sistema jurídico aragonês que proibia que as casas de particulares fossem transformadas em cárcere.[161] No dia seguinte, Lanuza é executado, sem que um processo formal fosse conduzido e sem direito de defesa, como nos diz o cronista: "[...] sin haber escrito palabra contra él, ni tomándole confesión, le notificaron que había de morir en la mañana [...]" (Leonardo de Argensola, 1808, p. 138-139). A passagem na qual o autor narra os últimos momentos do *Justicia* tem grande importância simbólica e, não ingenuamente, buscava atingir a sensibilidade dos leitores que teriam motivos de sobra para pensar que a condenação foi conduzida de forma cruel e injusta:

> Estuvo en justicia mui conforme con la voluntad de Dios, aunque preguntado muchas veces la causa de su muerte, porque se juzgaba por inocente, y decía, que era muy breve término el que se le daba para hacer enmienda de sus culpas, siendo tan mozo, y habiendo vivido conforme a aquella edad. Satisfacían estes religiosos diciéndole, que moría por sus pecados; y que, pues Dios y el rey le condenaban, no tratase de su justificación sino de su arrepentimiento: así pasó aquella noche, en la cual se hizo un cadalso, y la artillería se volvió hacia diversas partes, amenazando, aunque no era menester, ruina a las casas. Los soldados ocuparon las calles, y todo el ejército se puso a punto como si hubiera de resistirse a esta ejecución. Este aparato hizo pública la sentencia del Justicia, y envolvió en luto y silencio toda la ciudad. Pusieron muy de mañana en un coche al Justicia con grillos, acompañado de estos religiosos; y desde aquella casa hasta el cadalso fue llevado con pregones, en que decían que el rey le mandaba cortar la cabeza, derribar sus casas y castillos, y confiscar su hacienda, por haber convocado el pueblo y alzado banderas contra su real ejército. No podía oír el Justicia estos pregones,

---

[161] "Tiene el rey cárcel pública y común, porque no se permite por ley cárcel privada, porque todos los presos de cualquier calidad han de ser traídos en esta ciudad a esta cárcel o la de los manifestados, si se valen del beneficio de la manifestación" (Leonardo de Argensola, 1808, p. 24).

> así por su turbación como porque, con acuerdo, mandaron los pregones fuesen lejos. En el camino volvió a preguntar el Justicia la causa de su muerte: respondió le su confesor que moría por sus pecados, diciéndole estas palabras como quien reprendía aquella impaciencia; replicó el Justicia "no lo digo sino por si puedo disculpar a alguien". De esa manera llegó a la plaza enterneciendo a todos los del ejército (que de la ciudad no asistió gente a tal espectáculo), porque demás de su edad y apacible presencia, que siempre en semejantes trances es más notada, salía con el mismo luto que pocos días había traído por la muerte de su padre, y sin cuello en la camisa. Cortóle el verdugo la cabeza, y con poco respeto llegó a quitarle unas medias de seda; pero un gobernador de una tropa del ejército, dándole con un palo, le mandó que las dejase, y no tocase un hilo de aquel cuerpo. Después los caballeros y capitanes del ejército le llevaron en hombros hasta el monasterio de San Francisco, donde está su sepultura, y pocos días antes habían sepultado a su padre. Esto pasó a 20 de diciembre del año de 1591; día, cuya memoria deben los aragoneses señalar con piedra negra, como los de 24 de mayo y de setiembre, en que dieron la causa de tanto mal (Leonardo de Argensola, 1808, p. 139-140).

Lupercio empreendeu uma pormenorizada explicação do sistema jurídico aragonês que pode ser entendida como uma comprometida e sistemática defesa da cultura política local. Tal característica apresenta ainda a possibilidade de identificar o levante a partir de seu componente foral. O cronista nos informa também a respeito de outras funções jurídicas como os *lugartenientes del Justicia* e o funcionamento de sua Corte, os inquisidores e os magistrados denominados de *judicantes*. Dessa maneira, Lupercio ilustra um sistema jurídico considerado harmônico e funcional, no qual existem formas bem definidas para regular e limitar as ações realizadas em todas as instâncias, não tolerando abusos de poder e irregularidades. Ainda nessa temática, o cronista explica que no reino existiam quatro ordens ou estados que podiam assistir e votar na reunião das Cortes. Na passagem que trata dos *brazos* da Corte, ele faz questão de frisar que "Hay en este reino cuatro ordenes o estados de gente que concurren en las cortes, y de su consentimiento, y no sin él, hace el rey o revoca las leyes" (Leonardo de Argensola, 1808, p. 10). Quanto às Cortes, Lupercio descreve boa parte de seu cerimonial e a forma como habitualmente o rei e os estamentos devem proceder durante sua celebração. O cronista informa também que as Cortes se reuniam para tratar do bem público e para fazer e desfazer leis, destacando a grande diferença entre o processo legislativo de Castela e o de Aragão.

O texto do *Información* aborda detalhadamente o sistema político aragonês, versando sobre suas principais autoridades e explicando o papel de cada uma delas. Nessa explanação, estavam incluídos os cargos e as instituições que, a mando da Monarquia Hispânica, teriam sido instalados no reino, tais quais: a audiência real e o vice-rei. A *Diputación*, principal instância política do reino, é descrita como retrato vivo da congregação das Cortes e de seus membros. Os *diputados*, por sua vez, são caracterizados como procuradores dos estamentos cujas obrigações principais eram a administração das rendas do reino e a conservação dos foros e privilégios. Assim como vários outros postos, os *diputados* eram eleitos por uma espécie de sorteio e seus cargos duravam por períodos regulares, à diferença do ofício de *Justicia* que era vitalício.

A cidade de Zaragoza é descrita como uma personalidade política do reino, chegando o cronista a sustentar que nela quase que havia um governo separado. Tratando do funcionamento dos órgãos internos da cidade de Zaragoza, Lupercio menciona o tribunal conhecido como *Privilegio de los viente*, explicando sua origem e suas atribuições. O cronista trata igualmente do governador de Zaragoza e da figura do *Justicia de las Montañas*. Ilustrava-se com isso um panorama bem completo das autoridades políticas do reino com o devido tratamento de suas respectivas áreas de atuação, competências e responsabilidades. Por fim, o autor examina o Conselho de Aragão, citando nominalmente seus integrantes na época do conflito, e destaca enfaticamente que o órgão não poderia resolver questões relativas à justiça, de maneira nenhuma. Posteriormente, quando narra especificamente os eventos ligados às *Alteraciones*, Lupercio somente foi encaixando as peças de um quebra-cabeça previamente solucionado. Nesse cenário, habilidosamente construído pelo cronista, o leitor poderia compreender a gravidade da crise política deflagrada entre rei e reino.

Contudo, as passagens mais expressivas acerca do ordenamento jurídico aragonês, estavam associadas diretamente aos eventos do problemático biênio, aparecem nos capítulos XIII e XXVI da obra. No capítulo XIII, Lupercio comenta a delicada questão do privilégio da manifestação que causou tanta polêmica na Monarquia Hispânica. Isso porque foi, sob tal privilégio, que Antonio Pérez buscou abrigo contra a justiça castelhana. Seria de se esperar que, diante de tão polêmico tema, Lupercio abrandasse o tom de defesa à legislação. Porém, muito pelo contrário, o cronista acaba nos brindando com uma entusiasmada apologia do privilégio da *manifestación*.

Lupercio alegava que os que atacavam tal princípio o faziam por inveja ou ignorância, declarando ainda que a *manifestación* era o principal mecanismo de defesa dos aragoneses contra os abusos que poderiam ser perpetrados pelos ministros do rei e pelo próprio rei, em suas palavras: "[...] que es uno de los más santos remedios que hay en este reino para evitar la cólera de los reyes o de sus ministros" (Leonardo de Argensola, 1808, p. 19). Por fim, o cronista descreve pormenorizadamente o funcionamento do privilégio de *manifestación* e enfatiza que é delito gravíssimo resistir à sua aplicação.

Versando a respeito da Inquisição no reino de Aragão, Lupercio se utiliza de outros tantos artifícios para, uma vez mais, apresentar um problema que, a rigor, remetia a um choque jurisdicional. Mesmo elogiando a incumbência do tribunal do Santo Ofício de proteger a verdadeira fé contra heresias e apostasias, e elevando os inquisidores à categoria de tribunos da plebe romana, Lupercio não deixa de assinalar a prevenção do reino para que a competência jurisdicional da Inquisição não ultrapassasse demarcações específicas. Nesse contexto, o autor afirmava que: "[...] y para que su ejercicio se pueda administrar sin ofensa de las leyes del reino [...]" (Leonardo de Argensola, 1808, p. 23). Se recordarmos o papel exercido pela Inquisição no caso Pérez e se fizermos um exercício de associação com as afirmativas de Lupercio acerca do privilégio da *manifestación*, perceberemos, sem dificuldade, mais uma das sutilezas que o cronista utilizou para construir a tese de defesa do reino. Ainda que Lupercio atestasse a legalidade da transferência de Pérez do cárcere dos manifestados para o Tribunal do Santo Ofício, nas entrelinhas, o autor já havia sustentado outras teses. Seguindo o mesmo princípio, no capítulo XXVI, as leis de Aragão são defendidas das calúnias que vinham recebendo. O trecho é significativo:

> Ni todas las enfermedades piden una misma medicina, ni a todos los caballos si pone una suerte de frenos; que el buen médico aplica la que le pide el humor, y el buen maestro de domar caballos hace freno según las furias que halla que corregir, así **tampoco deben todas las naciones tener un mismo gobierno**. De las malas costumbres nacen las buenas leyes, dijo Platón: para los aragoneses no son a propósito las que lo son para otras naciones. [...] Dice el rey [don Martin] que esta nación es fiel y fácil de corregir; que la amansa cualquier castigo, y que no se ha de usar de rigor con ella: los reyes han de ser aquí padres y todos los vasallos hijos; no durar en el enojo, ni prorrogar los rancores. Muy bien esto el rey don Felipe, predecesor y padre del rei

> nuestro señor que hoy reina, en las cosas que contaremos. Según lo dicho no le parezcan al que leyere fuertes o ajenas de la razón las proposiciones generales que diré de nuestras leyes, sino crea que pues los legisladores confiesan que son a propósito, y por larga experiencia las tienen probadas, lo son. **Ignorancia grande es repugnar a la experiencia, y gobernar desde su casa y sentado cerca de su chimenea, una nave puesta en medio de un golfo**: cada cual sabe su ministerio si muchos años lo usa: hay cosas que entre si parecen discordes y repugnantes, y verdaderamente se encaminan a un mismo fin. Algunas naciones aman tanto el castigo, que porque ningún delito quede sin él dan manos libres a los jueces, no solamente para juzgar, sino para atormentar; en la averiguación tratar con palabras injuriosas a los reos, encadenados y maltratarlos; tienen por necesarios instrumentos de la justicia el cuchillo, la horca, los grillos, cepos y cadenas: en otras naciones, como dije al principio, tienen horror de todas estas cosas; temen la fuerza, y con el Filósofo dicen que un hombre sin límites de leyes es bestia fiera, y que quieren más que se salven muchos culpados, no que un inocente padezca (Leonardo de Argensola, 1808, p. 66-67, grifos próprios).

Novamente, o argumento da diversidade entre os reinos, conforme sancionava o princípio de união *aeque principaliter*, emerge ao centro da narrativa, surgindo como fundamento básico para a boa condução do governo. Ainda podemos supor que, nesses comentários, existia uma crítica velada à política administrativa de Felipe II. Lupercio insinuava que era uma ignorância muito grande governar no conforto de sua casa perto da chaminé, desconhecendo os costumes e as leis locais. Tratava-se de uma sentença muito similar àquela presente na obra de Herrera y Tordesillas, na qual o cronista castelhano insinuava que Felipe II reinava firme em sua cadeira. No entanto, a crítica de Herrera não se destinava aos mesmos fins, pois ele criticava o absentismo régio e, talvez, a ausência de uma condução mais personalista dos assuntos do Estado. No caso de Lupercio, o juízo se dirigia à falta de adaptação e respeito às condições particulares dos territórios.

O trecho anterior ainda dá margem para que o autor inicie a comparação dos sistemas jurídicos da Coroa de Castela e do reino de Aragão, com ênfase no aspecto penal. Indiretamente, as leis castelhanas foram taxadas como excessivamente rigorosas e acusadas de empregar meios violentos. Já a caracterização do sistema penal aragonês é essencial para o desenrolar da narrativa do castigo por meio do qual Felipe sujeitou o reino sublevado.

Isso porque inúmeros pressupostos, que não eram permitidos pelo ordenamento jurídico do reino, foram aplicados no castigo, assim como no caso da execução do *Justicia*. Mais uma vez, Lupercio confiou na inteligência de seus leitores para fazer as associações necessárias e compreender as irregularidades da punição imposta ao reino, do ponto de vista da legislação aragonesa. O Argensola mais velho enfatiza que, em Aragão, era proibido o uso da tortura para extrair confissões.[162] Oportunidade que o autor utiliza para redigir uma bela condenação do ato. O cronista frisa também que era proibido o confisco de bens dos condenados,[163] bem como a prática de derrubar sua moradia, dentre outros dispositivos legais analisados, quase sempre, em comparação indireta com as leis castelhanas. Lupercio não deixa de registrar que diversas dessas práticas ilegais foram utilizadas no castigo real destinado à cidade de Zaragoza.

A versão de Lupercio acerca dos problemas existentes entre Felipe II e Aragão, antes da chegada de Antonio Pérez ao reino, é radicalmente diversa do tratamento concedido por Herrera ao mesmo tema. No escrito de Herrera, tais problemas são mencionados de forma breve e trivial como se não tivessem nenhuma importância. Já Lupercio dedicou várias páginas aos mesmos problemas, realizando uma análise estrutural do assunto. Por outro lado, o caso Pérez em si foi examinado superficialmente pelo cronista aragonês. É muito importante apontar que os temas relativos ao ordenamento jurídico e ao sistema político foram tratados minuciosamente, de maneira quase didática, no tratado de Lupercio. Da mesma maneira, os pleitos e as questões emblemáticas que convulsionaram o reino de Aragão antes da chegada do polêmico secretário, foram discutidos cuidadosamente, como, por exemplo: os pleitos de Teruel e Albarracín; a questão do condado de Ribagorça; o pleito do fisco com o senhor de Ariza e com o senhor de Ayerbe; o conflito entre montanheses e mouriscos; a complexa atuação do tribunal dos vinte, e o caso do vice-rei estrangeiro. Somente após o tratamento detalhado desses temas, Lupercio deu início à abordagem do caso Pérez. Isso porque importava demonstrar o apreço dos aragoneses às suas leis para que fosse possível compreender a disputa entre rei e reino,

---

[162] Nos termos do cronista: "Está en Aragón prohibido el averiguar los delitos por tormento, aunque algunos hay que admiten este medio, como son las majestades de Dios o del rey ofendidas" (Leonardo de Argensola, 1808, p. 70).

[163] De acordo com Lupercio: "No quisieron aquí que los castigos se dilatasen contra las cosas que carecen de sentido, y así no hay confiscación de bienes, ni al pecado del padre satisface la pobreza del hijo" (Leonardo de Argensola, 1808, p. 70-71).

nas palavras do autor: "Debajo de la disciplina de esas leyes y ministros estaban criados los aragoneses, y estos humores prevalecían en el reino [...]" (Leonardo de Argensola, 1808, p. 71).

Lupercio não construiu em torno de Antonio Pérez a aura diabólica e perversa ilustrada no tratado de Herrera, porém isso não significa que o cronista aragonês estivesse escusando as faltas do secretário que, indubitavelmente, foi acusado de ser um hábil manipulador, capaz de sensibilizar as pessoas e de convencê-las a agir em causa própria. O autor esboça uma representação inicial de Antonio Pérez como um homem que, desde a infância, foi preparado para exercer os ofícios burocráticos — dos quais o maquinário governamental da Monarquia Hispânica tinha crescente necessidade — e que, ao assumir o posto de secretário, começou a gozar de particular influência junto ao monarca. Em relação ao pleito aberto em Castela contra o secretário, Lupercio apenas diz: "[...] las causas de su prisión han sido antes del vulgo murmuradas que averiguadas [...]" (Leonardo de Argensola, 1808, p. 72). Afirmava ainda que a acusação mais correta contra Pérez era o assassinato de Juan de Escobedo, dando pouca ênfase ao suposto tráfico de informações, adulteração e supressão dos documentos de Estado, nos quais tanto insistiu Herrera. De acordo com Lupercio, Pérez fugiu, após ter sido torturado, por considerar que, se permanecesse na Corte, sua morte seria certa, devido ao rigor com o qual havia sido conduzida a última sessão de tortura. Ao chegar em território aragonês, Pérez recebe voz de prisão. Informação relevante em termos de querelas jurisdicionais, que não foi mencionada por Herrera. Após ser novamente preso, Pérez busca acolhida no privilégio da manifestação e dá início a sua campanha pessoal, pois, como diz o cronista: "[...] la fortuna pasada y la presente miseria le daban gran autoridad [...]" (Leonardo de Argensola, 1808, p. 75).

Lupercio descreve os trâmites judiciais do pleito de Pérez em Aragão de forma mais detalhada e complexa do que aquela empreendida no tratado de Herrera. O relato do cronista aragonês nomeia juízes e outros envolvidos no processo, ilumina as investidas judiciais de Pérez, bem como as contrapartidas da justiça castelhana. O envolvimento do marquês de Almenara, que atuava em favor do rei na pugna do vice-rei estrangeiro, no caso Pérez é citado, destacando a má reputação do marquês em Aragão e o ódio que o povo nutria por sua figura. Segundo Lupercio, Antonio Pérez atuava com o objetivo de mover os afetos dos habitantes de Zaragoza. Assim, o secretário lançava mão de lamentações trágicas, exibia as marcas da tortura em seu corpo e contava as várias perseguições sofridas por ele e sua família. Apelando à sensibilidade dos aragoneses, Pérez se dizia doente e afirmava não ter recursos nem para se alimentar, o que gerava grande comoção na cidade.

Dessa forma, o cronista aragonês indicava a estratégia usada por Pérez para associar sua causa à defesa das leis aragonesas, ganhando a boa vontade da população porque falava bem de suas leis. O secretário agia maliciosamente com a intenção de transformar intenções particulares em causa pública. Ao eleger essa narrativa, Lupercio criava uma justificativa razoável para explicar por que a cidade apoiou o secretário, mesmo que esse não fosse isento de culpa. Um aspecto digno de nota é o argumento que, de acordo com Lupercio, Pérez teria empregado em sua defesa diante da corte do *Justicia*, no qual o secretário alegava que na pessoa do rei confluíam diversos sujeitos políticos que não se confundiam. Por conseguinte, o rei de Castela não representava exatamente a mesma figura que o rei de Aragão, pois as titulações régias permaneceriam juridicamente distintas. A justaposição de sujeitos refere-se à pessoa jurídica e não à pessoa física do monarca. Essa teoria possibilita outro olhar sobre o ato de resistência que os aragoneses organizaram contra o exército real.

O relato de Lupercio acerca dos eventos envolvendo as tentativas de transferência de Pérez, da prisão dos manifestados, para o cárcere do Santo Ofício, bem como sobre os tumultos que se seguiram em Zaragoza, apresenta uma versão bem diferente em relação à obra do cronista castelhano. Herrera y Tordesillas, grosso modo, centralizou sua história, a respeito das *Alteraciones de Aragón*, em torno de três personagens principais: Felipe II, Antonio Pérez e o povo da cidade de Zaragoza, protagonista principal de diversas cenas. Já Lupercio multiplicou os sujeitos envolvidos no cenário político, indicando como as ações de outros atores puderam influir no rumo dos acontecimentos. A alta nobreza aragonesa é acusada de haver se omitido, esquivando-se de assumir um papel mais ativo que talvez tivesse evitado os infortúnios que se seguiram aos tumultos de Zaragoza. O Conselho de Aragão também é alvo de crítica, pois suas ações foram classificadas como obras lentas e tíbias. Até mesmo o monarca e seus ministros são acusados de não instruírem apropriadamente as autoridades aragonesas acerca de quais atitudes tomar para solucionar a problemática situação, o que evidenciava um grave problema de comunicação entre a corte de Madri e o reino de Aragão[164]. Finalmente, o próprio povo, ainda que diversas

---

[164] Como sentenciou o cronista: "[...] según el virrey decía, tardaba la respuesta de lo que era menester. [...] No tenía cartas, ni mandamiento de lo que debía hacer" (Leonardo de Argensola, 1808, p. 98-101).

qualificações negativas lhe fossem endereçadas,[165] é alvo de considerações ambíguas. Nessa direção, Lupercio assegura que os lavradores aragoneses eram diferentes dos de outras partes da Espanha, pois eram "muy platicos, valientes y atrevidos, y sobre todo muy celosos de las leyes". Essa ponderação oferece oportunidade para que o cronista explique o significado dos vivas à liberdade proferidos pelo povo nas ocasiões dos tumultos: "[...] en que no quería significar querer salir de la jurisdicción del rey, sino que viviesen los fueros y leyes, que, como he señalado, se llaman comúnmente fueros y libertades [...]" (Leonardo de Argensola, 1808, p. 90-91). O componente foral do levante aragonês era legitimado mais uma vez.

Um último aspecto que merece atenção no tratado de Lupercio diz respeito à maneira como o autor narrou a celebração das Cortes em Tarazona, no ano de 1592. Esse trecho foi abordado com grande dedicação, uma vez que se tratava do esforço para erradicar a impressão de que as tão estimadas leis e liberdades aragonesas foram derrogadas pelo monarca como castigo ao reino por seus atos sediciosos. O cronista negava veementemente que qualquer forma de desobediência tenha sido levada a cabo diretamente contra a autoridade real, afirmando que: "aunque no se negaba la obediencia al rey que esto jamás pasó a ninguno por el pensamiento a lo que creo" (Leonardo de Argensola *apud* Gil Pujol, 1991b, p. xxxiv). Lupercio ratificava ainda que nunca chegou a haver confronto militar no reino, pois, quando o exército real entrou em Zaragoza, a cidade já estava pacificada e muito apreensiva de que os erros de poucos fossem significar o castigo de muitos. Outrossim, Lupercio destaca o total despreparo do exército organizado pelo *Justicia*, que antes mesmo de encontrar o exército real chefiado por Alonso de Vargas, dissipou-se e bateu em retirada. Finalmente, o cronista apresenta uma detalhada descrição das modificações feitas no ordenamento jurídico aragonês. Sublinha, todavia, que tais modificações foram fruto de um processo de negociação, e não resultado da simples imposição da vontade real. Na avaliação de Lupercio, a celebração das Cortes foi a medicina mais suave que o rei poderia eleger para solucionar o conflito aragonês, porque essa era uma medida em conformidade com os usos e os costumes do reino.

---

[165] Atribuições como "*el vulgo alborotado y ciego*" (Leonardo Argensola, 1808, p. 90) e "*pueblo ignorante*" (Leonardo de Argensola, 1808, p. 97) foram utilizadas por Lupercio para se referir à população zaragozana.

Informacion de los sucessos del Reino de Aragon en los años de 1590 y 1591, de Lupercio Leonardo de Argensola, apesar de só ter conhecido o formato impresso em 1808, no contexto da resistência hispânica organizado contra tropas francesas, é uma obra que cumpre com assertividade seu propósito: o de atuar na linha de frente da defesa da fidelidade aragonesa. No entanto, Lupercio foi muito além disso e apresentou uma entusiasmada defesa dos mais elementares símbolos e princípios da cultura política do reino de Aragão. Ao levantar bandeiras em prol da defesa da cultura política de sua pátria, na acepção que as pessoas do período tinham da palavra, Lupercio se posicionava de forma contrária à política centralizadora e uniformizadora que o governo dos Habsburgos tentava aplicar nos territórios que formavam a monarquia. Todavia, isso não significa que Lupercio estivesse realizando uma oposição aberta e declarada aos monarcas da dinastia Habsburgo. A postura do cronista era apenas uma dentre as muitas opções políticas que poderiam ser abraçadas pelos homens de letras, na época moderna, que lhe permitia manter-se fiel ao rei e à sua pátria, ao mesmo tempo, sem que isso representasse uma contradição.

CONSIDERAÇÕES FINAIS

> *History is indeed a way of asking questions; its answers, however, must be local and provisional; and while they may be improved on or replaced as geographic and temporal horizons are extended or techniques are improved, they can never be complete until history becomes truly universal and is capable of prediction as well as retrodiction - and this is indeed a millennialist hope. History is a matter not of 'endings' but of 'beginnings,' not of doctrinal closure but (as philosophy started out to be) of exploratory pursuit and disclosure; and historicism, too, should be understood in such historicizing terms.*
>
> Donald Kelley. Faces of History.

O esforço interpretativo feito nessas páginas partiu de diversos exercícios de perspectiva, a fim de possibilitar uma melhor compreensão dos objetos analisados. O exercício de perspectiva fundamental concentrou-se na polaridade que permeia os termos centralismo e localismo. Além disso, durante toda a análise, problematizei os temas e assuntos abordados a partir da lógica da decomposição, objetivando com essa manobra recuperar a complexidade que lhes eram próprios. Assim, priorizei a análise de termos e conceitos que pudessem auxiliar na reconstrução do sentido dos discursos políticos e dos tratados históricos, adotando análises sincrônicas e diacrônicas sempre que possível. Procurei alinhavar em um mesmo plano de interpretação aspectos que correspondiam à teoria, à prática e à cultura política na esperança de que restabelecer a dinâmica entre esses campos distintos, porém interligados, recuperaria a complexidade com a qual os mesmos estavam investidos.

Objetivei, com todos esses passos, construir uma imagem abstrata de sujeitos políticos distintos, a Monarquia Hispânica e o reino de Aragão, para, a partir dessa construção, observar e interpretar a interação entre tais sujeitos. O *fio de Ariadne* do estudo foi fornecido pelo depoimento dos próprios contemporâneos, portanto procurei ilustrar a representação da Monarquia Hispânica e do reino de Aragão, dentro e fora dos limites desses territórios, a partir das observações encontradas em tratados de naturezas distintas. Busquei interpretar as pautas relativas às teorias e às doutrinas, tanto políticas quanto sobre a escrita da História, através dos testemunhos oferecidos pelos homens de letras do período.

Em relação à criação da memória política das *Alteraciones de Aragón*, momento de conflito aberto entre nossos sujeitos, o propósito principal foi demonstrar que se tratou de um choque entre sistemas políticos distintos com concepções muito diferentes sobre, por exemplo: a questão da soberania régia, os limites do poder exercido pelo monarca, a dinâmica de comunicação entre rei e reino e os papéis que deveriam ser assumidos no processo político por cada uma destas instâncias. Na tortuosa trajetória dos regimes constitucionalistas na época moderna, o reino de Aragão ocupou um lugar de destaque como uma monarquia constitucional que, no final do século XVI, tentou manter e legitimar, através da atuação de juristas e historiadores, os preceitos básicos de seu regime político frente à atuação cada vez mais centralizadora exercida pelos governantes da Monarquia Hispânica. Para compreender a radicalidade desse choque devemos levar em consideração que na Coroa de Castela, região na qual a entidade da Monarquia Hispânica fixou seu centro político e administrativo, após a supressão da revolta dos *Comuneros* em 1520, a autoridade real cresceu substancialmente. Ainda no reinado de Carlos V, os componentes eclesiástico e nobre que compunham as Cortes deixaram de ser convocados, ficando esse importante organismo reduzido a um só estamento representado pelos procuradores das cidades que não tinham o direito de opinar na criação das leis. Tratava-se, portanto, de um choque entre sistemas políticos distintos que representava uma ameaça à cultura política e à identidade local aragonesa. Nesse contexto, a história foi uma poderosa arma utilizada por ambos os lados em disputa.

Nos argumentos utilizados por cronistas e juristas envolvidos nessa decisiva batalha das letras, fundiam-se preceitos de distintas tradições doutrinárias. Embora seja possível identificar algumas influências mais evidentes como as doutrinas da razão de Estado, o neoestoicismo e a teoria do pacto social defendida pelos teólogos e juristas associados à escola de Salamanca. O insumo básico dessas doutrinas era manejado pelas pessoas com grande liberdade e independência. Em decorrência disso, os princípios estruturantes das diversas matrizes intelectuais eram abraçados de acordo com a necessidade dos tratadistas. Tal operação demonstra a aplicação das doutrinas políticas mais refinadas do período nas obras que versavam sobre acontecimentos históricos, ainda que muitas vezes esse procedimento seja realizado obliquamente. Em suma, a relação da política com a história ia muito além do que um conjunto de regras retóricas e da repetição de lugares comuns da Antiguidade Clássica.

Em artigo recente, o historiador Fernando Bouza Álvarez (2012) lançou mão de uma categoria que denomina de "comunicación política". Esquivando-se do possível anacronismo suscitado pelo termo *esfera pública*, entendido em uma perspectiva habermasiana, a categoria forjada por Bouza evidencia a categoria *opinião* como ferramenta imprescindível para a análise histórica do período moderno. Vale salientar ainda que, nos textos da época, é muito comum encontrarmos o termo *pública opinión*. Nesse âmbito, Bouza se propôs a analisar a propaganda política produzida na Monarquia Hispânica, utilizando a categoria da *comunicação política*, a fim de perceber o surgimento de uma consciência cada vez forte sobre a necessidade efetiva da mobilização das opiniões comuns. O termo *comunicação política* foi entendido como um conceito de relativa amplitude, apto a evocar tanto as operações de persuasão ou justificação geradas a partir do ponto de vista da Monarquia Hispânica, quanto as expressões comunitárias, faccionais, ou até mesmo individuais, que expressavam a vontade de publicização (Bouza Álvarez, 2012). Se, como argumentado ao longo desse livro, organismos políticos centrais, como a *Diputación* do reino de Aragão, os Conselhos de Estado e o governo da Monarquia Hispânica, valorizaram enormemente a publicação, e também a censura, dos tratados de cunho historiográfico como instrumento de estratégia política foi porque essas obras estavam destinadas a um público. Importava mobilizar os afetos, ganhar os corações, na terminologia dos tratados da época moderna, já no vocabulário atual, convencer a opinião pública. Ou seja, formas diferentes de nomear princípios semelhantes. Assim, o principal prêmio concedido aos vencedores da batalha das letras era a conquista da *pública opinión*.

FONTES

ÁLAMOS DE BARRIENTOS, Baltasar. *Aforismos al Tácito español*. Estudio preliminar J. A. Fernández-Santamaría. Madrid: Centro de Estudios Constitucionales, 1987. v. 1. [Primeira edição: ÁLAMOS DE BARRIENTOS, Baltasar. *Tácito español ilustrado con aforismos*, por Don Baltasar Álamos de Barrientos. Madrid: Luis Sánchez, 1614].

ÁLAMOS DE BARRIENTOS, Baltasar. *Aforismos al Tácito español*. Estudio preliminar J. A. Fernández-Santamaría. Madrid: Centro de Estudios Constitucionales, 1987. v. 2.

ÁLAMOS DE BARRIENTOS, Baltasar. *Discurso político al rey Felipe III al comienzo de su reinado*. Introducción y notas de Modesto Santos. Barcelona: Anthropos, 1990.

AQUINO, Tomás. *Suma Teológica*. São Paulo: Edições Loyola, 2005.

ARISTÓTELES. *Política*; edição bilíngue. Tradução: António Campelo Amaral e Carlos Gomes. Lisboa: Vega, 1998.

BACON, Francis. A brief discourse touching the happy union of the kingdoms of England and Scotland: dedicated in private to his majesty. *In:* SPEDDING, James. *The letters and the life of Francis Bacon*: including all his occasional works. London: Longmans, Green, Reader, and Dyer, 1868. v. III. p. 90-98.

BLANCAS Y TOMÁS, Jerónimo de. *Comentarios de las cosas de Aragón*. Edición facsimilar de la traducción realizada por el P. Manuel Hernández, de las escuelas pías. Introducción a cargo de Guillermo Redondo Veintemillas, Esteban Saras Sánchez. Zaragoza: Cortes de Aragón, 1995. [Primeira edição: BLANCAS Y TOMÁS, Jerónimo de. *Aragonensium rerum commentarii. Caesaraugustae: apud* Laurentium Robles & Didacum frates, Aragonij Regni Typographos, 1588].

BLANCAS Y TOMÁS, Jerónimo de. *Coronaciones de los Serenissimos Reyes de Aragon*: escritas por Geronimo de Blancas [...]; con dos Tratados del Modo de tener Cortes del mismo autor, y otro de Geronimo Martel [...]; publicalo [...] Juan Francisco Andres de Uztarroz, con algunas notas [...]. Zaragoza: por Diego Dormer, 1641.

BLUTEAU, Raphael. *Vocabulário português & latino:* aulico, anatomico, architecntonico [...]: autorizado com exemplos dos melhores escritores portuguezes, e latinos; e offerecido a El Rey de Portugal D. João V. Coimbra: Collegio das Artes da Companhia de Jesu: Lisboa, Officina de Pascoal da Sylva, [1712-1728]. v. 3.

BLUTEAU, Raphael. *Vocabulário português & latino:* aulico, anatomico, architecntonico [...]: autorizado com exemplos dos melhores escritores portuguezes, e latinos; e offerecido a El Rey de Portugal D. João V. Coimbra: Collegio das Artes da Companhia de Jesu: Lisboa, Officina de Pascoal da Sylva, [1712-1728]. v. 6.

BODIN, Jean. *Los seis libros de la República.* Traducidos de la lengua francesa y enmendados católicamente por Gaspar de Añastro. Turín: por los herederos de Beuilaqua, 1590. [Primeira edição: BODIN, Jean. *Lex six libres de la republique.* Paris: Chez Iacques du Pays, Libraire Iuré, à la Samaritaine, 1576].

BOTERO, João. *Da razão de Estado.* Coordenação e introdução: Luis Felipe Torgal. Coimbra: Instituto Nacional de Investigação Científica, 1992. [Primeira edição: BOTERO, Giovanni. *Della ragion di stato libri dieci:* con tre libri dele cause della grandeza e magnificenzza della città. Venetia: Apresso i Gioliti, 1589].

BOTERO, Juan. *Relaciones universales del mundo de Juan Botero Benes,* Primeira y Segunda Parte, Traducidas a instancia de don Antonio Lopes de Catalayud [...] por el licenciado Diego de Aguiar [...]. Valladolid: Herederos de Diego Fernandez de Cordoba, 1603. [Primeira edição: BOTERO, Giovanni. *Delle relationi vniuersali di Giovanni Botero Benese: prima parte* [...]. Roma: Appresso Georgio Ferrari, 1591].

CABRERA DE CÓRDOBA, Luis. *De historia, para entenderla y escribirla.* Madrid: por Luis Sánchez, 1611.

CAMPANELLA, Tomas. *La monarquía hispánica.* Traducción del latín, prólogo y notas críticas de Primitivo Mariño. Madrid: Centro de Estudios Constitucionales, 1982. [Primeira edição: CAMPANELLA, Tommaso. *Von der spanischen monarchy, oder ausführliches bedencken welchermassen.* [Tubinghen oder Frankfurt]: 1620].

CERVANTES, Miguel de. *Don Quijote de la Mancha.* Edición y notas de Francisco Rico. Madrid: Alfaguara, 2004. [Primeira edição: CERVANTES, Miguel de. *El ingenioso Hidalgo Don Quijote de la Mancha.* Madrid: por Juan de la Cuesta, 1605].

COVARRUBIAS OROZCO, Sebastián de. *Tesoro de la lengua castellana o española.* Madrid: por Luis Sánchez, 1611.

FERNÁNDEZ DE OVIEDO Y VALDÉS, Gonzalo. *Historia general y natural de las Indias, islas y tierrafirme del mar océano:* primera parte. Madrid: Imprenta de la Real Academia de la Historia, 1851. [Primeira edição: FERNANDEZ DE OVIEDO,

Gonzalo. *Oviedo de la natural historia de las Indias* [...]. Toledo: a costas del autor ... por industria de Ramón de Petras, 1526.]

FERNANDEZ NAVARRETE, Pedro. Conservación de monarquías, y discursos políticos sobre la gran consulta que el consejo hizo al señor rey Don Felipe III. *In*: SAAVEDRA FAJARDO, Diego; FERNANDEZ NAVARRETE, Pedro. *Obras de Don Diego Saavedra Fajardo y del licenciado Pedro Fernandez Navarrete*. Madrid: Imprenta y Estereotipía de M. Rivadeneyra, 1853. (Biblioteca de autores españoles, desde la formación del lenguaje hasta nuestros días, t. 25). p. 450-546.

GARIBAY Y ZAMALLOA, Esteban de. *Los cuarenta libros del compendio historial de las chronicas y universal historia de todos los reynos de España*: tomo primero. Barcelona: por Sebastian de Cormellas, 1628. [Primeira edição: GARIBAY Y ZAMALLOA, Esteban de. *Los XI libros del compendio historial de las chronicas y universal historia de todos los reynos de España*. Amberes: por Christophoro Plantino [...]: a costa d'el Autor, 1571].

GRACIÁN, Baltasar. *El criticón*: edición crítica y comentada por M. Rovera-Navarro. T. 2. Philadelphia: University of Pennsylvania Press, 1939. [Primeira edição: GRACIÁN, Baltasar. *El criticón*; segunda parte, juiciosa cortesana filosofía en el otoño de la varonil edad. Huesca: por Iuan Nogues, 1653].

GURREA Y ARAGÓN, Francisco, Conde de Luna. *Comentarios de los Sucesos de Aragón en los años 1591 y 1592*. Publícalos D. Marcelino de Aragón y Azlor. Madrid: Imprenta de A. Pérez Dubrull, 1888.

HERRERA Y TORDESILLAS, Antonio de. *Discursos Morales, políticos e históricos inéditos de Don Antonio de Herrera cronista del Rey Don Felipe II*: tomo I. Madrid: Imprenta de Ruiz, 1804.

HERRERA Y TORDESILLAS, Antonio de. A Don Rodrigo Calderón: marqués de Siete Iglesias, conde de Oliva, comendador de Ocaña, del consejo de su magestad, y su capitan de la guarda. *In*: TÁCITO, Cayo Cornelio. *Los cinco primeros de los annales de Cornelio Tacito, que comienzan desde el fin del Imperio de Augusto, hasta la muerte de Tiberio*. Traducidos de lengua Latina en Castellana por Antonio de Herrera [y Tordesillas], coronista mayor de su magestad de las Indias, y coronista de Castilla: con una declaracion de los nombres Latinos, que en la lengua Castellana no tienen significacion propia. Madrid: Juan de la Cuesta, 1615. p. 3-4.

HERRERA Y TORDESILLAS, Antonio de. *Tratado, relacion y discurso historico de los movimientos de Aragon*: sucedidos en los años de mil quinientos y noventa y uno, y de mil quinientos y noventa y dos: y de su origen y principio, hasta que la M. de D. Felipe II, el Prudente Rey Nuestro Señor compuso y quieto las cosas de aquel Reyno. Madrid: En la Imprenta Real, 1612.

HOMEM, Pedro Barbosa. *Discursos de la iuridica, y verdadera razon de estado, formados sobre la vida y acciones del rey don Iuan el II*. [...] contra Machuelo y Bodino, y los demas politicos de nuestros tiempos, sus sequazes: primera parte [...]. Coimbra: en la imprenta de Nicolao Caruallo, impressor del Rey, 1626.

LEONARDO DE ARGENSOLA, Bartolomé. A los ilustrísimos señores [...] diputados del Reyno de Aragón [carta dedicatoria]. *In:* ARAGÓN (Reino). *Fueros y Observancias del Reyno de Aragón*. Zaragoza: Pedro Cabarte, 1624.

LEONARDO DE ARGENSOLA, Lupercio. [Correspondencia]. Destinatario: Diputados del reino de Aragón. *In*: REAL ACADEMIA DE HISTÓRIA DA ESPANHA. Acervo de Manuscritos. *Memorial de Lupercio Leonardo de Argensola a los diputados del reino de Aragón, en el que pide licencia para pasar a Nápoles*. (Manuscrito.). Colección Salazar y Castro. [S. l.], 9 mar. 1610. H-25, f. 106. n. 33902 del inventario.

LEONARDO DE ARGENSOLA, Lupercio. *Información de los sucesos del reino de Aragón en los años de 1590 y 1591, en que se advierte los yerros de algunos* autores. Madrid: Imprenta Real, 1808.

LEONARDO DE ARGENSOLA, Lupercio. *Obras sueltas de Lupercio y Bartolomé Leonardo de Argensola*: coleccionadas e ilustradas por el Conde de la Viñaza: tomo 1: obras de Lupercio Leonardo. Madrid: Imprenta y Fundición de M. Tello, 1889. [Primeira edição: LEONARDO DE ARGENSOLA, Lupercio. *Declaracion sumaria de la historia de Aragon para inteligencia de su mapa*. Zaragoza: por Ivan de Lanaja y Quartanet, 1621].

LEONARDO DE ARGENSOLA, Lupercio. Rimas del secretario Lupercio Leonardo. *In*: LEONARDO DE ARGENSOLA, Lupercio; LEONARDO DE ARGENSOLA, Bartolomé. *Rimas de Lupercio y del dotor Bartolomé Leonardo de Argensola*. Zaragoza: En el Hospital Real, i General de la nuestra Señora de Gracia, 1634. p. 1-146.

LIPSIO, Justo. *Epistolario de Justo Lipsio y los españoles (1577-1606)*. Editado por Alejandro Ramírez. Madrid: Editorial Castalia, 1966.

LIPSIO, Justo. *Políticas*. Estudio preliminar y notas de Javier Peña Echeverría y Modesto Santos López. Madri: Tecnos, 1997. [Primeira edição: LIPSIUS, Justus. *Politicorum sive civilis doctrinae libri sex*. Leiden: Plantijn, 1589].

LÓPEZ MADERA, Gregorio. *Excelencias de la Monarquía y Reyno de España*. Valladolid: Diego Fernandez de Cordova Impressor del Rey, 1597.

MARIANA, Juan de. *Del Rey y de la institución de la dignidad real*. Madrid: Imprenta de la Sociedad Literaria y Tipográfica, 1845.

MARIANA, Juan de. *La dignidad real y la educación del Rey (De rege et regis institutione)*. Edición y estudio preliminar de Luis Sánchez Agesta. Madrid: Centro de Estudios Constitucionales, 1981. [Primeira edição: MARIANA, Juan. *Ioannis Marianae hispani e Soc Iesu de Rege De rege et regis institutione*. Toleti: Petrum Roderidum, 1599].

MARIANA, Juan de. *Obras del padre Juan de Mariana*. Madrid: M. Rivadeneyra, 1854. Biblioteca de autores españoles, desde la formacion del lenguaje hasta nuestros dias, t. 1). [Primeira edição: MARIANA, Juan de. *Historia General de España*. Compuesta primero en latin, despues buelta en castellano por Juan de Mariana. Toledo: por Pedro Rodríguez, 1601].

MARIANA, Juan de. *Obras del padre Juan de Mariana*. Madrid: M. Rivadeneyra, 1864a. (Biblioteca de autores españoles, desde la formación del lenguaje hasta nuestros días, t. 1). [Primeira edição: MARIANA, Juan de. *Historia General de España*. Compuesta primero en latin, despues buelta en castellano por Juan de Mariana. Toledo: por Pedro Rodríguez, 1601].

MARIANA, Juan de. *Obras del padre Juan de Mariana*. Madrid: M. Rivadeneyra, 1864b. (Biblioteca de autores españoles, desde la formación del lenguaje hasta nuestros días, t. 2). [Primeira edição: MARIANA, Juan de. *Historia General de España*. Compuesta primero en latin, despues buelta en castellano por Juan de Mariana. Toledo: por Pedro Rodríguez, 1601].

MÁRTIR RIZO, Juan Pablo. *Historia de la vida de Lucio Anneo Séneca español*. Madrid: Juan Delgado, 1625.

MÁRTIR RIZO, Juan Pablo. *Norte de príncipes*. Madrid: Diego Flamenco, 1626.

MÁRTIR RIZO, Juan Pablo. *El Rómulo*. Madrid: por Francisco Martínez, 1633.

MENÉNDEZ PIDAL, Ramon (publ.). *Primera Crónica General*: estoria de España que mando componer Alfonso el Sabio y se continuaba bajo Sancho IV en 1289. Madrid: Bailly-Bailliere e Hijos Editores, 1906. Tomo I.

NARBONA, Eugenio. *Doctrina politica civil escrita en aphorismos*; FURIÓ CERIOL, Fadrique. *El concejo y consejeros del príncipe*. Madrid: En la Imprenta de Andres de

Sotos, 1779. [Primeira edição: FURIÓ CERIOL, Fadrique. *El concejo i consejeros del Príncipe*. Anvers: en casa de la viuda de Martin Nucio, 1559].

NEBRIJA, ANTONIO. *Arte de la lengua castellana* [*Gramática Castellana*]. Salamanca: Imprenta Anónima, 1492.

NEVILLE, Henry. *Plato Redivivus or A dialogue concerning government* [...]. 4th. ed. London: 1763. [Primeira edição: NEVILLE, Henry. *Plato Redivivus or, A dialogue concerning government* [...]. London: Printed for S. I., 1681].

OLIVARES, Gaspar de Guzmán, Conde-Duque de. Gran memorial. In: ELLIOTT, John H.; PEÑA, José F. de la. (ed.). Memoriales y cartas del Conde Duque de Olivares: tomo 1: política interior: 1621 a 1627. Madrid: Alfaguara, 1978. p. 49-100.

PALAFOX Y MENDOZA, Juan de. Diversos dictamenes espirituales, morales y politicos. *In*: PALAFOX Y MENDOZA, Juan de. *Tomo quinto, de las obras del ilustrissimo, y reverendíssimo señor Don Ivan de Palafox y Mendoza, o bispo de Osma, del Consejo del rey nuestro señor.* Madrid: Por Pablo de Val, 1665. p. 305-341.

PÉREZ, Antonio. *Relaciones de Antonio Perez Secretario de Estado, que fue, del Rey de España Don Phelippe II, deste nombre.* Paris: [*s. n.*], 1598.

QUEVEDO, Francisco de. España defendida, y los tiempos de ahora, de las calumnias de los noveleros y sediciosos. *In*: QUEVEDO, Francisco de. Obras Completas de Don Francisco de Quevedo y Villegas: obras en prosa. Textos genuinos del autor, descubiertos, classificados y anotados por Luis Astrana Marin. Madrid: M. Aguilar Editor, 1941a. p. 325-359.

QUEVEDO, Francisco de. Grandes anales de quince días. *In*: QUEVEDO, Francisco de. Obras Completas de Don Francisco de Quevedo y Villegas: obras en prosa. Textos genuinos del autor, descubiertos, clasificados y anotados por Luis Astrana Marín. Madrid: M. Aguilar Editor, 1941b. p. 565-598.

QUEVEDO, Francisco de. Política de Dios, gobierno de Cristo, nuestro señor: parte segunda. *In*: QUEVEDO, Francisco de. Obras Completas de Don Francisco de Quevedo y Villegas: obras en prosa. Textos genuinos del autor, descubiertos, classificados y anotados por Luis Astrana Marín. Madrid: M. Aguilar Editor, 1941c.

QUEVEDO, Francisco de. A Roma sepultada en sus ruinas. *In*: SEBOLD, Russell P. Un "padrón inmortal" de la grandeza romana: en torno a un soneto de Gabriel Álvarez de Toledo. *Biblioteca Virtual Miguel de Cervantes*, Alicante, 2001. Disponível em: https://www.cervantesvirtual.com/obra-visor/un-padrn-inmortal-de-la-

-grandeza-romana-en-torno-a-un-soneto-de-gabriel-lvarez-de-toledo-0/html/ff68d930-82b1-11df-acc7-002185ce6064_2.html. Acesso em: 2 dez. 2023.

RIBADENEIRA, Pedro de. *Exhortación para los soldados y capitanes que van a esta jornada de Inglaterra, en nombre de su Capitán General*. *In*: RIBADENEIRA, Pedro de. *Historias de la contrarreforma*: vida de los padres Ignacio de Loyola, Alfonso Salmerón y Francisco de Borja, historia del Cisma de Inglaterra, exhortación a los capitanes y soldados de "la Invencible". Madrid: [La Editorial Católica Sáez], 1945. p. 1333-1349.

REAL ACADEMIA ESPAÑOLA. *Diccionario de la Lengua Castellana* [...]. Madrid: En la Imprenta de la Real Academia Española: por los herederos de Francisco Hierro1737. t. 5

SAAVEDRA FAJARDO, Diego. *Empresas políticas*. Edición de Sagrario López Poza. Madrid: Cátedra, 1999. [Primeira edição: SAAVEDRA FAJARDO, Diego. *Idea de un príncipe político-cristiano representada en cien empresas*. Monaco: En la Imprenta de Nicolao Enrico, 1640].

SAAVEDRA FAJARDO, Diego. *República literaria*; *Locuras de Europa*; *Política y razón de estado del rey católico Don Fernando*. Madrid: Atlas, 1944. p. 05-77.

SALVÁ, Miguel; SAINZ DE BARANDA, Pedro (ed.). *Colección de documentos inéditos para la historia de España*. Madrid: Imprenta de la viuda de Calero, 1848. t. XII.

SOLORZANO PEREYRA, Juan de. *Obras varias posthumas del Doctor Don Juan de Solorzano Pereyra*. Corregidas y enmendadas en esta edicion por el licenciado D. Francisco Maria Vallarna. Madrid: En la Imprenta Real de La Gazeta, 1776.

SOLORZANO PEREYRA, Juan de. *Politica Indiana*. Madrid: Por Gabriel Ramirez, 1739. [Primeira edição: SOLORZANO PEREYRA, Juan de. *Politica Indiana*. Madrid: En la officina de Diego Díaz de la Carrera, 1647].

SOTO, Domingo. *Tratado de la justicia y el derecho;* Tomo primero. Vertido al castellano por Jaime Torrubiano Ripoll. Madrid: 1922.

SUAREZ, Francisco. *Tratado de las leyes y de Dios legislador*: en diez libros. [Reprodución anastática de la edición príncipe 1612]. v. I, libros I y II. Madrid: Instituto de Estudios Políticos, sección de Teólogos Juristas, 1967.

SYDNEY, Algernon. *Discourses concerning government*. Edinburgh: Printed for G. Hamilton and J. Balfour, 1750. v. I. [Primeira edição: SYDNEY, Algernon. *Discourses concerning government.* London: Printed, and are to be sold by the booksellers of London and Westminster, 1688].

TÁCITO, Cayo Cornelio. *Los cinco primeros de los annales de Cornelio Tacito, que comienzan desde el fin del Imperio de Augusto, hasta la muerte de Tiberio.* Traducidos de lengua Latina en Castellana por Antonio de Herrera [y Tordesillas], coronista mayor de su magestad de las Indias, y coronista de Castilla: con una declaracion de los nombres Latinos, que en la lengua Castellana no tienen significacion propia. Madrid: Juan de la Cuesta, 1615.

VITORIA, Francisco. *Relectiones*; sobre os índios e o poder civil. Coleção Clássicos IPRI. Brasília: Editora UNB, 2016.

REFERÊNCIAS

ABELLÁN, José Luis. *Historia crítica del pensamiento español*: tomo II: la edad de oro (siglo XVI). Madrid: Espasa-Calpe, 1979.

ALBUQUERQUE de, Martim. *Um percurso da construção ideológica do Estado*: a recepção lipsiana em Portugal: estoicismo e prudência política. Lisboa: Quetzal, 2002.

ANDERSON, Benedict. *Comunidades imaginadas:* reflexões sobre a origem e a difusão do nacionalismo. 3. reimpr. São Paulo: Companhia das Letras, 2008.

ANTÓN MARTÍNEZ, Beatriz. *El tacitismo en el siglo XVII en España*: el proceso de "receptio". Valladolid: Secretariado de Publicaciones, Universidad de Valladolid, 1992.

ARCO Y GARAY, Ricardo. *La ideia de imperio en la política y la literatura españolas*. Madrid: Espasa-Calpe, 1944.

ARRIETA ALBERDI, Jon. Las formas de vinculación a la monarquía y de relación entre sus reinos y coronas en la España de los Austrias. *In*: SEMINARIO INTERNACIONAL DE HISTORIA, 4., 2003, Madrid. *Actas* [...]. Madrid: Fundación Carlos de Amberes, 2004. p. 303-326.

ARRIETA ALBERDI, Jon. Forms of union: Britain and Spain, a comparative analysis. *Revista Internacional de Estudios Vascos: Cuadernos,* San Sebastián, n. 5, p. 23-52, 2009. Disponível em: https://www.eusko-ikaskuntza.eus/PDFAnlt/rievcuadernos/05/05023052.pdf. Acesso em: 4 dez. 2023.

AUBENQUE, Pierre. *A prudência em Aristóteles*. São Paulo: Discurso Editorial, 2003.

BALLESTER RODRÍGUEZ, Mateo. *La identidad española en la Edad Moderna (1556-1665)*: discursos, símbolos y mitos. Madrid: Tecnos, 2010.

BERNAL, Antonio Miguel. *España, proyecto inacabado*: los costes/beneficios del Imperio. Madrid: Centro de Estudios Hispánicos e Iberoamericanos: Marcial Pons, 2005.

BLÜHER, Karl Alfred. *Séneca en España:* investigaciones sobre la recepeción de Séneca en España desde el siglo XIII hasta el siglo XVII. Madrid: Gredos, 1983.

BOBBIO, Norberto. Estado. *In*: ROMANO, Ruggiero (dir.). *Enciclopédia Einaudi*: volume 14. Lisboa: Imprensa Nacional – Casa da Moeda, 1989. P. 215-275.

BOBBIO, Norberto. *O positivismo jurídico:* lições de filosofia do direito. São Paulo: Ícone, 1995.

BOBBIO, Norberto; BOVERO, Michelangelo. *Sociedad y Estado en la filosofia política moderna*: el modelo jusnaturalista y el modelo hegeliano-marxiano. México: Fondo de Cultura Económica, 1996.

BOUZA ÁLVAREZ, Fernando. *Imagen y propaganda*: capítulos de historia cultural del reinado de Felipe II. Madrid: Ediciones Akal, 2011.

BOUZA ÁLVAREZ, Fernando J. La propaganda en la edad moderna española: medios, agentes y consecuencias de la comunicación política. *In*: PÉREZ ÁLVAREZ, Maria José; MARTÍN GARCÍA, Alfredo (ed.). *Campo y campesinos en la España moderna*; culturas políticas en el mundo hispánico. Madrid: Fundación Española de História Moderna, 2012. p. 407-436.

BRAUN, Harald E. *Juan de Mariana and early modern spanish political thought*. Hampshire: Ashgate, 2007.

CAMPOS, Rafael da Costa. A caracterização de Tibério Cesar Augusto como personagem política nos anais de Tácito. *Mare Nostrum*, São Paulo, v. 1, n. 1, p. 11-25, 2010. DOI: https://doi.org/10.11606/issn.2177-4218.v1i1p11-25. Disponível em: https://www.revistas.usp.br/marenostrum/article/view/105754/104466. Acesso em: 2 dez. 2023.

CANTARINO, Elena. Política e historia: soluciones casuistas para tiempos de moral equívoca: (siglos XVI y XVII). *In:* CONGRÉS VALENCIÀ DE FILOSOFIA, 11., 1997, Alcoi. *Actas* [...]. Valencia: Albatros Ediciones: Arts Gràfiques Soler, 1998. p. 285-297. Disponível em: https://www.uv.es/sfpv/congressos_textos/congres12.pdf. Acesso em: 5 dez. 2023.

CASEY, James. *Family and community in early modern Spain*: the citizens of Granada, 1570-1739. Cambridge, UK: Cambrigde University Press, 2007.

CASSIRER, Ernst. *The myth of the State*. New Haven: Yale University Press, 1946.

CEPEDA ADÁN, José. La historiografia. *In:* JOVER ZAMORA, José Maria (dir.). *El siglo del Quijote* (1580-1680): I: religión, filosofía, ciencia. Madrid: Espasa-Calpe, 1996. p. 695-833.

CID VÁZQUEZ, María Teresa. *Tacitismo y razón de estado en los "comentarios políticos" de Juan Alfonso Lancina*. 2001. Tese (Doutorado em História) – Facultad de Derecho, Universidade Complutense de Madrid, Madrid, 2001. Disponível em: https://docta.ucm.es/rest/api/core/bitstreams/ddb251b7-60b9-4cc2-9ac-9-00f8c3702376/content. Acesso em: 5 dez. 2023.

COLÁS LATORRE, Gregorio; SALAS AUSÉNS, José Antonio. *Aragón en el siglo XVI*: alteraciones sociales y conflictos políticos. Zaragoza: Departamento de História Moderna, Universidad de Zaragoza, 1982.

CORBETT, Theodore G. The cult of Lipsius: a leading source of early modern spanish statecraft. *Journal of the History of Ideas*, Philadelphia, v. 36, n. 1, p. 139-152, jan./mar. 1975. Disponível em: https://www.jstor.org/stable/2709016?seq=1. Acesso em: 5 dez. 2023.

CROLL, Morris W. "Attic prose" in the seventeenth century. *Studies on Philology*, Chapel Hill, v. 18, n. 2, p. 79-128, Apr. 1921. Disponível em: https://www.jstor.org/stable/i392192. Acesso em: 5 dez. 2023.

DOMÍNGUEZ ORTIZ, Antonio. El antiguo régimen: los reyes católicos y los Austrias. 3. Ed. Madrid: Alianza, 1999.

ELLIOTT, John H. *El conde-duque de Olivares:* el político en una época de decadencia. Barcelona: Crítica, 2009.

ELLIOTT, John H. Constitucionalismo antigüo y moderno y la continuidad de España. *Cuadernos de Alzate: revista vasca de la cultura y las ideas*, Madrid, n. 33, p. 5-19, 2. Sem. 2005. Disponível em: http://www.revistasculturales.com/articulos/16/cuadernos-de-alzate/477/2/constitucionalismo-antiguo-y-moderno-y--la-continuidad-de-espana.html. Acesso em: 5 dez. 2021.

ELLIOTT, John H. *España, Europa y el mundo de ultramar (1500-1800).* Madrid: Taurus, 2010.

ELLIOTT, John H. *España y su mundo (1500-1700).* Madrid: Taurus, 2007.

ELLIOTT, John H. *La rebelión de los catalanes:* un estudio sobre la decadencia de España (1598-1640). Barcelona: RBA, 2006.

ENCISO RECIO, Luiz Miguel; DOMÍNGUEZ ORTIZ, Antonio; PRADA VALLEJO, Valentín Vázquez de; DE ROSA, Luigi; RUIZ MARTÍN, Felipe; PARKER, Geoffrey. *Revueltas y alzamientos en la España de Felipe II*. Valladolid: Universidad de Valladolid, 1992.

ESCUDERO LÓPEZ, José Antonio. Felipe II y el gobierno de la monarquía. *In*: ENCUENTRO DE ESTUDIOS SOBRE EL JUSTICIA DE ARAGÓN, 7., 2006,

Zaragoza. *Actas* [...]. Zaragoza: El Justicia de Aragón, 2006. p. 9-16. Disponível em: https://eljusticiadearagon.es/wp-content/uploads/2020/03/VII-Encuentro--de-estudios-sobre-el-Justicia-de-Aragón.pdf. Acesso em: 2 dez. 2023.

FERNÁNDEZ ALBALADEJO, Pablo. La crisis de la monarquía. *In:* FONTANA, Josep; VILLARES, Ramón (dir.) *Historia de España*. Barcelona: Crítica; Madrid: Marcial Pons, 2009. v. 4.

FERNÁNDEZ ALBALADEJO, Pablo. Entre la razón católica y la razón de Estado: senderos de la *Raison politique* en la Monarquía Española. *Transitions: Journal of Franco-Iberian studies*, Boca Raton, n. 5, p. 97-116, 2009.

FERNÁNDEZ ALBALADEJO, Pablo. España desde España. *In:* BELENGUER CEBRIÀ, Ernest; ARRIETA ALBERDI, Jon; FERNÁNDEZ ALBALADEJO, Pablo. *Idea de España en la Edad Moderna*. Valencia: Real Sociedad Económica de Amigos del País, 1998. p. 63-75.

FERNÁNDEZ ALBALADEJO, Pablo. *Fragmentos de monarquía*: trabajos de historia política. Madrid: Alianza Editorial, 1992.

FERNÁNDEZ ALBALADEJO, Pablo. *Materia de España*: cultura política e identidad en la España moderna. Madrid: Marcial Pons, 2007.

FERNÁNDEZ-SANTAMARÍA, José A. *La formación de la sociedad y el origen del estado*: ensayos del pensamiento político español en el siglo de oro. Madrid: Centro de Estudios Políticos y Constitucionales, 1997.

FERNÁNDEZ-SANTAMARÍA, José A. *Razón de estado y política en el pensamiento español del barroco (1595-1640)*. Madrid: Centro de Estudios Constitucionales, 1986.

FEROS, Antonio. *El duque de Lerma*: realeza y privanza en la España de Felipe III. Madrid: Marcial Pons, 2002.

FERRATER MORA, José. *Diccionario de Filosofía*: tomo II: L-Z. Buenos Aires: Sudamericana, 1964.

FRIGHETTO, Renan. História e poder: o valor da história, segundo o pensamento de Isidoro de Sevilha e de Valério de Bierzo (*Hispania*, século VII). *História da Historiografia*, Mariana, v. 3, n. 5, p. 71-84, set. 2010. DOI: https://doi.org/10.15848/hh.v0i5.178. Disponível em: https://www.historiadahistoriografia.com.br/revista/article/view/178/142. Acesso em: 5 dez. 2023.

GARCÍA CÁRCEL, Ricardo (coord.). *La construcción de las historias de España*. Madrid: Centro de Estudios Hispánicos e Iberoamericanos: Marcial Pons, 2004.

GARCÍA CÁRCEL, Ricardo. *Felipe II y Cataluña*. Valladolid: Secretariado de Publicaciones e Intercambio Científico, Universidad de Valladolid, 1997.

GARCÍA CÁRCEL, Ricardo. *La leyenda negra*: historia y opinión. Madrid: Alianza Editorial, 1992.

GARCÍA GARCÍA, Bernardo José. Precedentes de la Unión de Reinos: la unión de las Españas en tiempos de Felipe III. *In:* SEMINARIO INTERNACIONAL DE HISTORIA, 4., 2003, Madrid. *Actas* […]. Madrid: Fundación Carlos de Amberes, 2004. p. 385-422.

GARCÍA HERNÁN, Enrique. La España de los cronistas reales en los siglos XVI y XVII. *Norba: Revista de Historia*, Cáceres, v. 19, p. 125-150, 2006. Disponível em: https://digital.csic.es/bitstream/10261/14571/1/2566418.pdf. Acesso em: 2 dez. 2023.

GARCÍA HERNÁN, Enrique. *Políticos de la monarquía hispánica (1469-1700)*: ensayo y diccionario. Madrid: Fundación Mapfre Tavera: Fundación Ramón Areces, 2002.

GARCÍA LÓPEZ, Aurélio. El Escorial, en Luis Cabrera de Córdoba. *In*: SIMPOSIUM LITERATURA E IMAGEN EN EL ESCORIAL, 1996, San Lorenzo del Escorial. *Actas* […]. San Lorenzo del Escorial: Estudios Superiores del Escorial, 1996. p. 667-681.

GASCÓN PÉREZ, Jesús. De las "alteraciones" a la "rebelión": una alternativa a la interpretación "aristocrática" del conflicto entre Felipe II y Aragón en 1591. *Pedralbes*, Barcelona, n. 21, p. 165-191, 2001. Disponível em: https://raco.cat/index.php/Pedralbes/article/view/101659/152384. Acesso em: 2 dez. 2023.

GASCÓN PÉREZ, Jesús. *La rebelión aragonesa de 1591*. 2000. Tese (Doctorado en Historia) – Facultad de Filosofía y Letras, Universidad de Zaragoza, Zaragoza, 2000. Disponível em: https://zaguan.unizar.es/record/7025/files/TESIS-2012-021.pdf. Acesso em: 4 dez. 2023.

GIESEY, Ralph E. *If not, not*: the Oath of the Aragonese and the legendary laws of Sobrarbe. New Jersey: Princeton University Press, 1968.

GIL PUJOL, Xavier. Centralismo e localismo? Sobre as relações políticas e culturais entre capital e territórios nas monarquias europeias dos séculos XVI e XVII. *Penélope*: Fazer e Desfazer a História, Lisboa, n. 6, p. 119-144, 1991a.

GIL PUJOL, Xavier. Constitucionalismo aragonés y gobierno Habsburgo: los cambiantes significados de libertad. *In:* KAGAN, Richard L.; PARKER, Geoffrey (ed.). *España, Europa y el Mundo Atlántico*: homenaje a John H. Elliott. Madrid: Marcial Pons, 2002. p. 217-249.

GIL PUJOL, Xavier. *De las alteraciones a la estabilidad*: corona, fueros y política en el Reino de Aragón, 1585-1648. 1988. Tese (Doctorado en Historia) – Universidad de Barcelona, Barcelona, 1988. Disponível em: https://diposit.ub.edu/dspace/handle/2445/35585. Acesso em: 4 dez. 2023.

GIL PUJOL, Xavier. Las fuerzas del rey: la generación que leyó a Botero. *In:* RIZZO, Mario; RUIZ IBÁÑEZ, José Javier; SABATINI, Gaetano (ed.). *Le forze del principe*: recursos, instrumentos y límites en la práctica del poder soberano en los territorios de la monarquía hispánica: tomo 2. Murcia: Universidad de Murcia, 2004a. p. 969-1022.

GIL PUJOL, Xavier. The good law of a vassal: fidelity, obedience and obligation in Habsburg Spain. *Revista Internacional de Estudios Vascos: Cuadernos*, San Sebastián, n. 5, p. 83-106, 2009. Disponível em: https://www.eusko-ikaskuntza.eus/PDFAnlt/rievcuadernos/05/05083106.pdf. Acesso em: 4 dez. 2023.

GIL PUJOL, Xavier. Introducción. *In:* LEONARDO DE ARGENSOLA, Lupercio. *Información de los sucesos del reino de Aragón en los años de 1590 y 1591*: en que se advierte los yerros de algunos autores. Zaragoza: Astral: Justicia de Aragón, 1991b. p. VII-XLVIII.

GIL PUJOL, Xavier. *La razón de estado en la España de la Contrarreforma*: usos y razones de la política. *In*: LA RAZÓN DE ESTADO EN LA ESPAÑA MODERNA, 1999, Valencia. *Anais* […]. Valencia: Real Sociedad Económica de Amigos del País; Departament D'Història Moderna de La Universitat de València, 1999. p. 355-374.

GIL PUJOL, Xavier. Un rey, una fe, muchas naciones: patria y nación en la España de los siglos XVI-XVII. *In:* SEMINARIO INTERNACIONAL DE HISTORIA, 4., 2003, Madrid. *Actas* […]. Madrid: Fundación Carlos de Amberes, 2004b. p. 39-76.

GIL PUJOL, Xavier. *Tiempo de política:* perspectivas historiográficas sobre la Europa moderna. Barcelona: Publicacions i Edicions Universitat de Barcelona, 2006.

GIL PUJOL, Xavier. Visión europea de la monarquía española como monarquía compuesta, siglos XVI y XVII. *In:* RUSSEL, Conrad; ANDRÉS-GALLEGO, José (dir.). *Las monarquías del antiguo régimen, ¿monarquías compuestas?* Madrid: Editorial Complutense, 1996. p. 65-95.

GÓMEZ LÓPEZ, Susana. Experiencia, historia, memoria: acerca de una transformación en la revolución científica. *Revista de Filosofía*, Madrid, v. 27, n. 1, p. 75-111, 2002. Disponível em: https://revistas.ucm.es/index.php/RESF/article/view/RESF0202120075A/9878. Acesso em: 2 dez. 2023.

GREEN, Otis H. *Vida y obras de Lupercio Leonardo de Argensola*. Zaragoza: Institucion "Fernando El católico" (C. S. I. C.), 1945.

HABERMAS, Jürgen. *Mudança estrutural da esfera pública*: investigações quanto a uma categoria da sociedade burguesa. 2. ed. Rio de Janeiro: Tempo Brasileiro, 2003.

HANSEN ROSES, Christian. *Ensayo sobre el pensamiento político del Padre Juan de Mariana*. Santiago: Universidad Católica de Chile; Facultad de Ciencias Jurídicas, Políticas y Sociales, 1959.

HASTINGS, Adan. *La construcción de las nacionalidades*: etnicidad, religión y nacionalismo. Madrid: Cambridge University Press, 2000.

HERZOG, Tamar. *Defining nations*: immigrants and citizens in early modern Spain and Spanish America. New Haven: Yale University Press, 2003.

HÖPLF, Harro. *Jesuit political thought*: the Society of Jesus and the State, c. 1540-1630. New York: Cambridge University Press, 2004.

JAGO, Charles C. Tributos y cultura política en Castilla. *In:* KAGAN, Richard L.; PARKER, Geoffrey (ed.). *España, Europa y el mundo atlántico:* homenaje a John H. Elliott. Madrid: Marcial Pons, 2002. p. 83-112.

JASMIN, Marcelo Gantus. História dos conceitos e teoria política e social: referências preliminares. *Revista Brasileira de Ciências Sociais*, São Paulo, v. 20, n. 57, p. 27-38, fev. 2005. DOI: https://doi.org/10.1590/S0102-69092005000100002. Disponível em: https://www.scielo.br/j/rbcsoc/a/4dYpr4yn8SwrGcxRsZm-6g7r/?format=pdf&lang=pt. Acesso em: 5 dez. 2023.

JASMIN, Marcelo Gantus; FERES JÚNIOR João (org.). *História dos conceitos:* debates e perspectivas. Rio de Janeiro: Editora PUC-Rio: Loyola: IUPERJ, 2006.

JAURALDE POU, Pablo. *Francisco de Quevedo (1580-1645)*. Madrid: Editorial Castalia, 1998.

KAGAN, Richard L. *Clio and the Crown*: the politics of history in medieval and Early Modern Spain. Baltimore: The Johns Hopkins University Press, 2009.

KAGAN, Richard L. *Los cronistas y la corona*: la política de la historia en España en las Edades Media y Moderna. Madrid: Centro de Estudios Europa Hispánica: Marcial Pons, 2010.

KAGAN, Richard L. 'La luna de España': mapa, ciencia, y poder en la época de los Austrias. *Pedralbes*, Barcelona, n. 25, p. 171-190, 2005. Disponível em: https://revistes.ub.edu/index.php/pedralbes/article/view/35603/34887. Acesso em: 2 dez. 2023.

KAMEN, Henry; PÉREZ, Joseph. *La imagen internacional de la España de Felipe II*: "leyenda negra" o conflicto de intereses. Valladolid: Universidad de Valladolid, 1980.

KANTOROWICZ, Ernst H. *Os dois corpos do rei*: um estudo sobre teologia política medieval. São Paulo: Companhia das Letras, 1998.

KANTOROWICZ, Ernst H. Pro *patria mori* in medieval political thought. *The Americal Historical Rewiew*, Pittsburgh, v. 56, n. 3, p. 472-492, Apr. 1951.

KELLEY, Donald R. Between history and system. *In:* POMATA, Gianna; SIRAISI, Nancy G. (ed.). *Historia*: empiricism and erudition in early modern Europe. Massachusetts: M. I. T. Press, 2005. p. 211-237.

KOENIGSBERGER, H. G. Monarchies and parliaments in early modern Europe: dominium regale or dominium politicum et regale. *Theory and Society*, [*S. l.*], v. 5, n. 2, p. 191-217, mar. 1978.

KOSELLECK, Reinhart. *Crítica e crise*: uma contribuição à patogênese do mundo burguês. Rio de Janeiro: EdUERJ: Contraponto, 1999.

KOSELLECK, Reinhart. *Futuro passado*: contribuição à semântica dos tempos históricos. Rio de Janeiro: Editora PUC-Rio: Contraponto, 2006.

KRITSCH, Raquel. Fundamentos históricos e teóricos da noção de soberania: a contribuição dos "Papas juristas" do século XIII. *Estudos Históricos*, Rio de Janeiro, v. 23, n. 46, p. 261-279, jul./dez. 2010. DOI: https://doi.org/10.1590/S0103-21862010000200003. Disponível em: https://www.scielo.br/j/eh/a/9fFrZnhWPBnFRDmwFYFbjrg/?format=pdf&lang=pt. Acesso em: 4 dez. 2023.

KUSCHNIR, Karina; CARNEIRO, Leandro Piquet. As dimensões subjetivas da política: cultura política e antropologia da política. *Estudos Históricos*, Rio de Janeiro, v. 13, n. 24, p. 227-250, 1999. Disponível em: https://periodicos.fgv.br/reh/article/view/2100/1239. Acesso em: 4 dez. 2023.

LALINDE ABADÍA, Jesús. La creación del derecho entre los españoles. *Anuario de Historia del derecho español,* Madrid, p. 301-377, 1966. Disponível em: https://www.boe.es/biblioteca_juridica/anuarios_derecho/abrir_pdf.php?id=ANU-H-1966-10030100378. Acesso em: 5 dez. 2023.

LALINDE ABADÍA, Jesús. Las libertades aragonesas. *Cuadernos de Historia Jeronimo Zurita,* Zaragoza, n. 25-26, p. 7-36, 1975. Disponível em: https://ifc.dpz.es/recursos/publicaciones/07/13/1lalinde.pdf. Acesso em: 5 dez. 2023.

LARROYO, Francisco. *La filosofía Iberoamericana*: historia, formas, temas, polémica, realizaciones. 2. ed. México: Editorial Porrúa, 1978.

LE GOFF, Jacques. *Os intelectuais na Idade Média.* Rio de Janeiro: José Olympio, 2003.

LÓPEZ POZA, Sagrario. *"Nec spe nec metu"* y otras empresas o divisas de Felipe II. *In:* ZAFRA, Rafael; AZANZA LOPES, José Javier (ed.). *Emblemática trascendente*: hermenéutica de la imagen, iconología del texto. Pamplona: Sociedad Española de Emblemática; Universidad de Navarra, 2011. p. 435-456.

MARAÑON, Gregorio. *Antonio Pérez:* (el hombre, el drama, la época). Madrid: Espasa-Calpe, 1947.

MARAÑÓN RIPOLL, Miguel. La razón de Estado, el intelectual y el poder en un texto de Quevedo. *Criticón,* Toulouse, n. 93, p. 39-59, 2005. Disponível em: https://cvc.cervantes.es/literatura/criticon/PDF/093/093_039.pdf. Acesso em: 5 dez. 2023.

MARAÑÓN RIPOLL, Miguel. Reyes y privados. Discurso satírico y filosofía política en un texto quevediano. *Criticón,* Toulouse, n. 92, p. 123-140, 2004. Disponível em: https://cvc.cervantes.es/literatura/criticon/PDF/092/092_125.pdf. Acesso em: 5 dez. 2023.

MARAVALL, José Antonio. *Antiguos y modernos*: visión de la historia e idea de progreso hasta el Renacimiento. 2. ed. Madrid: Alianza Editorial, 1986.

MARAVALL, José Antonio. *Las Comunidades de Castilla*: una primera revolución moderna. Madrid: Alianza Editorial, 1984a.

MARAVALL, José Antonio. *La Cultura del Barroco*: análisis de una estructura histórica. 5. ed. Barcelona: Ariel, 1990.

MARAVALL, José Antonio. *Estado moderno y mentalidad social*: (siglos XV a XVII). Madrid: Revista de Occidente, 1972.

MARAVALL, José Antonio. *Estudios de historia del pensamiento español:* serie tercera: el siglo del barroco. Madrid: Ediciones Cultura Hispánica, 1984b.

MARAVALL, José Antonio. *La oposición política bajo los Austrias.* 2. ed. Barcelona: Ariel, 1974.

MARAVALL, José Antonio. *Poder, honor y elites en el siglo XVII.* Madrid: Siglo XXI de España, 1989.

MARAVALL, José Antonio. *Teoría española del Estado en el siglo XVII.* Madrid: Centro de Estudios Constitucionales, 1997.

MILLÁN, José Martinez (dir.). *La corte de Felipe II.* Madrid: Alianza Editorial, 1994.

MÍSSIO, Edmir. *Acerca do conceito de dissimulação honesta de Torquato de Accetto.* 2004. Tese (Doutorado em Teoria e História Literária) – Instituto de Estudos de Linguagem, Universidade Estadual de Campinas, Campinas, 2004. DOI: https://doi.org/10.47749/T/UNICAMP.2004.327029. Disponível em: https://www.repositorio.unicamp.br/acervo/detalhe/327029?guid=1702938838002&returnUrl=%2fresultado%2flistar%3fguid%3d1702938838002%26quantidadePaginas%3d1%26codigoRegistro%3d327029%23327029&i=1. Acesso em: 5 dez. 2023.

MITRE FERNÁNDEZ, Emilio. El Siglo Alfonsí: cultura historia y poder real en la Castilla del siglo XIII. *In*: RODRÍGUEZ LLOPIS, Miguel (coordinación). *Alfonso X,* aportaciones de un Rey castellano a la construcción de Europa. Murcia: Editora Regional de Murcia, 1997.

MOMIGLIANO, Arnaldo. *As raízes clássicas da historiografia moderna.* Bauru: EdUSC, 2004.

MORALES ARRIZABALAGA, Jesús. El proceso de institucionalización y organización del justicia de Aragón. *In:* ENCUENTRO DE ESTUDIOS SOBRE EL JUSTICIA DE ARAGÓN, 7., 2006, Zaragoza. *Actas* […]. Zaragoza: El Justicia de Aragón, 2006. p. 59-95. Disponível em: https://eljusticiadearagon.es/wp-content/uploads/2020/03/VII-Encuentro-de-estudios-sobre-el-Justicia-de-Aragón.pdf. Acesso em: 2 dez. 2023.

OESTREICH, Gerhard. *Neostoicism and the early modern state.* New York: Cambridge University Press, 1982.

PARKER, Geoffrey. David o Goliat: Felipe II y su mundo en la década de 1580. *In:* KAGAN, Richard L.; PARKER, Geoffrey (ed.). *España, Europa y el mundo Atlántico*: homenaje a John H. Elliott. Madrid: Marcial Pons, 2002. p. 321-346.

PÉCORA, Alcir. *Máquina de gêneros*: novamente descoberta e aplicada a Castiglione, Della Casa, Nóbrega, Camões, Vieira, La Rochefoucauld, Gonzaga, Silva Alvarenga e Bocage. São Paulo: EDUSP, 2001.

PEÑA GONZÁLEZ, José. *Historia política del constitucionalismo español*. Madrid: Dykinson, 2006.

PERAITA, Carmen. *Quevedo y el joven Felipe IV:* el príncipe cristiano y el arte del consejo. Kassel: Reichenberger, 1997.

PIDAL, Pedro José, Marqués de Pidal. *Historia de las alteraciones de Aragón en el reinado de Felipe II*. Madrid: Imprenta de J. Martín Alegría, 1862-1863.

POCOCK, J. G. A. The concept of a languague and the *métier d' historien*: some considerations on practice. *In:* PAGDEN, Anthony. *The Languages of political theory in early-modern Europe*. New York: Cambridge University Press, 1987. p. 19-38.

POCOCK, J. G. A. *Politics, language and time*: essays on political thought and history. Chigaco: University of Chicago Press, 1989.

POMIAN, Krzysztof. *Tempo/Temporalidade*. Enciclopédia Einaudi, vol. 29. Lisboa: Imprensa Nacional/ Casa da Moeda, 1993. p. 164-213.

RUSSELL, Conrad. Gran Bretaña a comienzos del siglo XVII: monarquía compuesta y reino múltiple. *In:* RUSSEL, Conrad; ANDRÉS-GALLEGO, José (dir.). *Las monarquías del antiguo régimen, ¿monarquías compuestas?* Madrid: Editorial Complutense, 1996. p. 31-44.

SANMARTÍ BONCOMPTE, Francisco. *Tácito en España*. Barcelona: [*s. n.*], 1951.

SENELLART, Michel. *As artes de governar*: do "regimen" medieval ao conceito de governo. São Paulo: Ed. 34, 2006.

SKINNER, Quentin. *As fundações do pensamento político moderno*. 1. reimpr. São Paulo: Companhia das Letras, 1999.

SKINNER, Quentin. *Hobbes and republican liberty*. New York: Cambridge University Press, 2008.

SKINNER, Quentin. *Reason and rhetoric in the philosophy of Hobbes*. New York: Cambridge University Press, 1996.

TATE, Robert Brian. Los trabajos del cronista cuatrocentista. *Studia Historica: Historia moderna*, Salamanca, v. 13, p. 27-46, 1995. Disponível em: https://revistas.usal.es/uno/index.php/Studia_Historica/article/view/4719/4735. Acesso em: 4 dez. 2023.

TEIXEIRA, Felipe Charbel. O melhor governo possível: Francesco Guicciardini e o método prudencial de análise da política. *Dados – Revista de Ciências Sociais*, Rio de Janeiro, v. 50, n. 2, p. 325-349, 2007. DOI: https://doi.org/10.1590/S0011-52582007000200004. Disponível em: https://www.scielo.br/j/dados/a/cnJVVLNcp78SBMshyMhbrXQ/?format=pdf&lang=pt. Acesso em: 4 dez. 2023.

TEIXEIRA, Felipe Charbel. *Timoneiros*: retórica, prudência e história em Maquiavel e Guicciardini. 2008. Tese (Doutorado em História) – Pontifícia Universidade Católica do Rio de Janeiro, Rio de Janeiro, 2008. Disponível em: https://www.maxwell.vrac.puc-rio.br/12124/12124_1.PDF. Acesso em: 4 dez. 2023.

TEÓFANES LÓPEZ, Egido (comp.). *Sátiras políticas de la España moderna*. Madrid: Alianza Editorial, 1973.

THOMPSON, I. A. A. Castilla, España y la monarquía: la comunidad política, de la patria natural a la patria nacional. *In:* KAGAN, Richard L.; PARKER, Geoffrey (ed.). *España, Europa y el mundo Atlántico*: homenaje a John Elliott. Madrid: Marcial Pons, 2002. p. 177-216.

TIERNO GALVÁN, Enrique. El tacitismo en las doctrinas políticas del Siglo de Oro español. *In:* TIERNO GALVÁN, Enrique. *Escritos (1950-1960)*. Madrid: Tecnos, 1971.

VILLALBA ÁLVAREZ, Joaquín. La presencia de Tácito en los *Grandes Anales de Quince Días*, de Francisco de Quevedo: una Visión tácitea de España. *Norba: Revista de Historia*, Cáceres, v. 17, p. 205-233, 2004. Disponível em: https://www.historiauex.es/articulo/norba__artculos_37/la_presencia_de_tcito_en_los_grandes_anales_de_quince_das_de_francisco_de_quevedo_una_visin_tactea_de_espaa_689. Acesso em: 4 dez. 2023.

VIROLI, Maurizio. *From politicis to reason of state*: the acquisition and transformation of the language of politics 1250-1600. New York: Cambridge University Press, 1992.

WULFF ALONSO, Fernando. Vascones, autoctonía, continuidad, lengua: entre la historia y la historiografía. *In:* ANDREU PINTADO, Javier (ed.). *Los Vascones de las fuentes antiguas*: en torno a una etnia de la antigüedad peninsular. Barcelona: Publicacions i Edicions, Universitat de Barcelona, 2009. p. 23-56.

YATES, Frances. *Astrea:* the imperial theme in the sixteenth century. London: Pimlico, 1993.